平台化跨界
知识整合创新管理

张喜征 著

科学出版社
北京

内 容 简 介

本书分析了企业创新从部门到跨部门，再到跨组织，最后到平台化整合创新的趋势，围绕知识整合创新机制提出了企业知识整合创新 ITO 模型，并分别应用到企业级跨部门、联盟级跨组织及平台级跨界知识整合创新中，此外提出了灰度绩效评价模型，最后进行了案例分析与仿真分析。本书的 ITO 模型和灰度绩效评价模型等理论成果丰富了企业知识管理理论与创新理论，也多视角探讨了企业跨部门、跨组织和基于平台的知识整合创新机理。

本书可供企业管理人员或科研人员及高校创新管理研究者作为研究参考。

图书在版编目（CIP）数据

平台化跨界知识整合创新管理/张喜征著. —北京：科学出版社，2021.3

ISBN 978-7-03-064743-6

Ⅰ. ①平…　Ⅱ. ①张…　Ⅲ. ①企业创新-创新管理-研究　Ⅳ. ①F273.1

中国版本图书馆 CIP 数据核字（2020）第 050552 号

责任编辑：郝　静 / 责任校对：张小霞

责任印制：张　伟 / 封面设计：无极书装

科学出版社 出版

北京东黄城根北街 16 号

邮政编码：100717

http://www.sciencep.com

北京虎彩文化传播有限公司 印刷

科学出版社发行　各地新华书店经销

*

2021 年 3 月第　一　版　开本：720 × 1000　B5

2022 年 5 月第二次印刷　印张：12

字数：242 000

定价：98.00 元

（如有印装质量问题，我社负责调换）

作 者 简 介

张喜征，湖南大学教授，管理学博士，主要从事项目管理、知识创新管理、供应链管理、电子商务等方向的研究、教学和研究生培养工作。主持完成国家自然科学基金、国家社会科学基金、科学技术部软科学基金、教育部人文社会科学研究规划基金、中国博士后科学基金等十多个课题项目，出版《项目管理》《虚拟企业协同产品开发中知识协同与整合》《共享经济平台管理》等多部作品。

前　言

“开放、变革、竞争、合作”是当今时代的基本特征。由于互联网环境下用户需求长尾化、碎片化，以及创新周期短期化问题，企业创新活动一方面面临严重的创新资源不足问题，表现为知识资源不足、创新要素网络和知识网络的急剧扩张等；另一方面面临较高的创新失败率。美国产品开发与管理协会的调查显示新产品进入市场的成功率仅为 5%。另据埃森哲卓越绩效研究院 2014 年对中国 100 家大型企业总部创新负责人的调查，发现企业所面临的创新难点主要包括①创新定位问题（占 15.84%），企业创新难在创新要摸准市场和消费者痛点；②创新速度问题（占 22.77%），企业创新难在创新的周期要缩短；③创新成本问题（占 42.57%），企业创新难在有效地管理创新成本，既要物美，又要价廉；④多维度创新问题（占 5.94%），企业创新难在要进行多维度创新，即科技、流程、商业模式等多方面的综合创新，只有这样，才有可能实现创新价值最大化；⑤其他问题（占 12.88%）。可以看到，企业不仅要追求更高的创新速度，还要承受更高的创新失败率。

为了应对和求解上述创新难点，人们不断进行实践探索和理论研究。在实践领域，宝洁公司为了解决遇到的创新资源不足问题，跨界整合资源形成了网络化、平台化的开放创新体系。宝洁公司与 Nine Sigma 公司、InnoCentive.com（创新中心网）使得 50 多万名独立发明家成为宝洁公司的创新服务提供商，也吸引了全球 175 个国家的 11 万名生物学家、化学家、工程师和其他专业人士。宝洁公司还与礼来公司一起创办 YourEncore.com（退休科学家网），该网站连接起已经退休的科学家，使他们提供相关的咨询。类似的实践还有知名公司丰田的第四中心“跨领域系统项目”（cross-area system projects），海尔的全球创新模式研究中心（HOPE 平台）等，它们的成功探索成了示范案例和学习榜样。为了提高创新效率，缩短产品生命周期，向市场提供多快好省的新产品及新服务，企业通过跨组织融知融智，选择、集成和优化创新要素，迅速关联形成新型知识网络，打造敏捷、高效、具有成本优势且可持续的创新型组织，构建跨界高度互联网化的开放式创新体系，实现从单纯的建构主义的创新思路向关联主义的知识整合创新思路转换。

实践中的成功案例也激发了学者们的理论思考和创新。加利福尼亚大学的亨利·切萨布鲁夫教授在 2003 年提出了“开放式创新”的概念。亨利·切萨布鲁夫教授研究发现：一方面，全球化和行业竞争使得企业无法只依靠内部资源进行高成本创新活动；另一方面，互联网的广泛使用降低了企业与消费者、供应商之间的沟通成本和交易成本。这有利于企业从事开放式创新活动，企业的创新活动主体几乎可以囊括企业经营活动价值链上所有环节的成员，包括高校、科研机构、员工和消费者。

开放式创新是一种跨界、跨组织知识整合创新。为了应对互联网的移动化和泛在化、需求个性化、市场长尾化及技术更新快速化带来的颠覆性影响，企业创新活动通过最大限度地利用外部资源，跨界、跨组织知识整合创新引入创新主体参与到企业创新过程中，从而实现创新绩效的提高和创新目标的达成。在跨界合作环境下，企业创新更强调从建构主义的创新思路走向关联主义的知识整合创新思路，通过选择、集成和优化创新要素，迅速关联形成新型知识网络及其知识创新。

开放式创新必将走向网络化和平台化。开放式创新形式多样，但核心是通过搭建一个平台，使企业内外高度互联、互通，使企业具备对新技术、新服务的搜寻和网罗能力，使企业创新边界扩大到广大的消费者、供应商、合作方、个人专家和研究机构等创新资源（邱静和劳曼尼，2015）。现在各种创新平台大量涌现，从企业内部的集成产品开发（integrated product development，IPD）平台到联盟组织合作平台再到第三方开放创新平台，如华为 IPD 平台、猪八戒网、海尔 HOPE 平台等，都揭示了跨界知识整合创新正走向平台化。平台赋能对于优化多主体跨界知识协同与价值共创的创新生态具有重要意义。在需求长尾化、碎片化，创新周期短期化的创新环境下，平台使企业创新规模化、敏捷化，使创新效率大大提高。

本书分别对企业级、联盟级及平台级知识整合创新进行了研究，并且提出了一个统一的能涵盖企业级、联盟级及平台级知识整合创新的 ITO 模型。ITO 模型中的“I”表示输入端，主要是指参与整合创新的知识资源，从结构上看这些知识资源形成了一个知识网络；“T”表示知识整合的机制，具体体现为整合的技术、工具与方法，包括组织管理机制、技术机制及其他机制，“I”与“T”形成了知识整合创新系统的基本结构；ITO 模型中的“O”表示创新产出。除此之外，我们把研发强度和人力投入作为两个调节变量，这与以往研究者的观点有些不同。我们认为 ITO 模型中知识整合的机制相对稳定，决定了组织整合创新的产出，而 ITO 模型中的研发强度和人力投入只是两个调节变量，两者对创新产出所起的只是调节作用，就如汽车的系统结构和油门，加大油门可调节汽车速度，但输出功率到底有多少，从根本上看取决于汽车系统结构设计。知识整合创新的效果将取决于输入端知识网络及整合机制等结构特征，另外还会受到研发强度和人力投入两个调节变量的影响。

本书拓展了跨界、跨组织下企业知识整合创新的研究维度，所形成的跨组织知识网络配置的优化思路、知识整合创新统一模型、知识创新绩效评价等成果，有利于各类跨界合作联盟进行知识的组织、评选与整合，提高企业的知识创新绩效与能力，具有重要的理论意义和实践指导价值。

作为国家自然科学基金项目"跨界融合下企业知识网络的知识配置、整合与创新研究"（71571066）的研究成果，本书的顺利出版得到了国家自然科学基金委员会的资助和支持，在此特别感谢！另外还要感谢科学出版社的大力支持。本书撰写中参阅并引用了大量文献，在此一并向原作者表示感谢。尽管在写作过程中再三推敲，反复求证，但由于水平有限，难免有疏漏之处，敬请各位读者不吝指正。

张喜征

2020年2月16日

目　录

第一章　跨界整合创新概述 …… 1
　第一节　引言 …… 1
　第二节　相关理论基础 …… 5
　第三节　知识整合创新的 ITO 模型 …… 13
第二章　整合创新中的知识与知识服务 …… 22
　第一节　创新中知识需求 …… 22
　第二节　知识搜索服务 …… 29
　第三节　知识服务云平台 …… 38
第三章　跨组织知识整合创新中的知识配置 …… 44
　第一节　跨界知识配置 …… 44
　第二节　知识互补性测度与知识配置 …… 47
　第三节　基于知识相似度的项目任务-知识-人员配置模型 …… 53
第四章　企业级跨部门知识整合创新 …… 64
　第一节　企业内部知识及其分布状态分析 …… 64
　第二节　企业跨部门知识整合机制 …… 68
　第三节　企业内部知识整合创新绩效评价 …… 75
第五章　联盟层级跨组织知识整合创新 …… 83
　第一节　联盟层级跨组织知识网络 …… 83
　第二节　联盟层级跨组织知识整合创新机制 …… 91
　第三节　联盟组织知识整合创新绩效评价 …… 99
第六章　平台级跨组织知识整合创新 …… 106
　第一节　平台下跨组织创新知识网络的形成 …… 106
　第二节　平台型跨组织知识整合创新的主要机制 …… 112
　第三节　平台级跨组织知识整合创新绩效评价 …… 121
第七章　跨组织联盟知识整合创新收益分配模型 …… 129
　第一节　跨组织联盟收益来源与分配原则 …… 129
　第二节　平等型联盟知识整合创新收益分配模型 …… 130
　第三节　核心企业主导型联盟知识整合创新收益分配模型 …… 134
　第四节　平台型跨组织联盟知识整合创新收益分配模型 …… 136

第八章　仿真研究 …… 149
第一节　企业级知识整合创新仿真 …… 149
第二节　联盟级知识整合创新仿真 …… 156
第三节　平台级知识整合创新仿真 …… 164
参考文献 …… 176

第一章　跨界整合创新概述

第一节　引　　言

一、研究背景

（一）企业创新研究的三个挑战

随着全球化和新技术的迅速发展，市场竞争更加激烈，客户需求日益凸显差异化、个性化特点。这些变化使企业创新行为面临着三个主要挑战。

一是客户需求个性化、长尾化。互联网和经济全球化的发展使得全球众多企业能够参与到市场竞争中来，市场上呈现的产品空前丰富，客户的选择空间得以扩大，更加强调差异化、个性化需求。丁宝军（2013）认为互联网使得客户具备了快速掌握新产品及同类产品的性能指标、技术构成及价格等信息的能力，也使得客户有了更多的选择，客户变得越来越理智、成熟，客户掌握了市场的最终话语权。这样也使得市场被进一步细分，出现了可以满足多样化、个性化的长尾市场。

二是创新周期加快。一方面，满足多样化、个性化的长尾市场不仅要求企业能开发出差异化、个性化的新产品，还要求企业能快速交付产品。因此，企业不得不快速反应，不断推陈出新，拼速度、抢订单；另一方面，新一代信息技术正快速演进和加速重构，使得单点技术和单一产品的创新正加速向多技术融合互动的系统化、集成化创新转变，创新周期大幅缩短。为了捕捉新的市场机会和快速利用新技术、新知识，企业不得不缩短产品生命周期，提高新产品开发效率。

三是单个组织创新面临知识缺口。专业分工导致知识分立严重，知识的分布越来越分散，单个组织创新面临知识缺口，即单一公司很难掌握所有的创新资源和技术知识。这要求企业通过跨边界性来寻求创新资源，一般可采用技术合作、虚拟联盟构筑创新网络，获取和利用组织外创新资源。

（二）企业创新研究的两个趋势

一是跨界化趋势。近年来，以互联网为纽带的跨界整合创新迅速发展，多种具有协调共生、多层次、长纵深的跨界互动的新型产业生态逐渐形成。协同创新理论及新一代使能技术（如工业 4.0）的应用，也加速了跨界、跨领域知识整合创新，各类跨界创新联盟大量涌现，如美国的产业技术创新战略联盟、日本的技术研究组合体、德国的能力合作网等，还有我国科学技术部等多部委推动的产业技术创新战略联盟，教育部等多部委推动的 2011 协同创新中心及其他各种形式的协同创新组织。

跨界知识整合创新作为企业创新的核心内在机制在实业界也得到了支持和运用，如丰田第四中心“跨领域系统项目”，海尔的 HOPE 平台，三一集团项目开发联合体，小米科技“MIUI + 硬件 + 米聊”技术生态系统迅速崛起等。可以看到，从专业化分工到知识融合再到知识整合创新这一基本趋势表明：企业需要在跨领域或跨组织环境下配置知识资源以提高其创新可能性和成功率。

二是平台化趋势。近年来，开放式创新赋能平台的大量涌现标志着知识协同创新正在走向平台化发展趋势，从企业内部的 IPD 平台到联盟组织合作平台再到专业创新平台，揭示了跨界知识整合创新正走向平台化。但各个层次平台的开放程度不一样，赋能能力也不一样，整合能力与范围更不一样。众多创新平台的涌现大大改变了知识创新生态，平台介入下的知识协同创新研究更加开放化、全球化、整合化、网络化，并实现了线下创新和线上创新的 O2O（online to offline，线上到线下）集成。因此，平台赋能对于优化多主体跨界知识协同与价值共创的创新生态系统具有重要意义。首先，开放平台形成了全新的协作关系，平台在解决创新者资源约束和资源冗余两难问题中发挥了重要作用。其次，创新就是不断地打破原有的平衡，建立新的平衡的过程（吴士健等，2017）。平台介入多主体知识协同创新既是一种新的要素引入，也是一种新的关系引入。平台带来的新要素和新关系成为知识协同创新生态演进的驱动力，但它们的作用机制不是很清晰，新的知识协同创新驱动模型还有待深入研究。

二、跨界整合是应对挑战的创新范式

（一）跨界整合创新范式

约瑟夫·熊彼特的创新理论指出，经济发展是创新的结果。随后，美国学者从不同角度对技术创新进行了研究，先后提出了用户创新、颠覆式创新、开放式创新等典型创新范式。欧洲则涌现了设计驱动创新、社会创新、公共创新、责任式创新等创新范式，这些创新更多地强调技术创新范式与人文、社会和价值观等属性的融合（陈劲等，2017）。

日本学者总结了基于本国实践的创新范式，如知识创新和精益创新，而韩国学者基于后发国家企业的追赶情境提出了模仿创新和创新追赶的范式，并分析了逆 A-U 模型的追赶路径，即后发企业的创新追赶是一个从生产能力到工程能力再到创新能力的演化过程。印度学者提出了印度情境下朴素式创新范式，该范式源于印度深远的 Jugaad 文化，即突破各种限制条件，用有限资源即兴设计有效的解决方案。陈劲等（2017）指出相较于传统创新范式，朴素式创新的属性主要表现为耐用、轻量、灵活、便捷、人性化、简单化、新的分销模式、适用性、本地资源依赖、绿色技术及支付可承担等。近年来，创新驱动发展成为中国的基本发展战略。中国学者对此也开展了积极的探索，并提出了具有中国特色的原创性创新范式，如自主创新和全面创新，如表 1.1 所示。

表 1.1　各国主要创新范式小结

国家或地区	主要创新范式	代表学者
美国	用户创新	von Hippel（1986）
	颠覆式创新	Christensen 等（1997）
	开放式创新	Chesbrough（2003）
欧洲	设计驱动创新	Verganti（2009）
	社会创新	Nicholls 和 Murdock（2012）
	公共创新	Swann（2014）
	责任式创新	Owen 等（2012）；Stilgoe 等（2013）
亚洲	精益创新	Womack 等（1990）
	知识创新	Nonaka（1994）
	朴素式创新	Radjou 等（2012）
	模仿创新、创新追赶	Kim 和 Nelson（2000）
	自主创新	陈劲（1994）
	全面创新	许庆瑞（2007）

资料来源：陈劲等（2017）

跨界整合创新作为一种创新范式是互联网时代的产物，是上述多种创新范式的融合，具有很强的适应性和广泛的应用性。丰田公司的新能源氢燃料电池车及自动驾驶汽车就是典型。在保住原有市场的条件下，丰田公司的研发理念和创新模式已经从成本管控走向跨界整合创新。例如，无人驾驶汽车是集成各类技术如智能化、网联化、车载信息系统和电气化等众多技术跨界整合的结果。无人驾驶需要更高的汽车安全标准，对汽车的感知、决策、执行都提出了更加苛刻的要求。无人驾驶测试系统的要求也变得更加复杂，需要更多跨系统、跨平台的测试。车载信息系统作为智能汽车的重要组成部分，如今在原来的影音娱乐设备基础上增加了无线通信、触摸屏自动触动、云服务和智能导航等一系列新的功能。丰田公司在现有的汽车产业资源基础上，不断推动产业从“产品层次制造+销售”的规模经济走向“产业链层次制造+服务+互联”的范围经济。丰田公司的“汽车 + 互联网，工业化与城市化相匹配”的模式创造了很多新业态和就业机会。

（二）跨界整合根本原因来源于知识分工

知识分工也属于劳动分工，劳动分工是指人们社会经济活动的划分和独立化、专门化。古典经济学家亚当·斯密在《国富论》中首次提出了劳动分工的观点，并系统、全面地阐述了劳动分工对提高劳动生产率和增加国民财富的巨大作用。随着知识在产品中重要性的提高，企业间基于知识的分工成为新的研究视角，知识分工成为企业间分工的一种新趋势（冯涛和邓俊荣，2010）。

哈耶克（2003）指出“比亚当·斯密的劳动分工问题更根本的经济学问题是知识分工问题，知识生产之所以必须分工，是因为只有深入到特定角落里去发掘，我们才可以获得真正的，新的知识”。贝克尔（Becker）和墨菲（Murphy）认为劳动分工产生的专业化收益来源于知识分工所带来的知识积累效率的提高，也就是说企业知识分工具有经济价值。分工和专业化提高了专业知识的积累速度和人类获得技术性知识的能力，从而实现了报酬递增。新古典经济学家代表人物杨小凯和黄有光（1999）进一步指出：通过大量的关于分工组织的试错实验，人们可以获得更多关于分工组织的制度性知识，从而选择更有效的分工结构，提高分工效率和分工水平，使人们获得技术性知识的能力提高，推动内生技术进步和经济发展。可见，从古典经济学到新兴古典经济学的演进中都强调了知识分工在组织合作中的作用。基于劳动分工与知识分工的组织差异性特征，如表 1.2 所示。

表 1.2 基于劳动分工与知识分工的组织差异性特征

比较维度	劳动分工	知识分工	
		常规性合作	创新性合作
组织间知识互动	忽略	单项、双向交流	共同创造
合作目的	专业化生产、降低生产成本	现有知识整合与共享	新知识创造
运行机制	科层或市场	科层或市场	同侪生产
组织形式	纵向一体化或非纵向一体化的集群	外包或柔性生产系统	跨组织大规模协作

传统的组织间合作以劳动分工为基础，强调专业化生产与协作，是价值链解构的产物，合作企业因外部的规模经济与范围经济而受益。由于分工并进一步形成产业链，而产业链的形成是价值链形成的基础。劳动分工与价值链形成密切相

关，而迈克尔·波特把一种产品的生产过程分解为设计、制造、分销、服务等，并建立了价值模型。

知识分工在促进知识加速积累的同时，也造成了知识分裂程度的提高，给知识的跨组织流动与整合带来了阻力。目前，一些学者对知识分工整合的过程、机制、协调方式进行了研究。相关的研究以创新 1.0 为背景，以生产者为中心，以封闭式创新、合作创新理论为基础，强调分散性知识的创造、获取、整合和利用，是较低层次的知识分工与整合。然而，开放式创新并不是对每个分散异质性知识的简单静态叠加，而是不同创新要素之间的互动、整合与协同的过程。因此，开放式创新过程中需要构建知识分工协同机制，破解开放式创新模式下“知识的精细分工与跨组织大规模协作”的难题，实现协同共治、群体智慧和集体价值塑造（余维新等，2016）。

第二节　相关理论基础

跨界知识整合创新以知识管理和创新管理等理论为基础，跨界知识整合创新必然是协同创新和开放式创新，也是整合创新。因此，本书将知识管理、开放式创新、协同创新及知识整合创新作为重要理论基础，并加以简要介绍。

一、知识管理理论

（一）知识及其特性

知识是人类在实践中认识客观世界（包括人类自身）的成果，它包括事实、信息的描述或在教育和实践中获得的技能。知识经物化可为人类带来巨大财富，可促进物质生产，从而产生市场价值，也可直接作为精神消费对象。企业拥有的知识资源是可以反复利用的，是能给企业带来财富增长的资源。

野中郁次郎和竹内弘高在《知识创造公司》（*The Knowledge-Creating Company*，1995 年）一书中将企业知识划分为隐性知识和显性知识两类。所谓隐性知识包括信仰、隐喻、直觉、思维模式和诀窍；而显性知识则可以用规范化和系统化的语言进行传播，又称为可文本化的知识。野中郁次郎和竹内弘高提出，在企业创新活动的过程中隐性知识和显性知识二者之间互相作用、互相转化，知识转化的过程实际上就是知识创造的过程。知识转化有四种基本模式——社会化（socialization）、外在化（externalization）、组合化（combination）和内在化（internalization），即著名的 SECI 模型（丁怡，2014）。

经济合作与发展组织（Organization for Economic Co-operation and Development，OECD）在 1996 年的年度报告《以知识为基础的经济》中将知识分为四大类：①知

道是什么的知识（know-what），主要是叙述事实方面的知识；②知道为什么的知识（know-why），主要是自然原理和规律方面的知识；③知道怎么做的知识（know-how），主要是指对某些事物的技能和能力；④知道是谁的知识（know-who），涉及谁知道和谁知道如何做某些事的知识。

Davenport 和 Prusak（1998）整合了知识的形态、组成元素、主要功能和存储主体等元素，从四方面描述了知识的定义。①知识的形态，知识是一个流动、动态的混合体，随着刺激和学习随时改变、更新；②组成元素，包括经验、价值观、情景信息和专业洞察力；③主要功能，它提供了一个参考结构来评估和整合新刺激所产生的信息与经验，形成新的结构并可以指导决策和行为；④存储主体，它由知者的心智产生并被利用，在组织中知识不仅存在于文件与知识库中，更存在于例行的工作、流程、实践与文化中。

知识有如下一些性质。

（1）知识的外部性。知识是私人所生产的成果，容易扩散或意图进入社会公共领域，成为社会所共有的知识。

（2）知识的非重复性和可复制性。知识本身的非重复性是从知识生产创造过程角度来说的，知识商品的生产不同于一般实物商品的生产。知识不必像实物那样重复制造，重复的知识没有意义，因为重复知识可以通过简单、低成本的复制过程获得。同样的知识无须从头开始重复其研究创作与开发过程，而只需要用母本知识进行复制，就可以获得所需要数量的复制品（郭冬乐和夏先良，2000）。

（3）知识的可共消费性。知识的所有消费者通过复制和扩散都可以消费同一内容的知识，增加每一个消费者的边际消费，不会减少或影响其他人消费知识的内容。知识可共消费性和可复制性，两者相辅相成。

（4）知识的经济性。任何人都可以通过学习，掌握他人所创造的知识，没有必要自己重复研究，可以获得知识的成本节约利益，这也就是知识的经济性。

（5）知识的无限性、阶段性、多面性及可替代性。任何知识都是无限发展的知识长链上的一个环节或阶段，在不同时空和条件下，人类从不同侧面和角度获得了不完整和不全面的知识，因而，一个事物在人类的认知成果上表现为多方面的知识。多面性知识具有结构上的互补性，只有获得了全面的知识，才可以认识到完整的事物本质和规律。

（6）知识的不确定性。由于人类认识的局限性，人类对事物的认识都是在一定的时间和条件下的认知产物和成果，每一个认知成果的真理性都是相对的，人类所取得的知识都是不确定的。在知识生产中不确定性表现在人脑创新思维活动的随机性、随意性及结果的不可控制和不可把握等方面（夏先良，2000）。

（二）知识网络

知识网络是知识参与者之间的社会网络。它能够实现个人、组织与组织外部的知识创造与传递，人们可通过知识网络进行信息合作与交流。目标是把技术与人连接起来，实现智力资本、结构资本和顾客资本的有效结合。王铮等（2001）将知识网络分为内部知识网络和外部知识网络，前者强调组织内部员工间与组织间的知识交流，后者强调组织外部的知识来源，包括社区、国家社会关系及竞争者。

知识网络能有效弥补组织在知识管理运作过程中所存在的知识缺口。在信息化和经济全球化背景下，封闭式研发模式开始受到挑战，几乎任何一个企业都无法独立掌握或开发与其相关的所有知识和技能，企业必须从传统的封闭式研发模式向开放的网络研发模式转变，不再局限于内部研发资源，而是寻找与其他组织的合作，形成知识创新研发网络，整合研发资源，实现创新目的。因此，基于对知识的需求及知识管理的需要，每个组织均需与外界组织建立联系，实现知识在不同组织间的共享，从而构成具有知识创新、知识整合和知识共享等功能的网络结构体系（刘江，2005）。有资料显示，世界最大的150家跨国公司中，已有90%的公司与其他厂商结成了联盟。

组织知识网络的构建目标是通过共享的知识在组织间的转移，有效克服组织知识缺口，利用知识网络的运作，最终实现知识网络中各组织的共同收益。图1.1说明了组织知识网络的构建过程。

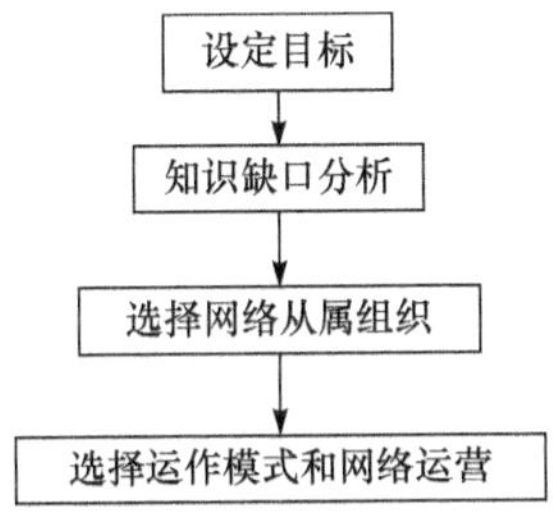

图1.1　组织知识网络的构建过程

（三）知识管理

知识管理是对知识、知识创造过程和知识的应用进行规划与管理的活动过程。具体的知识管理活动有很多，包括获取、创造、存储、检索、选择、转移、分享、应用和更新等，其中知识的创造、存储、检索、转移和应用构成了知识管理的五个步骤，但它们不一定是一个线性序列。组织通过不同知识管理活动来管理企业的知识，并实现将合适的知识在适当的时机以适当的表达方式传递到合适的人手中，以提升组织绩效和价值创造。不同企业对知识管理活动的侧重点不一样，其知识管理活动不同类型的划分反映出了企业知识管理的特点或重点，如表 1.3 所示。

表 1.3　知识管理活动的分类

作者	知识管理活动类型
Alai（1997）	获取、索引、过滤、联系、分布、运用
Arthar arel APQC（1996）	共享、创造、鉴别、收集、改编、组织、运用
Choo（1996）	理解与翻译、知识创造、决策制定
Halsapple 和 Whinstan（1987）	获取、组织存储、维持、分析、创造、提出、运用
Leonard-Barton（1995）	共享与创造性地解决问题、吸收外部技术知识、试验原型、执行与整合新方法及工具
Nonaka（1994）	社会化、内部化、组合化、外部化
Szulanski（1996）	创始、执行、使用传递的知识、整合
Marquardt（1996）	四阶段：知识的获取、创造、传递与使用、存储
Wiig（1993）	四阶段：生成与收集、编辑与转换、发布、应用与价值实现
van der Spek 等（1997）	四阶段：新知识的生成、新的和已有的知识的保护、知识的要素配置、已有知识的综合

资料来源：张欣（2011）

知识管理是信息管理的延伸，是信息管理发展的新阶段，是信息转换为知识，并用知识提高特定组织的应变能力和创新能力。

二、知识整合理论

（一）知识整合的概念

Grant（1996）首次使用了“knowledge integration”来表示知识整合，提出了知识整合的两种机制和三个评判维度，对知识整合的理论研究影响深远（魏江和徐蕾，2014）。宁东岭（2013）从组织能力的角度研究知识整合，认为知识整合是组织的基本职能和组织能力的本质，从而把知识整合提高到企业的战略层面。贺军（2010）通过综述说明了知识整合是指组织将不同来源、不同载体、不同内容、不同形态的知识，通过新的排列组合、交叉和创造，实现知识应用和产生新知识的过程。

（二）知识整合机制

知识整合机制是指实现知识整合的途径，通常是指为了实现某一目标将各类知识关联成整体的一系列手段、方法或工具的组合。Grant（1996）指出知识整合存在两种关键机制：直接整合和常规整合。直接整合指的是将组织中的各类知识整理并制定成手册、操作规程等；常规整合则主要指因大量难以编码的隐性知识，组织成员通过对个体自身角色的理解，逐渐发展成为一种互动式协调整合方式，镶嵌于组织常规之中。

De Boer 等（1999）把知识整合机制划分为系统能力、协调能力和社会化能力三个方面，分别侧重知识整合机制的不同方面。易星（2013）介绍了四种知识整合方式：知识形式整合、知识分类整合、知识立体整合、知识用途整合。其中，知识形式整合是从知识形态变化过程实现知识整合，其核心思想是 SECI 知识创造模型；知识分类整合就是把各种类型的知识进行分类，使知识明晰化、结构化和有序化；知识立体整合就是将知识划分为横向知识和纵向知识，然后分别进行整合；知识用途整合是指根据知识的不同用途将知识库中的知识进行整合。

另外，按照知识被整合并发挥作用的程度划分为消化型知识整合、适应型知识整合、解决型知识整合、演进型知识整合和再造型知识整合；按照整合的关键知识来源划分为外生型知识整合和内生型知识整合；按照参与整合的知识之间的相关性划分为横向知识整合、纵向知识整合和交叉知识整合。

赵修卫（2003）从组织学习的角度分析了知识整合的实现机制：需要—— 知识整合产生于组织需要（短期需要和长期需要）并受其约束；联系—— 使不同主体、特点的知识产生相互作用（各种网络，如计算机网络系统）；可转移性—— 知识能否转移并被整合（特别是隐性知识的转移需要通过创造环境，如干中学、人与人之间的直接沟通）；方式—— 知识整合的实现形式。

（三）跨界知识整合的范围

从知识整合的范围来看，知识整合可分为企业级、联盟级及平台级三个范围层次。

1. 企业级知识整合

知识创新的本质就是对企业现有的内外部知识进行整合，进而调整企业的知识结构（丁宝军和朱桂龙，2008）。按照知识资源基理论，知识是企业的战略资产，企业是一种知识整合系统，是创造、传递和运用知识的组织。企业级知识整合创新主要发生在企业内部，企业内的知识具有多样性、复杂性和动态性。组织分工在客观上把企业划分成不同的知识群体，不同的群体将拥有不同的专业知识，个体也会拥有特质的知识。企业知识整合将从个人知识与组织知识的整合、隐性知识与显性知识的整合、原有知识与新知识的整合、内部知识与外部知识的整合等四个方面开展（张庆普和单伟，2004）。

按照一般组织职能分工理论，研发部门是组织研发的组织者和领衔者，但整合创新更多是研发部门领衔的跨部门的知识整合创新。为了支撑跨部门知识整合创新，很多企业建立了集成创新平台。最知名的是IBM公司的IPD平台，华为在1998～2003年，借鉴IBM公司，历时五年建立了完善的集成产品开发流程管理模式，成为成就华为今天技术创新方面全球优势的重要源泉。应用了IPD平台后的效果：产品研发周期显著缩短；产品成本降低；研发费用占总收入的比例降低，人均产出率大幅提高；产品质量普遍提高；花费在中途废止项目上的费用明显减少。

2. 联盟级知识整合

联盟级知识整合是一种跨组织的知识整合，是一种借助外部知识资源实现企业内部知识创新的过程。联盟组织大大地扩展了知识整合创新的边界，降低了知识整合的成本，提高了创新成功的可能性（高巍等，2005）。比较典型的创新联盟是虚拟组织。例如，虚拟企业可作为协同产品开发的组织形式，实现多主体、多领域的知识汇聚，包括客户需求知识、产品知识、资源知识、过程知识及其他领域知识的有机集成。

3. 平台级知识整合

孟潇（2018）发现建立开放创新平台的企业占46.92%，该平台成为企业开放创新的主要方式。平台可以将用户、创客、高等院校、上下游企业及横向协作企业等多方利益相关者的创新需求、创新资源、创新人才、创新成果及方案进行集聚、匹配、整合，孵化和培育初创公司，帮助和扶持中小企业进行成果转化落地，支撑和带动产业转型升级。平台的介入对知识整合创新机制产生了较大的影响，平台的介入引入了新的创新要素，创建了新的协作关系，并且有了平台对其他参与方的赋能机制。这些新变化重构了多主体知识协同网络与价值共创网络，使得多主体间知识资源匹配更加敏捷化、柔性化，产生了更高的协同价值。平台还具有科技推广和转化功能、业务协作与服务功能。

三、企业创新理论

（一）熊彼特的创新理论

现代创新理论的提出者约瑟夫·熊彼特认为，所谓创新就是要建立一种新的生产函数，即生产要素的重新组合，就是要把一种从来没有的关于生产要素和生产条件的新组合引入生产体系中去，以实现对生产要素或生产条件的新组合；作为资本主义“灵魂”的企业家的职能就是实现创新，引进新组合。所谓经济发展就是指整个资本主义社会不断地实现这种新组合，或者说资本主义的经济发展就是不断创新的结果，而这种新组合的目的是获得潜在的利润，即最大限度地获取超额利润。周期性的经济波动正是起因于创新过程的非连续性和非均衡性，不同的创新对经济发展会产生不同的影响，由此形成了经济周期（曾越，2017）。

熊彼特的创新思想可以分为创新理论和创造性破坏理论，创造性破坏理论是在创新理论的基础上进一步发展起来的。熊彼特的创新理论基本包括四个方面的内容：一是创新是推动经济发展的根本力量。经济发展的实质是技术创新和生产组织形式的创新，从而引起经济生活的一种创造性变动。二是创新的传导机制。所谓传导机制就是创造性破坏的产生过程，其实质就是新技术、新行业取代旧技术、旧行业的过程，从而促进经济的不断前进和发展。三是创新的组织者——企业家。企业家是创新的主要主体，他们能够创造新组合、新技术、新方法，从而为创新的实现提供条件，推动创新的产生。四是熊彼特创新理论解释了经济周期的产生，他强调经济周期是经济发展的必然结果。

（二）亨利·切萨布鲁夫的开放式创新理论

美国加利福尼亚大学亨利·切萨布鲁夫教授 2003 年较早提出了开放式创新的概念，即为了促进组织内部的创新，有意图且积极地活用内部和外部的技术及创意等资源的流动，其结果是增加将组织内创新扩展至组织外的市场机会。在开放式创新定义公开后的十年间，其所适用的范围和方式都发生了翻天覆地的变化。目前，开放式创新的三大发展趋势详见表 1.4。

表 1.4　开放式创新的三大发展趋势

从研究开发到创造新业态	开放式创新的对象领域不断扩大（从技术领域到产品开发、商业模式、服务领域）
开放式创新方法的成熟	除了将外部技术引入公司内部的输入型创新之外，将内部资源活用于外部渠道进行开发和产品化的输出型创新也在不断增加 公司内外部广泛合作、共同开发新产品和技术的合作型（统合输入型和输出型）创新正在走向成熟 合作型创新的实施手段包括黑客马拉松（Hackathon）、创意马拉松（Ideathon）、商业协作、合资、企业风险资本、企业孵化器（incubator）、设置企业加速器计划（corporate accelerator program）等
从“开放式创新 1.0”到“开放式创新 2.0”	目的：开放式创新 1.0 的目的在于提高研发效率和开创新业态；开放式创新 2.0 的目的在于解决社会共通问题 合作：开放式创新 1.0 为一对一的合作关系；开放式创新 2.0 则为企业、大学及研究机构、政府、市民及用户等多种相关者多层合作共创的循环生态系统 主导：开放式创新 1.0 的主导者为企业；开放式创新 2.0 的主导者为市民和用户 特征：在开放式创新 1.0 中，市民和用户不参与开放式创新，且由于由民间企业主导，必须构筑双赢关系；开放式创新 2.0 则是市民参与型和共同创新型，由于有着共通的问题意识，即便是利害关系各异的群体也能朝着一个目标和方向努力

资料来源：《开放式创新白皮书初版》（日本开放式创新协议会、日本新能源和产业技术综合开发机构），上海图书馆（上海科学技术情报所）翻译整理

（三）协同创新

协同创新是指围绕创新目标，多主体、多因素共同协作、相互补充的创新行为。各个创新主体要素间实现创新互惠、知识共享、资源优化配置、行动最优同步，以实现高水平的系统匹配。通过创新资源和要素有效汇聚，突破创新主体间的壁垒，充分释放彼此间人才、资本、信息、技术等创新要素的活力而实现深度合作。

协同创新的主要特点有两个：①整体性，创新生态系统是各种要素的有机集合而不是简单相加，其存在的方式、目标、功能都表现出统一的整体性；②动态性，创新生态系统是不断动态变化的。

陈劲和阳银娟（2012）认为协同创新的先期基础是协同制造。协同制造是充分利用网络技术、信息技术等手段，实现供应链内部及供应链之间的企业在产品设计、制造、管理和商务等方面的精细合作，最终通过改变业务经营模式达到企业资源最充分利用的目的。协同制造整合了敏捷制造、虚拟制造、网络制造、全球制造等生产模式的优点，打破了时空的约束，通过互联网络，使整个供应链上的企业和合作伙伴共享客户、设计、生产经营信息。协同制造从传统的串行工作方式，转变成并行工作方式，从而得以最大限度地缩短新产品上市时间，缩短生产周期，进而快速响应客户需求，提高设计、生产的柔性。例如，波音 777 飞机的诞生，整个项目参与人员总数超过 8000 人，所用的小型机和个人电脑总数超过 10 000 台，通过对 10 万余个零部件的协同制造和整合，整机的设计制造周期约为 4.5 年，远低于波音 757 和波音 767 设计所花的时间（9～10 年），创造了巨大的经济效益，成为大型工程协同制造的典范。

相对于协同制造和开放式创新，协同创新是一项更为复杂的创新组织方式，其关键是形成以大学、企业、研究机构为核心要素，以政府、金融机构、中介组织、创新平台、非营利性组织等为辅助要素的多元主体协同互动的网络创新模式，通过知识创造主体和技术创新主体间的深入合作与资源整合，产生系统叠加的非线性效用。

协同创新有多种不同形式，如供应链协同创新、产业协同创新和产学研协同创新等。产学研协同创新是协同创新的主要形式之一。产学研协同创新是指高校与科研院所、产业、政府进行深入融合，构建产学研协同创新平台与模式，特点是参与者拥有共同目标、内在动力，并可直接沟通，依靠现代信息技术构建资源平台，进行多方位交流、多样化协作。

协同创新的有效执行关键在于协同创新平台的搭建，可以从两方面对协同创新平台进行宏观布局。一是面向科技重大专项或重大工程的组织实施，建设一批可实现科技重点突破的协同创新平台，如新药创制、核高基、海洋科学与工程等重大专项。通过重大专项和重大工程的部署实施，瞄准目标产品和工程，集成各类科技资源，坚持产学研用结合，加强各类承担主体的联合，建设支撑科技重大专项和重大工程的组织。二是面向产业技术创新，建设国家层面支撑产业技术研发及产业化的综合性创新平台，加快科技成果转化、产业化。特别是面向培育战略性新兴产业的协同创新平台，以重大的高新技术产业化带动新兴产业发展形成未来主导产业，协调相关创新组织，统筹加快科研设施建设和加大研发投入，促进战略性新兴产业的形成、崛起，形成具有国际竞争力的主导产业，带动产业结构调整（陈劲和阳银娟，2012）。

第三节　知识整合创新的ITO模型

一、ITO模型的提出

企业知识理论指出，企业创新的本质在于通过对内外部知识资源的有效利用和充分整合，打破现有知识体系，创造出新的知识联结模式。知识整合创新通过对原有知识体系及分散性知识的搜索与归纳，建立一种新的知识汇总体系。胡婉丽（2008）设计了一种知识整合流程，该流程由知识搜索、过滤、诊断、编码最后建立新的知识体系等一系列过程组成。胡婉丽先对知识整合流程进行了分析，一方面知识整合基于原有知识体系，对成员原知识体系的搜索是一个“破立”的过程，打破原有的知识体系，从不同的角度审视原有知识，并对其重新组合与归纳；另一方面，知识整合要整合利用知识碎片，最先要做的就是发现知识碎片。伍忠贤和王建彬（2003）提出采用搜索与归纳来发现和整合知识碎片的方法。这里所谓的归纳法的原意是乱中求序，其本质是寻求分散在各处的知识，并汇集起来。最常使用的归纳方法是资料搜索，归纳的基本工具主要靠人们的大脑进行学习处理，化繁为简。现在各种搜索引擎的出现，大大提高了知识发现的效率。发现知识碎片，最重要的在于辨别知识碎片的特征，只有识别出其特征，才能认识和发现知识并对其分类，从而为进一步整合打好基础，如图1.2所示。

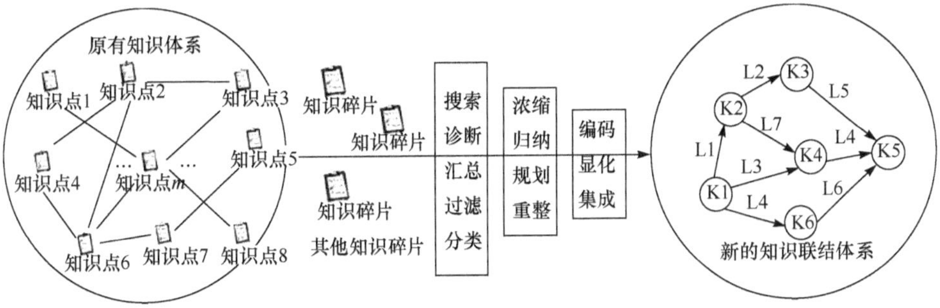

图1.2　知识整合流程图

然而，上述模型一方面缺乏对知识整合对象的详细分析，也没有分析人力和资金的投入在知识整合创新中的作用。另一方面，上述模型仅考虑了知识整合的技术层面，缺乏考虑组织管理手段。事实上知识本身的特征，如多样性、异质性、共同知识、知识完备度等也需要详加分析。因此，本书构建了一个跨界知识整合创新的ITO模型，如图1.3所示。

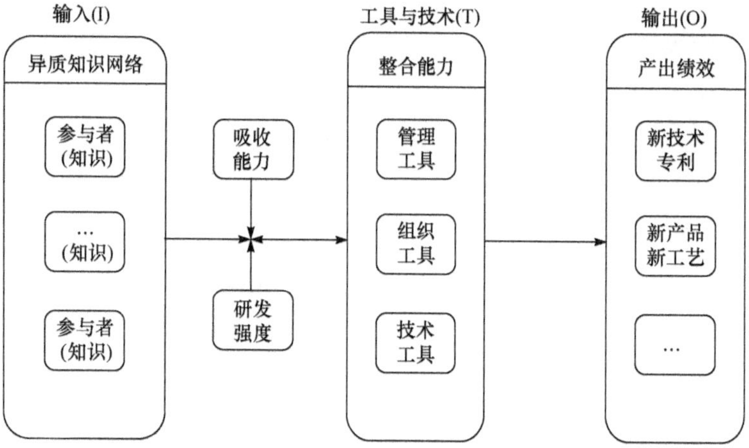

图1.3　跨界知识整合创新的ITO模型

二、ITO模型输入端

知识整合创新以知识资源多样化为必要前提，企业创新有赖于企业环境持续不断地提供异质性知识。然而，企业创新仅依靠异质性知识也是不行的，参与整合的各方拥有共同知识也是重要的方面。曹洲涛和杨佳颖（2015）针对知识异质性对知识创新绩效的影响有两种截然相反的矛盾结论，通过文献研究剖析知识异质性对知识创新绩效的影响路径，发现知识异质性的部分维度促进了组织成员间的知识交流，另一部分维度则有可能通过知识冲突降低了成员的交流意愿。研究指出为了确保知识创新绩效的提高，在知识异质性与知识创新绩效之间引入知识协同变量，运用其五大过程机制强化知识异质性的正向影响，弱化其负向作用，促进知识创新。胡婉丽（2008）认为知识整合创新一方面需要各合作成员相互间存在共同知识。共同知识使得来自不同组织、不同部门、不同专业的合作者有了共同沟通的基础与桥梁，共同知识越多，知识交流就越容易，合作者间的协调就越通畅，合作创新中知识整合的效率就越高。另一方面，需要成员之间的知识具有差异性。如果不同成员的知识内容与结构都相同，合作就会失去意义。

因此，在ITO模型输入端将存在两个网络：一是参与者网络，二是参与者知识网络。参与者网络也称主体网络，其主体来源可以是组织内部，也可以是组织外部，还可以是各种开放平台支持下的人或组织。参与主体的多样化源于知识整合创新的需要。多样化的知识资源有时是企业独自具备的，如果不具备则需要整合其他组织的知识资源。

相异且相关才可能有协同效应。参与者知识网络是跨界、跨职能的，反映了主体的异质性也能带来知识资源的异质性。知识网络要求相异且相关，也就是说参与者知识网络中的知识应该具有互补性。ITO 模型的输入端对知识有三个要求。

（1）知识的相同性要求。该要求是指不同成员要有一定的共同知识。共同知识主要是为了满足交流的需要。来自不同组织、部门、专业的合作者有了共同知识就有了共同沟通的基础与桥梁，共同知识越多，知识交流就越容易，合作者间的协调就越通畅，合作创新中知识整合的效率就越高。

（2）知识的相异性要求。差异知识是协同创新所必需的。不同成员的知识内容与结构都相同的话，合作就会失去意义。成员间的知识差异是合作的因，也是合作的目标，同时也是知识整合的重点，差异知识的存在也让合作创新的结果难以预料与判断。

协同创新需要对差异知识进行协同与整合。曹洲涛和杨佳颖（2015）认为知识异质性对知识创新绩效的影响主要通过知识主体异质性和知识本身异质性两维度下的五个细分维度展开。其中，一部分维度将促进知识共享，另一部分维度则有可能带来知识冲突。此时，知识创新绩效的提高有赖于知识协同过程机制的建立。

（3）知识的完备性要求。知识网络的知识完备性是指知识网络包含解决某一类或某一具体问题所需要的全部知识，即知识网络能保证该问题的解决。陈雪龙和镇培（2014）对知识网络知识完备性的理解如下。

第一，知识网络的作用之一是进行问题求解。一个知识网络的知识完备与否应针对一类或一个具体问题，泛泛地谈一个知识网络中的知识是否完备是没有意义的。

第二，对于每个可解问题，都有一个能完成问题求解的最小知识集合，若知识网络包含了这一最小知识集合，则可以完成该问题的求解。

第三，对知识网络的知识完备性进行测度。确定缺失的知识元素，以便对不完备的知识网络进行知识补充。

三、ITO 模型整合端

知识整合机制是基于特定知识网络、集合多类知识单元来实现某一目标的一系列手段、方法或工具的组合。因此，ITO 模型整合端包含各种整合机制，具体来说是整合的工具或手段。整合工具或手段分为三大类：一是管理手段或工具，如激励制度、规则惯例、各种组织方法、领导与控制方法及项目管理方法等；二是技术手段或工具，包括搜索、诊断、汇总、过滤、分类、浓缩、归纳、规划、重整、编码、显化、集成等；三是其他方法，如头脑风暴、思维导图、各类模板、各类开发工具等。具体如表 1.5 所示。

表 1.5　知识整合的工具或技术

管理手段或工具	技术手段或工具	其他方法
激励制度、规则惯例、各种组织方法、领导与控制方法及项目管理方法等	搜索、诊断、汇总、过滤、分类、浓缩、归纳、规划、重整、编码、显化、集成等	头脑风暴、思维导图、各类模板、各类开发工具、SECI 模型等

主要方法说明。

（1）搜索与归纳。搜索与归纳是发现和整合分散性知识或知识碎片最常用的方法。首先通过搜索引擎搜索知识、发现知识碎片，辨别其特征，并进行分类，为知识整合打好基础。归纳法作为一种基本的整合方法，其本质是寻求分散在各处的知识，并汇集起来。

（2）过滤与筛选。汇总的知识需要深加工，通过过滤与筛选，摒弃无用的知识，提炼精华知识。但在过滤筛选的过程中，也要保留一部分冗余知识，以提高知识整合效率。过滤与筛选后的知识通过规划形成了新的知识体系框架，为最终的知识体系确立奠定了基础。知识的蓄积和整合可以拓展创新者思维，是思维产品的诞生、创意、概念、设计、发明的基础。

（3）规划。规划是指对经过过滤与筛选的知识库进行组织、归纳与演绎推理，为知识需求模型建立初步的框架。前面通过知识搜索只是使其汇聚，而没有产生新的知识，而规划将建构不同以往的知识新框架。这是创新的起点与开始。

（4）诊断。诊断是在前期规划的知识体系框架的基础上，对其进行分析，判断现有的框架需要吸纳哪些知识，已经汇总掌握了哪些知识，还需要进一步搜索或创造哪些知识，诊断过程是知识重整的前期过程，奠定了重整的基础，指明了重整的方向。

（5）重整。重整是为了建立所需要的知识模型，这种知识模型可能是经过初步物化的产品模型，也可能是尚未物化的概念模型。通过前期的诊断，发现已有框架的错误或者存在缺失的数据，重整的过程是前期诊断的校正过程。

（6）编码、显化或个性化。编码、显化或个性化是构建知识模型的手段与过程，编码使模糊的知识得以显化，意味着知识被转换成易于传递的、明确的、不模糊的信息，通过编码，知识脱离了情景成为能够言说的程序。但并不是所有的知识都能够编码和显化，有些知识根植于特定的情景中，难以编码与显化，对于这部分知识，集成的时候仍要保持其个性化特性（胡婉丽，2008）。

野中郁次郎和竹内弘高（1995）认为，企业知识创新是在隐性知识和显性知识的四个转换过程的螺旋上升的“巴”（ba）中实现的，其中包括发起性“巴”（ba）、对话性“巴”（ba）、系统性“巴”（ba）及演练性“巴”（ba），在四个“巴”（ba）中分别实现了知识的社会化、外在化、组合化与内在化，如图 1.4 所示。SECI 模型从知识的存在方式及其转换的途径上阐释了知识创新的内在机理和能动过程，对知识创新的研究具有重要意义（裴小兵和刘芳，2014）。

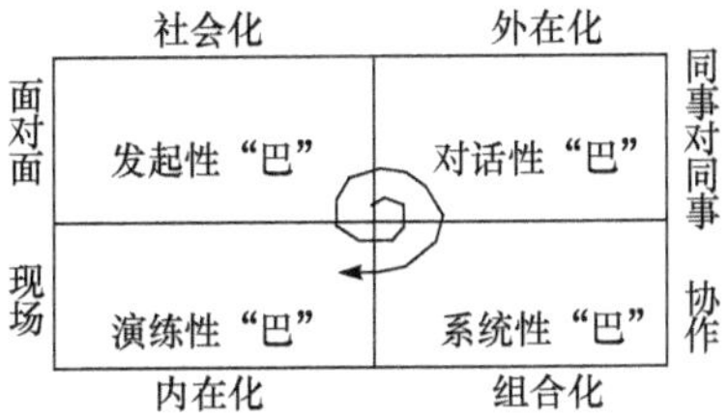

图 1.4　SECI 模型

四、ITO 模型输出端

知识整合创新输出的是新产品、新方法或新工艺，也有其他知识产权。知识整合创新产出效果将取决于输入端知识网络及整合机制等结构特征，另外还会受到研发强度和人力投入两个调节变量的影响。知识整合机制（各种工具与方法）具有动态性、权变性，即使完成同样的任务也可以有不同的手段、方法或工具的组合，但效果可能不一样。好的组合可以得到更高的产出，从而获得更高的效益，欠佳的组合则会使产出低、效益差。因此，如何分析和测度知识整合机制成了需要深入研究的课题。

目前关于企业研发投入与企业绩效关系的研究较多，可参阅邹波（2014）的相关综述。我们认为，研发投入要通过组织创新系统起作用，因此，组织创新系统是创新产出的基础，它的好坏基础性地决定了创新产出，而研发投入只起到一种调节作用，就如汽车的加速系统，油门大，速度就快，但汽车奔跑性能从根本上取决于其动力系统。在 ITO 模型中研发强度和人力投入只是调节变量，而“T”（系列整合机制的总和）才是组织创新体系能力的根本。因此，作为调节变量人力投入与研发强度相对简单且定义清晰，这里不再赘述。为了测评其效果，本书根据灰色评价理论及业界灰度创新方法，将知识整合评价视为一种灰度评价。例如，马化腾根据腾讯的内在转变和经验得失总结出创造生物型组织的“灰度法则”，他提出用需求度、速度、灵活度、冗余度、开放协作度、创新度、进化度等七个灰度评价指标来评价创新绩效。据此，本书设计了一个测度指标体系和测度模型，对创新项目的成功与否进行测度。

（一）跨界知识整合创新测度指标设计

首先，参与整合的知识资源本身的质量会影响产出绩效，参与知识整合创新的知识单元相互间被要求是异质且互补的，其构成的知识网络中的知识应该具有互补性，相异且相关才可能有协同效应。另外，该知识网络还应该是完备的，即创新中遇到的问题能在该知识网络中找到解决方案或具备相关资源。

其次，知识整合机制（方法或工具）应该是有效的。现有研究中关于知识整合机制的测量基本上采用的是主观测量的方式，即分析感知知识整合机制的使用情况。例如，De Luca 和 Atuahene-Gima（2007）用五个题项来对企业内部的知识整合机制进行测量，包括定期地通过正式报告与备忘录来总结学习、召开信息共享会议、跨职能团队的面对面讨论、失败的新产品开发项目的正式分析、成功的新产品开发项目的正式分析，以及使用专家与顾问来整合知识。

最后，ITO 模型中的“T”是一系列整合机制的总和，反映的是组织体系的整合创新能力，这是一种系统能力。为这种系统能力加油提速的是研发强度（也称研发资金投入）和人力投入（反映的是学习、吸收能力）。因此，研发强度和人力投入在 ITO 模型中仅作为调节变量。

综上所述，这里在上述研究的基础上提出基于灰度理论的知识整合创新产出概率模型来预测创新项目的产出成功概率。输入变量将包含三个方面：一是知识网络特征变量，具体包括知识相同度、知识相异度、知识完备度；二是知识整合机制灰度指标，包括需求度、速度、灵活度、冗余度、开放协作度、创新度、进化度等七个灰度评价指标；三是人力投入与研发强度两个调节变量。具体如表 1.6 所示。

表 1.6　知识整合创新产出评价综合指标体系

创新项目	知识网络特征（输入）			知识整合机制灰度指标							调节变量		预测（输出）
	知识相同度 X_1	知识相异度 X_2	知识完备度 X_3	需求度 X_4	速度 X_5	灵活度 X_6	开放协作度 X_7	创新度 X_8	进化度 X_9	冗余度 X_{10}	人力投入 X_{11}	研发强度 X_{12}	成功概率 P
1													
2													
3													
4													
…													

几个主要指标的定义如下。

（1）知识完备度，指是否拥有解决其问题的知识或技术。

（2）需求度即需求强度，指对某种需求的迫切程度，可以用对该品类有需求的人口（目标顾客）与总人口之比来表示。

（3）速度，指从开始研发到接受用户测试的时间。

（4）灵活度，即项目计划改变需要的时间长短（时间长意味着不灵活，时间短即灵活，按周计算）。

（5）开放协作度分多级，如 1 级共享计划，2 级共享知识，3 级共享利益。

（6）进化度用迭代次数表示。

（7）创新度是本企业新颖度、市场新颖度、技术新颖度三个新颖度的乘积。

（8）冗余度，指同一项目是否有两个以上技术线路方案，只有一个则冗余度为 1，有两个则冗余度为 2，以此类推。

（二）模型建构

如何判别创新项目能否成功？如何从多个创新项目中选出符合企业目标的好项目？这里将基于上述指标体系，并分两个阶段来进行模型建构。第一阶段，基于 Logistic 回归模型计算创新项目成功的概率分布；第二阶段，建立基于数据包络分析（date envelopment analysis，DEA）的创新项目优选模型。具体算法过程如图 1.5 所示。

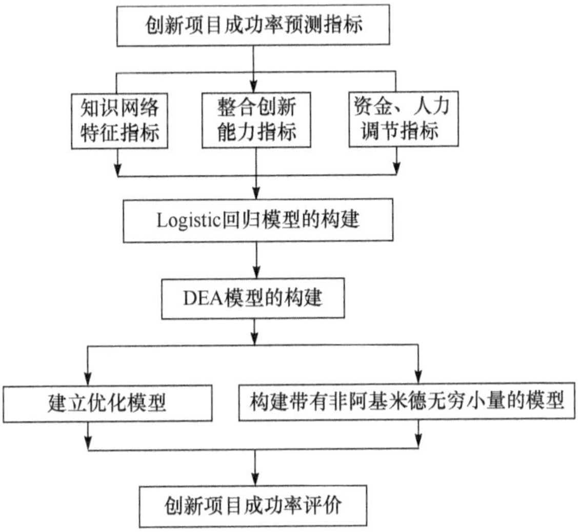

图 1.5　创新项目成功率评价模型的算法流程

1. 创新项目成功的概率分布

考虑到 Logistic 回归模型是研究二分类或多分类因变量与影响因子之间关系

的非线性回归方法，本书采用 Logistic 回归模型来模拟创新项目成功的概率分布。传统概率分布模拟方法，如蒙特卡罗法、最大熵原理及均值一次二阶矩法等在实际应用时可能会存在一些问题，如计算结果取决于样本的大小、计算量大、对初值非常敏感、收敛性很难满足、精度低等，而 Logistic 回归是一种精度高、适用性强和稳健性良好的统计学方法，具有对数据假设条件要求低、精度高、理论体系完善等优点（钱龙霞等，2016）。

回归模型可写为

$$\text{Prob(event)} = \frac{1}{1+\mathrm{e}^{-(b_0+b_1x_1+b_2x_2+\cdots+b_px_p)}}$$

其中，$b_0, b_1, \cdots, b_p$ 分别表示 Logistic 回归系数，通过极大似然估计法可以获得。

2. 基于 DEA 的多创新项目优选模型

DEA 方法是一种适合处理多变量（指标）的非参数估计方法，不需要数据本身满足一个明确的函数形式，只需评价者给出具有反馈性质的封闭系统的投入和产出向量，即可获得对应的相对效益评价值。设有 n 个决策单元 DMU_j（$j=1, 2, \cdots, n$），每个决策单元有 m 项投入 $X_j=(x_{1j},x_{2j},\cdots,x_{mj})^{\mathrm{T}}$ 和 s 项产出 $Y_j=(y_{1j},y_{2j},\cdots,y_{sj})^{\mathrm{T}}$，可构建如下的最优化模型：

$$\max \frac{\sum_{r=1}^{s} u_r y_{rj_0}}{\sum_{i=1}^{m} v_i x_{ij_0}} \tag{1.1}$$

$$\begin{aligned} \text{s.t}\quad & \frac{\sum_{r=1}^{s} u_r y_{rj}}{\sum_{i=1}^{m} v_i x_{ij}} \leqslant 1 \quad (j=1,2,\cdots,n) \\ & V=(v_1,v_2,\cdots,v_m)^{\mathrm{T}} \geqslant 0 \\ & U=(u_1,u_2,\cdots,u_s)^{\mathrm{T}} \geqslant 0 \end{aligned} \tag{1.2}$$

式（1.1）中，目标函数表示第 j_0 个决策单元 DMU_j（j=1, 2, $\cdots, n$），即项目 j_0 的成功概率，其值越大表明项目 j_0 越能够用相对较少的输入得到相对较大的输出；约束条件表示所有决策单元 DMU_j（$j=1, 2, \cdots, n$）（含第 j_0 个决策单元）的风险系数均小于或等于 1；$V=(v_1,v_2,\cdots,v_m)^{\mathrm{T}}$ 表示投入的权向量；$U=(u_1,u_2,\cdots,u_s)^{\mathrm{T}}$ 表示产出的权向量。由于式（1.1）为分式规划问题，在实际应用中根据对偶规划理论构建带有非阿基米德无穷小量 ε 的模型：

$$
\begin{aligned}
&\min\left\{r-\varepsilon\left(r^{-\mathrm{T}}s^{-}+r^{\mathrm{T}}s^{+}\right)\right\}=w(\varepsilon)\\
&\text{s.t}\quad \sum_{j=1}^{n}X_j\lambda_j+s^{-}=rX_0\ (j=1,2,\cdots,n)\\
&\qquad \sum_{j=1}^{n}Y_j\lambda_j-s^{+}=Y_0\\
&\qquad \lambda_j\geqslant 0\quad (j=1,2,\cdots,n)\\
&\qquad s^{+}\geqslant 0,\ s^{-}\geqslant 0
\end{aligned}
\tag{1.3}
$$

第二章　整合创新中的知识与知识服务

第一节　创新中知识需求

整合创新是一种协同创新，协同创新项目开发通过项目分解、协同作业及任务提交等一系列活动，使各种数据（包括文档、图档等）在各个协同参与者之间高度共享和自由传递。协同创新项目需要整合设计知识、管理知识、技术知识、客户知识等各种知识。上述各类知识，从知识的一般表现形式与表达上看，常常表现为关系、逻辑、规则、对象、语义网络及本体等。从知识载体角度看，知识通常以文本、领域专家、数据库及 Web 页为载体。一般存在于文本上的有手册知识、领域知识、模板知识等，经验知识、领域知识或客户知识往往存在于领域专家手中，过程知识、领域知识有时则存在于数据库中。下面进一步对几类重要的知识对象做深入分析。

一、创新中主要知识类型

（一）客户知识

客户知识是指客户与企业在交易及交流过程中需要、产生或拥有的一种经验、价值、情境信息和专家洞察力的动态组合（郭磊磊和刘平，2010）。通过定义可以看出，客户知识蕴涵在企业的客户关系管理（customer relationship management，CRM）流程当中，它跨越了组织的界限，不仅存在于组织的各个部门中，还存在于组织外部的客户中，既有显性知识也有隐性知识。客户知识可分为如下四种类型。

1. 关于客户的知识

关于客户的知识是指描述客户的基本情况，包括客户的人文统计信息、个人爱好、历史购买信息、使用产品或服务的记录等。这类知识结构性较好，大多是显性知识，并且获得的成本也比较低。

2. 客户需要的知识

为有效地实现供需匹配，企业应提供给客户需要的知识。客户需要的知识包括企业的产品、服务及市场情况等。这类知识由企业传递给客户，帮助客户更好地理解企业的产品和服务。

3. 来自客户的知识

来自客户的知识可用于描述客户对于企业或竞争对手的产品和服务使用情况的反馈信息。客户对企业产品或服务的感知和体验等反馈的信息有助于提升企业产品或服务的质量，更好地细分市场，建立相应的战略和策略并进行产品或服务的创新。因此，它是企业的重要资源。

4. 共同创造的知识

用户参与企业创新的情景下，企业将客户看作与自己共同创造知识的伙伴，将会出现企业和客户共同创造的知识。研究表明，很多新的知识和创新都是由企业和客户共同创造的。因此，企业在实践过程中要积极地倾听客户的建议和意见，相互沟通，发现和挖掘客户真正的需求。

客户知识的分类如图 2.1 所示。

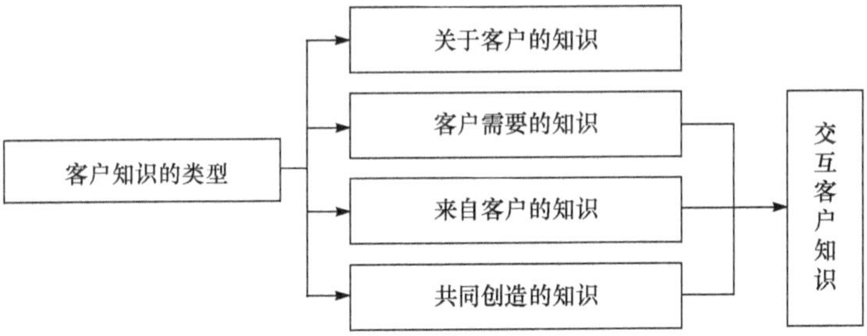

图 2.1　客户知识的分类

客户知识包括关于客户的知识、客户需要的知识、来自客户的知识、共同创造的知识。其中，客户需要的知识、来自客户的知识、共同创造的知识等三类知识都是在企业与客户的交互过程中产生或不断调整的，因此被称为交互客户知识。这两类知识既包含显性知识也包含隐性知识，具有体验性、双向性，不单纯是企业向客户传递的知识，也不单纯是客户向企业传递的知识，而是企业与客户共同创造的知识，这也是客户价值的基础（孟健，2013）。交互客户知识的主要特征如下。

1）客户知识的复杂性和变化性

随着经济的发展，物质产品不断丰富，市场呈现出买方市场的特征，客户的价值观发生了显著的变化，客户对商品的品类、交期、价格和质量等提出了更高的要求。表现为：①对产品的品类呈现多样性、个性化的要求；②更高的产品功能、质量和可靠性的要求；③同时还要求在满足个性化需求的同时，产品的价格要低廉；④在保证质量的前提下，要求更短的交货期。

以“21 世纪货车研究”为例，美国政府要求企业合作研究大型厢式重型货车，具体的要求包括：①时间上要求 10 年内把先进技术集成于生产样车中；②燃油经济性（以吨英里/加仑计）提高 3 倍；③18 轮牵引货车的燃油经济性（同上）提高 2 倍；④货车事故率降低 50%；⑤优良的性价比，即达到性能优越要求的同时成本低廉；⑥超过 2010 年实行的排放指标。因此，计划要求（业务、功能和质量方面的需求）总是处于不断的变化中，系统体系要具有足够的柔性来把握客户的需求。

2）客户需求差异性

客户期望目标的形成和实现过程与特定的环境及背景条件有关，从而导致需求情境和需求强度差异，进一步表现为显性与隐性需求存在形式的差异。这里显性需求可定义为可用语言或文字表达且明确表述出来的产品或服务需求，而隐性需求有事实上存在的需求但未提出或未表现出来。隐性需求的出现一般是因为客户已意识到自己的需求，但可能受到诸如搜索成本、知识经验、成本与利益权衡结果、自我能力或认知偏差等多种原因约束而未明确提出的需求；或者客户还未意识到，无法提出明确的需求意图。客户需求差异有如下一些特性（李江等，2004）。

（1）同的性。客户需求有差异，但往往具有相同的目标体系，且上下目标之间在形式与内容上互为补充和关联。

（2）外延性。在客户的显性需求和隐性需求构成的需求链中，显性需求和隐性需求之间存在外延性，因此可以通过联想和启发，将显性需求的前导外延与后续外延，从而把隐性需求凸显出来。针对既定目标，人们会以发散形式去联想思考如何更理想、更满意和更有效地求解问题。

（3）异质性。由于客户个体能力背景和状态差异，即使是同样的显性需求，也会表现出客户需求差异。这是因为客户个体能力背景和状态差异决定了目标实现中需求要素的紧迫性和重要程度的差异。一般显性需求的紧迫性和重要程度高，因此被客户优先认知而明确提出，而隐性需求由于多种原因存在较大的差异。需求的多样性和差异性构成需求的弹性选择空间。

（二）技术知识

1. 技术知识的含义

技术知识包含在生产过程、公式与管理方法中，它是一个增进知识的知识库，本身具有多重构面的特性（汪忠和黄瑞华，2006）。狭义角度的技术知识指从生产、制造与研发的层面来描述技术，比较偏向于硬件技术；而从广义的角度则泛指一切生产、行销与组织管理的系统化知识，包含企业营运管理所需要的软件技术，即各类管理知识（如管理技能，市场或销售技能，人力资源管理技能，公司文化和价值观，商业策略、思想和技巧）和生产技术知识（如生产相关知识、产品相关知识、数据库等）。从这个意义上讲，技术知识是一个具有系统性的知识体系，正如世界知识产权组织定义技术为“一种系统化知识”，联合国贸易发展和委员会定义技术为“一套有系统的知识与方法”一样。因此，技术是一种系统化的知识、能力，或一个实体，具体来说，外显的技术文件、蓝图、专利，内隐的经验与能力，都算是技术的内涵。

2. 技术知识分类

依据技术知识的表现形态将技术知识分为理论型技术知识、经验型技术知识和程序型技术知识三种类型（卢艳，2006）。

1）理论型技术知识

新产品开发中的理论型技术知识表现为技术原理。技术原理是一种与具体对象相联系的特定的理论规范，表现为概念、关系、原则及图像和数学公式等理论形式。

2）经验型技术知识

经验型技术知识是技术人员经过多次的实践操作和头脑中原有的思维运作，从而形成的新的知识。经验型技术知识通常表现为一种隐性知识，是技术人员在产品开发的思维构思过程中及具体的操作过程中的体验和知识积累。经验型技术知识还可理解为一种研发和操作的能力，随着实践次数的增多，这种能力会不断提高，即经验型技术知识会不断累积性增长。

3）程序型技术知识

将理论技术知识物化形成程序型技术知识。程序型技术知识体现在具体的流程和步骤上，流程又可分几个层次，大流程包含一些小流程，并落实在具体的方法、步骤上，这些流程和步骤在新产品的不断试制、评估等过程中得到完善和优化，最终得到最优的流程和具体方法。

（三）管理知识

1. 项目管理知识

美国项目管理协会（Project Management Institute，PMI）早在 20 世纪 70 年代末就率先提出了项目管理的知识体系（Project Management Body of Knowledge，PMBOK）。PMI 严格按照国际标准化组织的更新要求，每四年更新一次 PMBOK 指南，目前已经出版了 2000 年的第 2 版、2004 年的第 3 版、2008 年的第 4 版、2012 年的第 5 版。根据 PMBOK 指南，项目管理的基本知识体系包括五大过程组

（启动过程、规划过程、执行过程、监控过程、收尾过程），以及十大知识领域（整合管理、范围管理、时间管理、成本管理、质量管理、人力资源管理、沟通管理、风险管理、采购管理、干系人管理）。

2. 项目开发过程管理

协同创新项目作为一项复杂的系统工程，其过程可描述如下。

第一步，由盟主企业发起某一特定的项目 P，将项目 P 按照项目层次分解为

$$P=\sum_{i=1}^{n} p_i \quad (i=1, 2, \cdots, n)$$

第二步，子项目 p_i 可进一步沿纵向进行分解，并得到一个粒度更细的任务集 T_{ij}，如下所示：

$$p_i=\sum_{j=1}^{m} T_{ij} \quad (i=1, 2, \cdots, n; j=1, 2, \cdots, m)$$

T_{ij} 为第 i 项目下的第 j 个任务。至于分解到何时停止，则需要依照虚拟企业开发能力网络状态而定。我们将项目 P 在虚拟企业级的分解设定为一个任务集合 $\{T_{ij}\}$，而这个任务集合决定了虚拟企业成员企业伙伴的选择，成员企业之间的合作关系对应着任务之间的逻辑关系。此处的任务具有目标一定、语义完整、相对独立的特点。

任务层具体描述了产品协同开发的业务过程，它隶属于产品协同开发的过程管理范畴，任务层需要在资金、工期、产品质量和功能等约束条件下实现目标最优解或满意解，因此，任务层适合采用项目管理的模式。项目管理强调的是对任务的资源分配、时间调度安排和跟踪，核心是工作分解结构（work breakdown structure，WBS）及各个任务之间的依存关系。项目管理为管理者提供了一套时间、成本计划、执行和控制管理手段，以保证项目各项生产经营按计划进行。

第三步，在任务层下面是活动层，在虚拟企业成员企业内部活动之间存在各种依赖约束，由于执行先后顺序不同，形成了具有时序约束关系的工作流。因此，产品开发过程管理可以从层次上划分为面向任务层的项目管理和面向活动层的工作流管理。

活动层则是协同产品开发过程中的具体操作单元，它强调产品开发活动的自动或部分自动化执行，而这些活动可根据企业的既定规则且可按并行工程思想进行重构，因此活动层适用工作流管理技术进行管理，即通过调用各种不同的工作流模型，启动不同的工作流引擎对产品协同开发过程中的具体活动进行管控（孔建寿等，2004）。

为了管理过程之间的复杂任务关系，将项目管理和工作流管理进行集成是一种行之有效的产品开发过程管理方法。项目管理和工作流管理均围绕着企业生产任务和经营活动进行，有时存在较多的交叉领域，具有一定的相似性。

3. 人员角色管理

为了保证项目知识、技术和信息的安全，协同创新项目要对项目组的各个成员进行合理的权限分配。首先，强调协同性，通过共享项目各类文档，并对相同的项目角色赋予同样的权限，以加强项目成员之间的协同。其次，强调全过程管理的思想，一方面要把对权限的控制覆盖到产品开发全过程中，实现全方位的权限控制；另一方面，如果各级人员在相互授予权限下可以查看其他人的产品设计成果，高级管理或设计人员则需要把权限下放到下级管理或设计者。

二、知识需求多样性

（一）产业链位置和知识需求

位于产业链微笑曲线不同位置的企业对知识需求不一样。例如，OEM（original equipment manufacturer）企业与 OBM（own branding & manufacturing）企业两者所采用的知识体系具有较大差异。OEM 企业需要的知识体系为：一是大规模制造加工知识体系，包括员工管理、物料采购、质量保证体系；二是订单争取谈判知识体系。OBM 企业需要的知识体系至少包括四个部分：一是要将大规模制造体系升级到小批量、多规格敏捷制造知识体系；二是敏捷的产品研发设计知识体系；三是品牌塑造与广告知识体系，用于专门调查和了解消费者，确定哪些消费者是自己的目标客户，在此基础上自创品牌，当然必须有让消费者产生共鸣的品牌文化；四是营销渠道网络管理知识体系。OBM 知识资本体系显然比 OEM 知识资本体系更深、更厚、更复杂、更精细。具体如表 2.1 所示。

表 2.1　OEM 企业和 OBM 企业需要采用的知识体系比较

知识体系	比较指标	OEM 企业	OBM 企业
大规模制造加工知识体系	员工管理	√	√
	物料采购	√	√
	质量保证体系	√	√
订单争取谈判知识体系	博弈、沟通、礼仪	√	√
小批量、多规格敏捷制造知识体系	信息处理	√	√
	生产柔变性		√

续表

知识体系	比较指标	OEM 企业	OBM 企业
品牌塑造与广告知识体系	消费者行为		√
	品牌文化		√
敏捷的产品研发设计知识体系	客户价值与需求		√
	结构、材料		√
	配色、外观		√
营销渠道网络管理知识体系	经销渠道		√
	物流管理		√

（二）项目创新阶段和知识需求

技术创新是一个充满不确定性的复杂过程，技术创新通常需要整合内外部各类知识，而且在不同创新阶段知识需求侧重点不同，见表 2.2。

表 2.2　创新各阶段知识需求

类型	创意阶段	可研与试验阶段	研究开发与评估阶段	成果转化与生产阶段	商品化阶段
know-what（事实知识）	教育与培训知识；科技文献知识；科技经贸法规、政策、统计知识；技术创新示范、产品市场、金融知识	原材料及市场信息知识；潜在合作伙伴与潜在竞争对手的信息；产品创新案例知识		标准计量与检测技术知识；加工设备与加工技术知识；产品造型与包装设计知识；法律和产权知识	竞争对手、竞品信息；市场竞争空隙分析资料；市场、用户和各级商家的数量、比例及区域分布等信息知识
know-why（原理知识）	多领域技术原理知识	多领域技术原理知识	多领域技术原理知识	生产领域技术原理知识；机器设备知识	
know-how（技术诀窍）			科研信息知识；组织管理知识	各级技术中心知识；高新技术创业中心知识	
know-who（谁的知识）	技术人才知识；消费者知识；竞争者知识				

第二节　知识搜索服务

一、通用知识搜索

（一）知识搜索的概念

在创新管理的研究领域中，学术界提出了各种与搜索相关的概念，如创新搜索、知识搜索、技术搜索、产品搜索等。这些概念之间有意义相近的地方也有不同的地方，它们之间的关系错综复杂，围绕这些概念开展的研究难以整合，给研究者带来了不少的困扰。目前常用的搜索引擎靠关键词搜索的方法存在很大的局限性，关键词搜索有时不能满足人们的搜索需要，比如你想知道“红楼梦中秦可卿得了什么病”“球星罗纳尔多曾穿过几号球衣?”,一般搜索引擎往往无法回答你，关键词搜索无法全面实现知识搜索。知识搜索要求搜索引擎发展到智能化阶段，在明确的知识来源基础上，能根据用户身份与诉求，反馈恰当的知识结果。知识搜索强调知识的准确、标准，强调通过互动机制如评价、交流、修改、维护等进行搜索结果的自我学习，实现了搜索的智能化。

知识搜索是指为了适应环境和解决问题，组织对内外部知识进行搜寻、获取、整合与利用的活动过程。创新搜索是指组织在创新过程中为了解决问题而对不同来源的知识进行创新性整合的活动。知识搜索和创新搜索非常接近，都强调创新过程中对知识的搜寻、获取、整合和利用。为了明晰上述概念间的关系，这里借用瞿孙平等（2018）的知识搜索分类，如图 2.2 所示。

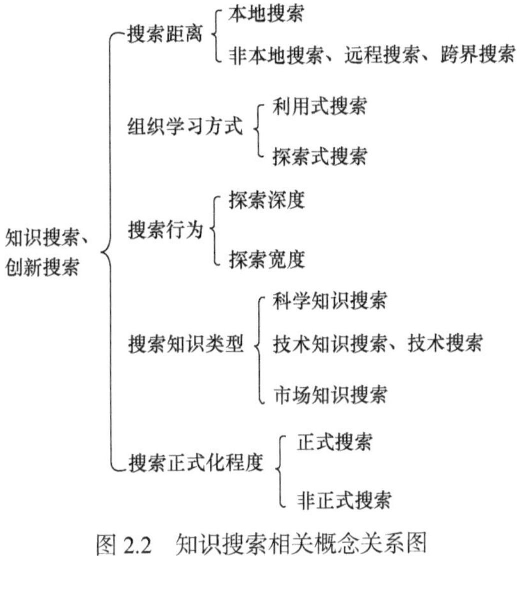

图 2.2　知识搜索相关概念关系图

（二）知识搜索引擎

知识搜索引擎并非单纯的是一种搜索工具，它首先是知识管理的一种实现理念与工具，承担了知识汇聚、知识发现、知识分类、知识聚类、知识门户的构建等任务，通过搜索引擎技术完成知识管理的使命。知识搜索引擎、知识分类体系、知识专家网络共同构成了当今世界上先进知识管理系统的主要内涵。

知识搜索引擎是将各方面的知识资源整合在一起，不仅可以利用先进的自然语言智能查询技术，通过对输入的简单疑问词句的分析直接搜索得出答案，而且在没有得到满意搜索结果的情况下，用户还可以创建问题，等待他人回答并对答案进行评价。知识搜索引擎为广大网络用户创建了一个强大的信息交流平台，通过提出问题、回答问题和搜索问题来满足用户的知识需求。利用知识搜索引擎获取知识的这一过程，使得大量的隐性知识显性化并且实现了知识的挖掘、传播、利用、共享和评价（王春晓，2009）。

（三）通用知识搜索引擎比较分析

目前国内通用的知识搜索引擎主要有百度知道、新浪知识人和雅虎知识堂。现从类目设置、页面设置、搜索方式等方面对这三大知识搜索引擎进行比较分析。

从类目设置的比较分析中我们可以看出，三个知识搜索引擎虽然在类目设置的名称上有所差异，但是类目设置的详尽程度差别不大，主要包括商业、教育、信息技术、医疗保健、娱乐和生活几大方面。其中在一级类目中都列出了电脑网络、游戏、旅游、房、车和地区特色等热点类目，见表 2.3。从实际应用效果来看，通用知识搜索引擎只能解决一般常识性知识搜索问题。

表 2.3　三大知识搜索引擎比较：类目设置

百度知道	新浪知识人	雅虎知识堂
设置二级类目，其中一级类目 22 个，具体为电脑网络、体育运动、生活时尚、电子数据、购车养车、美容减肥化妆、美食烹饪、商业理财、健康养生、医疗疾病、教育就业考试、外语出国、交通/旅游、人文学科、理工学科、社会文化、艺术、音乐、游戏、休闲爱好、娱乐明星、烦恼	设置三级类目，其中一级类目 15 个，具体为商业经济、互联网、家庭生活、健康医学、运动爱好、游戏、社会文化、科学技术、教育、演艺娱乐、买房装修、汽车、购物、旅游和地区问题	设置二级类目，其中一级类目 14 个，具体为家庭生活、医疗保健、计算机网络、社会人文、工作理财、科学技术、教育学习、娱乐休闲、游戏、交通旅游、体育运动、名人明星、投资创业和热门地区

从页面设置上看，百度知道和新浪知识人的页面设置比较相似，整体感觉比较简洁明快，模块的设置也大同小异。雅虎知识堂的页面上有很多相关的链接，

并将家庭生活、医疗保健、社会人文等一级类目下的部分二级类目进行了展开。虽然在主页面上显示了更多的知识链接，但页面整体有些复杂、烦琐，见表 2.4。

表 2.4　三大知识搜索引擎比较：页面设置

百度知道	新浪知识人	雅虎知识堂
搜索提问框、精彩推荐、问题分类、待解决的问题、投票中的问题、新解决的问题、百科精彩词条、小桔灯公益活动、积分排行榜	搜索提问框、问题分类、共享资料、推荐问题、最新问题、请来帮帮我、开放词典、今日知识看点、积分排行榜	问题搜索框、提问、回答、贡献、知识分类、网友最爱看、网友正在问、网友最新贡献、猜你喜欢看、答人团、相关链接和展开

可见，三种知识搜索引擎都提供基本搜索和类目浏览搜索两种搜索方式。基本搜索即在问题搜索框中直接输入简单的词句进行搜索，类目浏览搜索是指通过类目设置逐层点击搜索。例如，新浪知识人可以通过高级搜索限定所搜索问题的类目，选择在具体的类目中进行搜索。雅虎知识堂的高级搜索可以限定以下内容：①搜索范围，如限定在提问标题中搜索；②问题分类，可以选择在全部或具体的某一个一级类目中进行搜索；③问题的状态，选择在全部问题、提问中、投票中或已解决的问题中进行搜索；④发问时间，如选择在 7 天以内发问的问题中进行搜索；⑤正面评价。雅虎知识堂除了提供高级搜索以外，还提供二次搜索，可以在初次搜索结果的基础上进一步搜索（王春晓，2009）。通过对三个知识搜索引擎搜索方式的比较我们可以看出，雅虎知识堂提供的搜索方式最全面，这样可以使用户搜索得到的结果更加精准和专业，见表 2.5。

表 2.5　三大知识搜索引擎比较：搜索方式

知识搜索引擎	基本搜索	高级搜索	二次搜索	类目浏览搜索
百度知道	√			√
新浪知识人	√	√		√
雅虎知识堂	√	√	√	√

二、专用知识搜索

（一）专用知识搜索引擎比较分析

通过上面的介绍可以知道上述通用知识搜索引擎在创新搜索方面支持力度较差，在创新领域往往需要更专业的知识搜索引擎以实现“汇聚多类知识源，依据用户身份与诉求，回馈准确知识，指导用户行动”。专用知识搜索引擎和其他搜索引擎同任何市场及工具一样，细分是搜索引擎未来的趋势。就目前市场范围而言，这类搜索引擎大概可以分为如下几类。

（1）互联网搜索引擎，该引擎通过索引全球互联网上的信息，为互联网用户提供快速检索、查找、推荐的服务，其核心诉求是为用户提供更全、更快、更准的信息。

（2）垂直搜索引擎，该引擎是互联网搜索引擎的一个市场分支，通过索引特定的细分网站类型，为用户提供专业领域的信息查询服务，其核心诉求是为用户提供专业、全面、快速的信息。

（3）企业搜索引擎，该引擎通过索引企业内部的信息源，为企业内部或企业关联的用户群提供特定的信息查询服务，其核心诉求是为用户提供企业内部信息的准确、快速定位。

（4）知识搜索引擎，该引擎是企业搜索引擎的一个分支，不仅能实现企业范围内的信息搜索，还能实现企业的知识管理及知识发现。

下面我们通过表 2.6 了解一下这几种搜索引擎的特征区别。

表 2.6　几种搜索引擎的特征比较

对比项	互联网搜索引擎	垂直搜索引擎	企业搜索引擎	知识搜索引擎
核心诉求	查全	专业	准确	解决问题
用户分辨率	大部分要自主分辨、对比	专业领域的协助分辨、对比	通过数据源减少分辨、对比	通过知识源、知识互动、用户身份等提高分辨率
数据源	互联网上的网页及特定文档类型信息	专业领域的网站网页信息	企业内部各种信息系统的信息	组织内部信息系统、知识文档、来源于岗位和部门的知识等
信息类型与接口	互联网通信协议	互联网通信协议	数据库、文件系统、办公自动化（office automation，OA），企业资源计划（enterprise resource planning，ERP）等不同类型的接口	数据库、文件系统、OA、ERP 等不同类型的接口
互动性	以搜索引擎方获取用户行为为主，单项互动	以搜索引擎方获取用户行为为主，单项互动	以获取用户行为、用户身份为主，单项互动	以用户身份、行为、知识互动评价等进行双向、多向互动
安全性	只屏蔽部分违法信息，无安全考虑	只屏蔽部分违法信息，无安全考虑	考虑用户权限、身份等，保障信息安全	除权限、身份安全外，要考虑知识应用后的结果安全
决策支持	为信息获取者提供参考	为信息获取者提供专业参考	为信息获取者提供内部参考；为决策者提供基于搜索统计的决策支持	为信息获取者提供知识级、标准级参考；为决策者提供基于知识运用的决策支持
身份性	弱，通过用户行为或注册信息获取部分身份	弱，通过用户行为或注册信息获取部分身份	强，通过用户的岗位、角色等信息获取身份	较强，通过用户的岗位、角色、知识应用经历等获取身份

（二）创新专用知识搜索

1. 围绕创新目标进行知识搜索

创新目标是指企业通过创新活动，在一定时期内预期所要达到的结果。它是在企业创新思想指导下，为解决企业创新问题，由市场调研确认的创新机会推论出对企业创新活动应达到的理想状态。创新活动就是根据理想状态与现有状态的差距付诸创新行动，实现由现有状态到理想状态的转化。创新目标往往表达为新产品、新工艺、新模式等具体的任务（岳兴录等，1995）。

West 和 Boers（2014）把知识搜索作为开放式创新的一个重要环节。他们认为利用外部资源创新的第一个步骤是公司必须从外部识别和搜寻创新需要的知识。瞿孙平等（2018）则认为企业知识搜索行为很大程度上取决于企业的创新目标。

2. 围绕知识缺口进行知识搜索

组织创新过程中常常会遇到知识缺口问题。一方面，当创新需求和知识储备不匹配时就形成了知识缺口；另一方面，随着企业技术创新进程的加快，其自身的知识存量已不能满足创新性需求的要求时也会形成知识缺口。贾帆帆和上官明愫（2017）认为知识缺口会影响创新知识网络（链）的完整性，最终降低组织的自主创新实力。此时必须通过跨组织整合机制，迅速识别、准确定位，从而解决知识缺口问题。裘江南等（2013）指出识别出组织存在的知识缺口是组织进行知识整合创新的前提。

知识缺口的识别方法主要有两种：SWOT 方法和韦恩图解法，前文已分析了二者的优势和缺陷。李纲和刘先红（2015）借鉴这两种方法建立科研团队知识缺口识别方法，将科研团队视为一个元网络，以成员、知识、目标为元素建立元矩阵。先分析知识需求与知识供给之间的差距并加以量化，并将识别结果作为挑选后期新成员的依据。

3. 跨界知识搜索

产品创新需要大量有效的知识，包括内部和外部的各类知识。企业独立获得这些知识的成本和风险较高，特别是具有流动性、不确定性、复杂性、专业性等特点的技术知识和市场知识，这就使得许多企业通过构建外部的关系网络和价值网络来实现知识的共享与合作。

大量的创新实践也表明，企业仅依靠内部积累的知识和经验已无法满足企业持续创新的需求。例如，胶卷企业柯达公司忽视了颠覆性的数码摄影技术，过分依赖自己在传统胶卷业务中积累的经验和知识，最终导致公司破产。事实上，仅依靠企业内部积累的经验和知识无法支撑企业的持续创新活动，甚至使企业形成“核心刚性”（张文红和赵亚普，2013）。跨界知识搜索主要是指在复杂动态的环境中，企业如何跨越已有的技能和经验进行搜索，获取外部异质性知识的过程。吴增源等（2015）认为开放式创新模式下，越来越多的企业选择从外部获取异质性知识，以弥补自身资源禀赋不足与能力结构缺陷。

三、知识主体搜索

很多创新项目都需要进行知识主体搜索。例如，众包和众创就是将原来由企业内部完成的一些生产环节和流程外包给专业公司去做。众包需要进行外部知识主体搜索。众包中的三种角色——发包方、众包平台、接包方需要协同合作。企业以众包的方式与众多专业的组织和个人跨领域合作，不仅可以降低成本，企业创新和跨界的效率也会显著提高。

从一般的信息搜索到知识搜索是个重要的跳跃。目前可借鉴的搜索算法比较多，如启发式搜索算法、分类预选算法、A 算法、全局性邻域搜索算法。孙东光（2001）提出了在协同产品开发中从知识主体出发来设计知识搜索算法。

（一）搜索代理单元

协同产品开发中知识主体包括的对象较为复杂，主要有客户方、设计师、企业成员、项目管理者甚至机器等，这些对象在地理位置上具有分散性特点，在组织上具有虚拟性特点。在网络环境下可以通过搜索代理单元找到他们并解决 know-who、know-where、know-what 等问题。

搜索代理单元首先按照一定的搜索主题搜寻到一个队列，这个查询队列构成了问题的解空间。随后搜索代理对知识主体集合进行筛选，其目的是在解空间中选择最佳的合作组合。我们一般通过定义行业需求知识或能力表来确定合作伙伴的搜索主题。按照行业特点，可以定义集合 $R_B=\{r_{b1},r_{b2},\cdots,r_{bn}\}$ 为某行业的基本任务需求单元集，其中 r_{bi}（$i=1,2,\cdots,n$）表示该行业的基本任务需求单元。针对具体企业的某个任务需求为 $R_T=\{r_{t1},r_{t2},\cdots,r_{tk}\}$，并且 $R_T\subseteq R_B$。按照行业特点，同样能够定义某个行业的企业基本知识单元集合为 $C_B=\{c_{b1},c_{b2},\cdots,c_{bh}\}$，其中 c_{bi}（$i=1,2,\cdots,h$）表示该行业企业基本知识单元。行业内某个具体企业的知识或能力可以表示为 $C_t=\{c_{t1},c_{t2},\cdots,c_{tn}\}$，并且 $C_t\subseteq C_B$。知识或能力–需求匹配原则建立了 R_B 与 C_B 之间的一一对应关系：$c_{bi}\Leftrightarrow r_{bi}$（$i=1,2,\cdots,n$）。针对某个任务 R_T，利用匹配原则，可以建立相应的完成该任务所必需的基本知识或能力集合 $C_t=\{c_{t1},c_{t2},\cdots,c_{tn}\}$，此基本知识或能力集合即为搜索主题。

搜索过程通过查询搜索数据库中的索引来进行，这里的搜索数据库就是前面所指的电子地图。电子地图可以采用集中式搜索体系，也可采用分布式体系，不同的体系决定了不同的搜索策略，从而也影响着最终的搜索效率。现在大多数的搜索引擎都采用的是集中式的搜索体系。有的虽然采纳了分布式计算模式，但是它们只是将相同的搜索任务分摊到多个搜索代理上，利用的是硬件系统的计算知识或能力。其中，每个代理的搜索主题都完全相同，因此不能减轻每个代理的搜索负担。为了克服这种缺陷，我们采纳了一种主题相关的分布式搜索策略，它将待搜索的企业知识或能力集合分解成多个知识或能力子集，并将这些子集分摊到不同企业的搜索代理中。每个企业只负责一部分的搜索和索引任务，搜索结果放置在企业本地的局部电子地图中，这样就将一个大的问题空间分解为多个小问题空间，这些小问题可以并行求解，从而加快了搜索速度，其体系结构如图 2.3 所示。

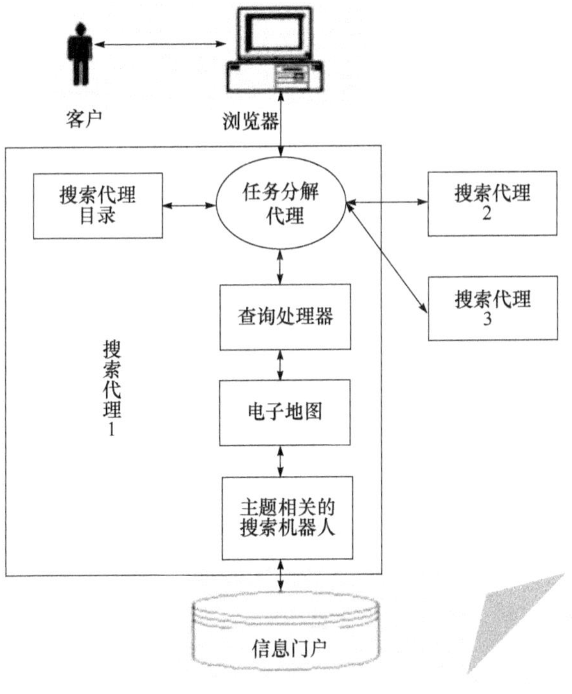

图 2.3　分布式搜索引擎体系结构

（二）合作伙伴搜索算法

下面我们将讨论具体的合作伙伴搜索算法。合作伙伴的搜索问题就是要针对某个客户提出的任务 R_T，如何按照知识或能力–需求匹配原则，确定各种可能的企业组合，使其相应知识或能力的总和 $\bigcup_{j=1}^{n} C_{tj}$ 能覆盖该任务需求。这里首先引入以下概念。

（1）能力覆盖集。如果存在一个或多个企业，其知识或能力集合为 C_{tj}（$j=1, 2, \cdots, n$），使得 $C_T \subseteq \bigcup_{j=1}^{n} C_{tj}$，则称这些企业知识或能力的组合覆盖了任务需求 R_T。

（2）能力冗余集。针对覆盖了任务需求 R_T 的某个 $\bigcup_{j=1}^{n} C_{tj}$，定义它关于 C_T 的冗余集为 $C_T^{\mathrm{Ron}Y} = \bigcup_{j=1}^{n} C_{tj} \setminus C_T$，设 $P_T=\dim\left|C_T^{\mathrm{Ron}Y}\right|$ 为冗余种类数，且 $0 \leqslant P_T \leqslant \dim\left|C_B \setminus C_T\right|$。对应于 $\forall C_{ti} \in C_T^{\mathrm{Ron}Y}$，覆盖 $\bigcup_{j=1}^{n} C_{tj}$ 冗余了 q_i 次（即在 $\bigcup_{j=1}^{n} C_{tj}$ 中，有 q_i+1 个 C_{tj} 中包含元素 C_{ti}）。因此，整个冗余集 $C_T^{\mathrm{Ron}Y}$ 的最大冗余次数定义为 $q_T = \max\limits_{\forall C_{ti} \in C_T^{\mathrm{Ron}Y}} |q_i|$，且 $0 \leqslant q_T \leqslant \dim\left|C_T\right|$。

（3）最小能力覆盖集。在所有满足条件 $C_T \subseteq \bigcup_{j=1}^{n} C_{tj}$ 的企业组合中，按照相应的优化准则 p_α（$\alpha=1, 2, \cdots, n$），对所有可能的知识或能力覆盖进行排序，并以冗余数最小化目标作为优化准则，寻找满足：①具有最少企业数量 s 的企业组合 $\bigcup_{j=1}^{n} C_{tj}$，即 $P_1=s$；②具有最小冗余种类数的企业组合 $\bigcup_{j=1}^{n} C_{tj}$，即 $P_2=P_{\min}$。

为了便于优化搜索，我们首先建立企业知识或能力与行业基本知识单元的关系表，如表 2.7 所示。

表 2.7　企业知识或能力与行业基本知识单元关系表

企业	C_B					进行与运算的结果栏
	C_{b1}	C_{b2}	…	$C_{b(k-1)}$	C_{bk}	C_{and}
C_1	T	T	…	F	F	
…	…	…	…	…	…	
C_j	F	T	…	T	F	
…	T	F	…	F	F	
C_k	T	T	…	T	T	

表 2.7 以该行业的企业基本知识单元集合 $C_B=\{c_{b1}, c_{b2}, \cdots, c_{bh}\}$ 作为表行中的项目，以该行业中每个企业的知识或能力集合作为表列中的项目，如果某个企业具有某种基本知识或能力，则在相应的表格中填“TRUE”，用“T”表示；反之为“FALSE”，用“F”表示。

根据知识或能力关系表，我们可以得出如下两个基本假设及 4 个运算符号。

（1）基本假设 1（知识或能力完备性假设）。针对某个行业的企业基本知识单元集合 C_B 中的任意一个企业基本知识单元 C_{bj}，至少存在一个企业，它拥有这种基本知识或能力，即对 $\forall C_{bj} \in C_B, \exists C_t$，使得 $c_{bj} \in C_t$。这一假设称为知识或能力完备性假设。

（2）基本假设 2（行业特征假设）。针对属于该行业的每个企业，必须至少具备一项该行业的基本知识单元，即任意一个企业的知识或能力集合 C_t 为非空集合。这一假设称为企业的行业特征假设。

（3）运算符号 1，$\oplus\left|C_i^1\right|C_\lambda$，其中 $C_\lambda \subseteq C_B$，其意义是，在子集类 $C_i^1=\left|C_i\right|$ 上，即在集合 C_i 所在的行中，对仅属于子集 C_λ 列上的逻辑量联合进行“或”运算（行或），并将结果放入 C_{and} 列对应于 C_i 的行中，这样共做了 $\dim\left|C_\lambda\right|-1$ 次“或”运算。

（4）运算符号 2，$\oplus\left|C_i^j\right|C_\lambda$，其中 $j>2 \wedge C_\lambda \subseteq C_B$，其含义是，在子集类 $C_i^j=\left|c_{i1},c_{i2},\cdots,c_{ij}\right|$ 上，每个 c_{il}（l=1, 2, …, j）所在行中仅属于子集 C_λ 的列上的逻辑量，与同一子集类中其他行中对应列上的逻辑量联合进行“或”运算（列或），结果放在 C_{or} 栏中相应的列上，即做 $(j-1)\times\dim\left|C_\lambda\right|$ 次“或”运算。

（5）运算符号 3，$\otimes\left|C_i^j\right|C_\lambda$，其中 $C_\lambda \subseteq C_B$，其含义为，在子集类 $C_i^j=\left|c_{i1},c_{i2},\cdots,c_{ij}\right|$ 上，每个 c_{il}（l=1, 2, …, j）所在的行中所有仅属于子集 C_λ 列上的逻辑量联合进行“与”运算，结果放在列的对应行中，即做 $j\times(\dim\left|C_\lambda\right|-1)$ 次“与”运算。

（6）运算符号 4，$\otimes\left|C_{\mathrm{or}}\right|C_\lambda$，其含义是，在 C_{or} 所在的行上，所有仅属于子集 C_λ 列上的逻辑量联合进行“与”运算，结果放在 C_{and} 列的对应行中，即做 $\dim\left|C_\lambda\right|-1$ 次“与”运算。

（三）搜索算法步骤

以上定理是我们进行搜索算法设计的基础。根据不同的优化准则，我们可以设计出不同的搜索算法，假如优化目标为 p_i，则对应的搜索算法可以表达为 $\mathrm{A\lg orithm}(p_i)\left|C_i^j\right|C_\lambda$。说明该搜索算法以 p_i 为优化目标，并且搜索范围仅限于在子集类 $C_i^j=\left|c_{i1},c_{i2},\cdots,c_{ij}\right|$ 所在的行上，以及那些属于子集 C_λ 的列上进行。针对最小企业冗余种类的优化原则 p_2，我们可以设计出如下的搜索步骤。

步骤 1　判断是否存在无冗余解，如果有，找出具有最小个数企业组成的无冗余企业组合，将结果放入队列中，结束。否则转向步骤 2。

步骤 2　判断是否存在冗余个数为 1 的解，如果有，寻找冗余个数最少的企业组合，结果放在队列中，结束。否则转向步骤 3。

步骤 3　判断是否存在冗余个数为 2 的解，如果有，寻找冗余个数最少的企业组合，并将结果放在队列中，结束。如果满足要求的企业组合很多，当超过用户预先设定的个数 M 后，程序结束。否则执行下一步。类似地，最多可以做到第 $\dim|C_B \setminus C_T|$ 步为止。根据冗余种类 P_T 的性质 $0 \leqslant P_T \leqslant \dim|C_B \setminus C_T|$ 可知，一定存在冗余类数不超过 $\dim|C_B \setminus C_T|$ 的企业组合，它能覆盖任务需求 R_T 。

第三节　知识服务云平台

一、知识服务云平台概述

（一）知识服务云平台的概念、特性及服务模式

云计算作为一种新的服务模式，展现了广阔的应用前景。跨地域、跨数据库的资源整合能力打破了数据资源分散带来的信息不均衡，促进了资源的有效流通和利用；使用数据分散存储管理、数据多副本容错、数据自举恢复等措施保障服务，采用多级安全隔离和访问控制技术抵御外来攻击，使用云计算技术存储的数据具有较高的安全性和可靠性；软硬件资源均以分布共享的形式存在以提高资源的利用率，最终以服务方式提供给用户；云中的资源可以无限扩展，并可以随时获取，按需使用，随时扩展，按使用付费；用户可以根据自己的需求灵活定制所需要的服务。

知识服务云平台为知识需求者和知识提供者搭建了知识服务体系，以可操作性非常强的应用功能为基础，依托基础网络的运行，实现开放式应用功能和知识资源共享，形成支撑知识外化和融合的公共服务体系。

协同创新项目的变换性和跨界性、协同主体的多样性、创新各阶段知识需求的不同性及复杂性等特点使得协同创新项目需要高质量的知识服务。为获得高质量的知识服务，各类知识服务云平台应运而生，如一般的知识服务云平台有各类文献检索、知识产权检索（中国专利、世界专利、外观检索、商标检索、版权检索、软著检索、作品检索等），但协同创新项目不仅需要上述这种层次的知识服务，而且需要更深层次、高质量的知识服务。特别是跨界协同知识整合创新将在异质知识资源、异质技术资源、异质知识网络及异质人力资源的基础上进行复杂的知识共享与知识整合活动，见图 2.4。

知识服务云融合了现有网络信息化、云计算、物联网、语义 Web、高性能计算等技术，通过对现有知识资源与服务技术进行延伸和变革，将各类软硬件

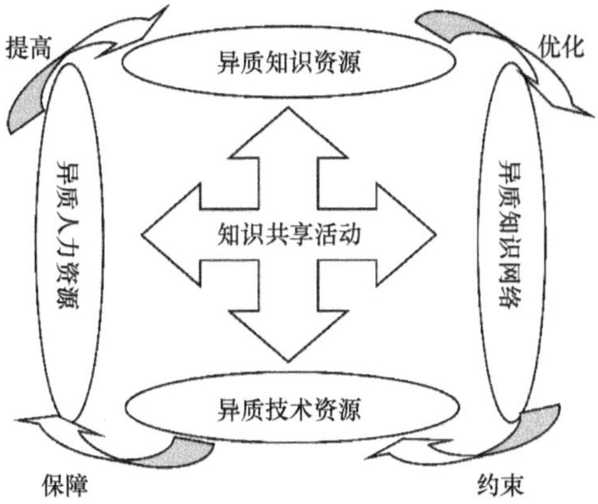

图 2.4　跨界协同知识整合创新中的知识活动

资源及知识获取虚拟化、服务化，实现知识的外化和融合，并通过知识资源的分析和重新组合创造出新知识、新服务，最终通过网络为用户提供可随时获取的、按需使用的、安全可靠的、优质价廉的知识服务。知识服务云通过云计算平台实现知识资源的收集、存储和再创造，实现大规模收益、分散资源共享与协同的知识服务。

知识服务云将分散资源集中起来形成云知识库，它具有高扩展性、可靠性、按需服务的特性，通过接入知识服务云平台，可以弥补企业知识服务的不足。知识服务云运营商基于知识资源使用语义技术进行本体映射，形成语义网络，实现知识融合和知识创造；知识服务云运营商根据应用请求，为资源使用者提供动态、灵活的知识服务，实现集中资源的分散服务；资源使用者按动态需求使用各类应用服务，并将接收到的知识内化，与原有知识融合创造出新知识，同时将隐性知识外化为显性知识接入云服务平台，实现知识的不断扩容。知识服务云提供了面向服务、高效、低耗和基于知识网络化服务的新模式，可以实现知识的外化和融合、知识增效与资源服务增值及知识资源和知识创造能力的共享与协同（黄卫东和于瑞强，2011）。

知识服务云平台为跨界知识整合创新的业务操作提供了虚拟化知识描述和封装化的知识资源，知识资源分布更优，具有异构、多样、动态及不确定性等特性。魏玲和郭新朋（2018）为跨界知识整合创新构建了动态知识服务模式，如图 2.5 所示。

（二）云知识组合服务中介

不少企业出于对交易成本、信息安全和工作负载的互操作等风险的担心，往往需要云中介进行知识整合或提供各种服务。云中介通过对数据进行加密，在客户和云服务提供商之间提供安全的传输通道。云中介存在多种模式，诸如

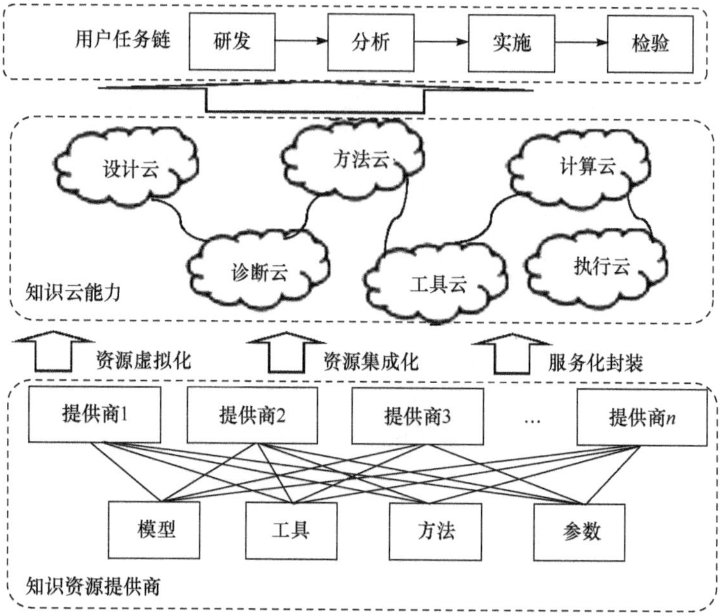

图 2.5　知识服务云平台动态知识服务模式

CloudSwitch 之类的软件设备商、SaaS（software-as-a-service）服务提供商、提供空闲资源的在线中介及系统集成和咨询商。

云知识服务中介主要需要解决知识云组合匹配、云服务组合交易等服务问题。杂乱的云服务需通过中介得以整合，协同创新需要各种各样的知识，这可以在不同的知识云层中实现，产业领域的 know-who、know-how、know-where、know-what 及 know-why 等知识内容，以及制造云、管理云、模式云、市场云、战略云等形成了一个知识资本的复杂组合，或更需要专业的云中介进行知识整合服务，云知识服务中介通过知识云组合为转型企业提供了一揽子知识服务解决方案，将使客户能够更好地了解并管控云服务。

（三）云知识服务交易机制

云知识服务交易过程如下。

（1）创新知识需求识别。协同创新成员企业通过第三方中介进入交易市场，向系统提交其知识需求信息，中介将分门别类地分析这些知识需求信息，可能是管理知识、市场知识、品牌知识、制造知识等。

（2）云知识服务组合匹配。第三方中介将收集的客户需求和服务组合注册信息按照某一标准统一化，通过匹配算法，实现需求与供给的匹配，促成交易，使得成员企业以较小的代价实现知识配置效益最大化。

（3）云知识服务组合注册。根据企业知识需求，企业向云服务提供商申请所提供的组合服务，如服务功能、时间和性能参数等，进行服务组合注册。

（4）云知识服务组合拍卖。匹配成功后企业和云服务组合提供商进一步就实施的具体事宜进行协商谈判，并签订合同及服务等级协议。达成一致后，将服务等级协议传递给第三方服务管理系统，该系统将负责服务提供过程中相关的交易管理问题。

二、知识服务云平台下的知识应用

知识服务云平台主要通过知识工程系统建立知识与工作任务的联系。

（一）知识工程平台系统

知识工程是一门以知识为研究对象的新兴学科，它将具体智能系统研究中那些共同的基本问题抽出来，作为知识工程的核心内容，使之成为指导具体研究各类智能系统的一般方法和基本工具，成为一门具有方法论意义的科学。知识工程平台系统是以知识服务为目的的信息化系统，其知识资源既来源于外部知识整合，还来源于内部各种系统的数据挖掘。如图 2.6 所示。

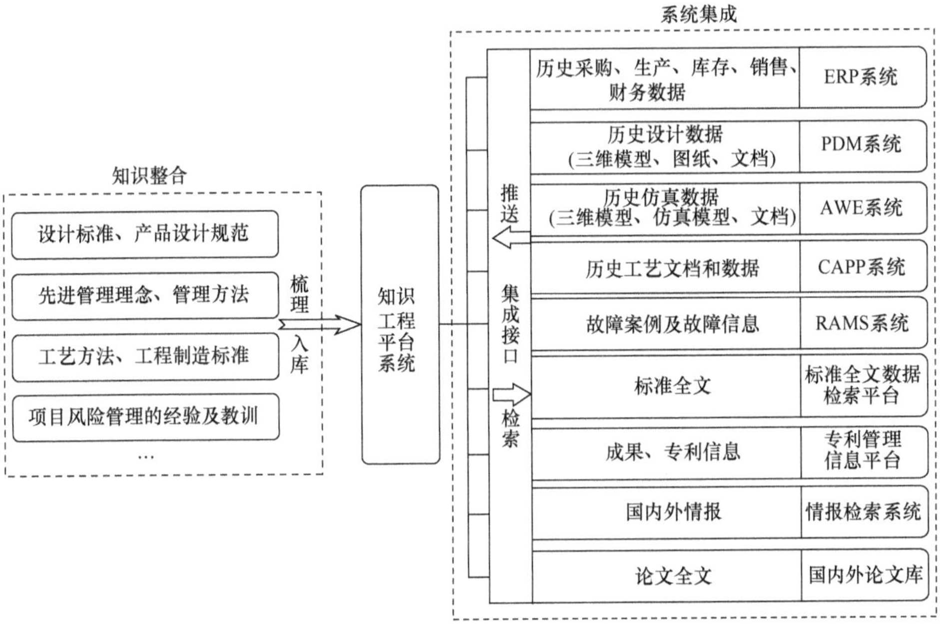

图 2.6　知识工程平台系统

PDM 全称为 Product Data Management，产品数据管理；AWE 全称为 ANSYS Workbench Environment，协同仿真平台；CAPP 全称为 Computer Aided Process Planning，计算机辅助工艺规划；RAMS 全称为 Reliability，Availability，Maintainability and Safety，可靠性、可用性、维修性和安全

（二）基于工作任务分解的知识应用

知识工程平台系统将各类知识库中的知识通过索引的方式统一管理起来，然后将内容视图中已形成一定体系的知识与研发活动 WBS 的工作任务进行关联，实现"知识要用流程贯穿起来，在流程的每项活动中要有知识来支撑"。知识工程平台系统对工作任务进行组织管理，以数字化方式展示、更新、关联知识和应用知识，根据知识和工作任务的属性，建立知识与工作任务的联系，使基础 WBS 中的每一项工作都能获得知识的支撑。知识与工作任务关联可以通过自动或手动两种方式实现（贺亚伟，2014）。如图 2.7 所示。

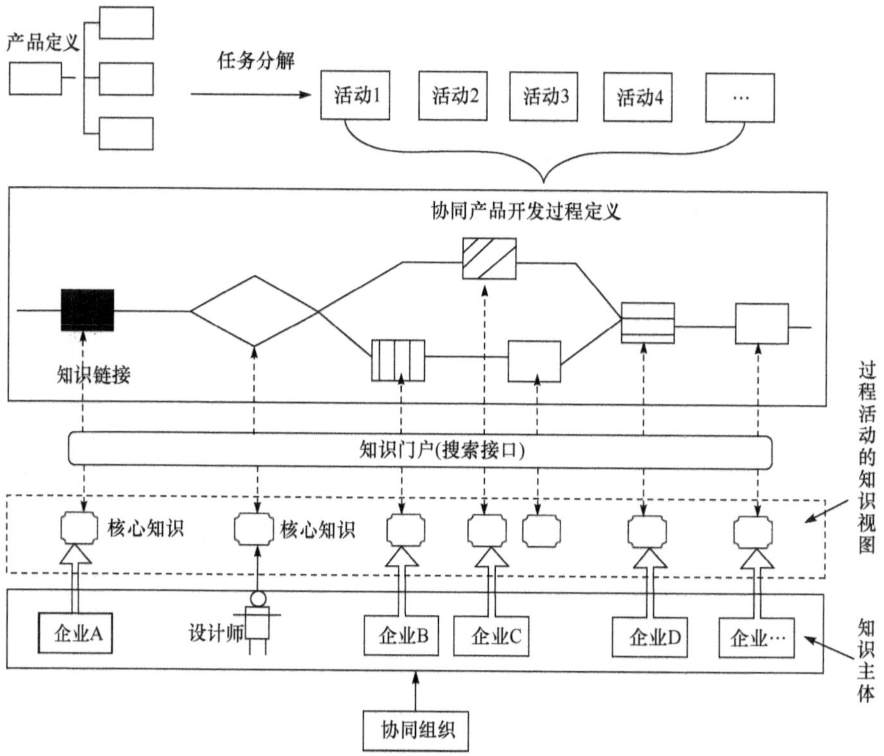

图 2.7　知识工程平台系统逻辑架构

任务-知识的关联梳理将围绕完成该工作任务所需的知识点进行，步骤如下。

（1）利用工作任务分析工具模板，分析工作任务内部的工作要点，确定核心工作步骤。

（2）根据工作任务内的核心工作步骤，利用关联知识梳理模板，挖掘出该工作任务所需的各类知识。

（3）根据以上挖掘出的各类知识，利用知识工程平台系统提供的知识关联功能，完成知识库中已存储知识与工作任务的关联。

（4）针对挖掘出的知识未在知识库中存储的情况，应按照知识类型启动新建知识，在完成知识的新建与审批入库后进行知识与工作任务的关联。

（5）针对工作任务关联知识不完善的情况，在工作任务完成后进行补充关联。

知识工程平台系统支持基于工作任务的知识关联和推送，使得设计人员在工作任务中方便、快捷地查看相关知识。知识工程平台系统基于工作任务的知识关联和推送方式主要有如下几种。

（1）知识的自动推送。通过知识工程平台系统中内置的智能算法，分析知识与研发工作任务、工作内容的语义关系，将相关度较高的知识作为参考知识推送到用户的个人客户端。

（2）知识的推荐、关联和推送。用户在创建和浏览知识的过程中，可根据个人研发设计经验将知识推荐给某一个或多个工作任务负责人，再由工作任务的负责人浏览全部推荐知识列表，对其中需要关联的知识进行确认。在工作任务执行中，知识工程平台系统根据知识关联关系，将关联知识推送到用户的个人客户端。

（3）关联知识的梳理和推送。工作任务的负责人通过创建新知识或检索知识库中的既有知识，进行工作任务关联知识的梳理和关联关系的确认。在工作任务执行中，知识工程平台系统根据知识关联关系，将关联知识推送到用户的个人客户端。

第三章　跨组织知识整合创新中的知识配置

第一节　跨界知识配置

一、从产品的功能配置到知识配置

（一）产品创新设计中的功能配置

产品创新设计中，为了保证产品质量，企业需要对大量的产品配置信息进行有效的管理。产品配置管理是产品开发管理的核心内容之一，它可以有效地提高设计的重用性和效率。汪国平和杜群贵（2006）指出产品配置管理是对产品结构管理的扩展，它能够很好地满足对产品多样性管理的要求，也很好地体现了一种设计的方法学：对一个产品的设计首先是进行功能的分解，其次决定实现这些功能的部件，最后对各个部件进行具体的设计。因此，产品配置设计必须首先考虑功能配置，并把功能映射到物理结构中，零部件的功能直接关系到结构。产品配置设计中，通过对不同顾客的需求分析，将需求根据功能分解成不同的部件和零件，定义部件或零件之间的功能接口关系。

根据公理设计中的独立公理原理，模块之间的功能必须保持独立。要求功能完全独立是比较困难的，但在零部件划分时使功能接口之间的依赖程度最小化可以使接口因素对产品性能的影响最小，从而使零部件之间的功能尽可能保持独立（陆长明等，2007）。

（二）产品创新设计中的知识配置

从知识管理角度看，产品开发可视为一种多领域知识汇聚的过程和知识配置过程，一个产品是一组知识域整合的结果。

产品创新设计中的功能配置与知识配置之间具有一定的对应关系。产品结构及功能要求决定了产品的知识配置，但实现同一功能可以有不同的技术线路，那么实现同一功能的知识配置也会有较大差异性。另外，由于知识的分散性，知识宿主或载体不同，知识价值认知不同，于是实现同一功能的价值配置也有所不同。分散性知识的存在及不确定性的存在需要在协同产品开发中从价值分析角度研究产品的知识配置，以提高产品的价值含量并降低产品开发成本，实现知识配置的经济性。

（三）跨界知识搜索和知识配置

由于创新的复杂性和技术跨领域性，企业可能不完全具备所有相关知识，或者学习成本过高，企业倾向以共享与合作的方式来构建外部的关系网络和价值网络，从而进行跨界知识搜索和知识配置。如何进行跨界知识配置？目前这方面研究较多地从知识载体配置展开。由于知识的主要载体是组织或个人，于是从企业协作伙伴选择角度来研究配置的文献比较多见。郑文军等（2000）从任务导向与关系导向两大方面评估了联盟伙伴选择，提出 9 项伙伴选择准则。Brouthers 等（1995）根据过去的理论架构和实证研究归纳得出在选择策略联盟伙伴时应遵循的 4C 原则：互补能力，合作文化，兼容目标，相称的风险。另外，谢秋等（2006）、罗炜等（2004）及唐文献等（2005）从技术角度研究协同产品开发中的知识配置。由于不同层次的同质知识与不同层次、不同形态的异质知识整合的经济价值存在动态差异性，其整合过程中的知识价值测度值并不唯一，使得从知识经济角度看产品开发的知识价值分析、评价与计量存在较大的困难。

二、产品开发中产品知识配置的结构分析

（一）产品开发的集成过程

产品开发是知识、过程和价值的集成。通过底层信息网与过程网的技术支持，企业和顾客之间及企业与企业之间可以更快地相互联系、谈判、签约，以至进行合作产品开发。因此，不同经济实体之间在位置上可以说是透明的，不存在认知壁垒，这种相互联系、相互认知在逻辑上形成了一个网状结构，被称为集成价值网。集成价值网中存在着大量的核心价值单元，它们均来自不同的企业和组织。在技术方面，价值集成首先必须做到信息集成与过程集成。通过在技术层面实施合理的集成策略，可以屏蔽底层复杂的通信过程，从而为上层的价值网络提供简洁的端到端集成服务。

（二）产品的知识配置过程分析

上述模型缺乏对产品的知识配置分析，事实上，从知识管理角度来讲，一种产品往往是多种技术或知识的集成，不管是在组织内部还是在组织之间，各种知识具有分布性和多主体性，这些分散的知识只有经过复杂的转移与整合过程才可形成核心能力，并进一步形成核心产品，反过来，产品可分解还原为一些基本的知识要素，如图 3.1（a）所示，而这些知识不是支离破碎的，而是相互关联的，经适当的知识整合配置后的产品的知识结构可以用某种方式表达出来，如图 3.1（b）所示。

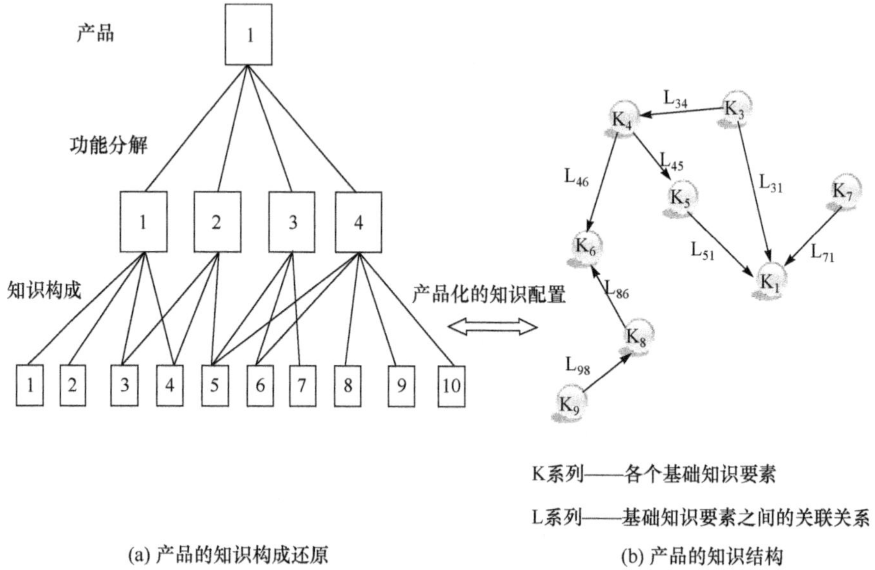

图 3.1 产品的知识构成还原与产品的知识结构图

根据 Buckley 和 Carter（2016）、Buckley（2009），对产品形成过程中知识的整合和运用一般可以分为三种过程类型：①附加整合（additive combination）；②次序整合（sequential combination）；③复杂整合（complex combination），即甲知识需要与乙知识进行互动联合才能产生实际效果。通过这个互动过程，可能实现“1+1>2”的正向整合效果，但也有可能出现“1+1<2”的反向整合效果。

考虑到知识具有类似于功能一样的抽象性，产品的知识构成还原最好从产品的功能结构层面来进行。图 3.1 中产品知识构成的还原分析过程如下：首先，从客户需求出发，描绘产品愿景（功能、质量、成本、性能、外观等）；其次，进行产品的功能分解，考虑如何实现上述功能；再次，核心企业通过对产品功能所需相关知识进行原子化分解，得到产品的基本知识构成及知识间的相互关联关系；最后，寻找相应的知识宿主或载体，包括组织或人。

产品开发中所涉及的知识最为繁杂，且其参与主体众多，把不同主体的繁多知识有效地进行整合和传导是协同产品开发中的重要内容。一般而言，企业产品开发中的知识要素可以归纳为四大类：客户需求知识、过程知识、资源知识和领域知识。根据对知识元素重要性和协同价值判断选择伙伴成员，形成新的虚拟开发团队。将产品开发所需的知识元素有机地融合起来，使之具有较强的系统性、条理性和一致性，并以此实现产品开发后的协同效应。另外，产品总是处于不断地完善中，相应地，知识配置也处于不断的变化中，如何高效地更改知识配置并确保一致性也是知识配置维护的重要方面（张喜征等，2013）。

第二节　知识互补性测度与知识配置

一、知识互补性

（一）分立的知识

亚当·斯密通过制针厂的例子说明专业化的分工合作可产生生产力提高的效果，分工可以大大提高劳动者业务操作的熟练程度，分工使各行各业的产量大增。然而，马歇尔指出“在低级工作上，极端专业化能增大效率，而在高级工作上，则不尽然”。舒尔茨则认为“专业化优势也受制于报酬递减，过度专业化会导致损失”。Hayek 指出劳动分工和专业化会造成知识分立问题。为了整合分立的知识不可避免地会产生协调费用（交易费用的一种），包括知识的获取、积累、扩散等环节的交易费用与协调费用。因此，专业化也有其局限性。为了克服上述局限性，当今很多企业通过轮岗、质量圈、项目组和模块化生产等组织方式，以及供应链管理或虚拟企业来克服专业化的局限性。

（二）分立知识的互补整合

一方面，知识创新需要将分立的知识整合起来；另一方面，分立知识是能够整合在一起的。张喜征等（2009）指出产品开发及生产制造过程就是一种多领域知识汇聚的过程和知识配置过程。Cassiman 和 Veugelers（2006）通过研究创新战略的互补性原理，揭示了通过内外部相互获取其互补性的知识便是一种创新活动，这种创新可以极大地提高企业的生产力。贾宪洲和谢冬梅（2017）进一步研究了汽车的成本下降与这个行业的知识互补性间的关系。熊胜绪和栾卓珅（2014）指出新产品和新工艺的研发是多种知识融合的产物，这些是在新技术研发中共同发挥作用的知识。互补知识整合指的是在技术创新中，将员工和组织的知识有机地融合起来，并对原有的知识体系进行重构，以此形成新的知识或技术成果的过程。

（三）知识互补性整合创新

汪丁丁（1997）指出所谓知识互补性是指当两种知识协同运用于经济活动中的收益大于它们分别单独运用于经济活动中的收益时，我们就可以说这两种知识之间存在知识互补性。知识互补性理论很好地解释了收益递增现象，知识互补性是收益递增现象的本质。汪丁丁（1997）认为，当要素所有者（资本家和劳动者）意识到他们自身的知识与他人的知识之间存在强烈互补性时，他们就会意识到潜在的利润机会。这一机会源于这一基本事实：要素联合运用与经济活动所带来的总产出减去要素单独运用于其他生产过程所带来的各自的收益所得的差远大于零。徐小三和赵顺龙（2010）从差异性和关联性两个维度分析了知识互补性的特征，并指出知识在关联基础上的差异才称为互补。知识的关联可以有效促进差异知识建立联系，容易实现对差异知识的吸收，可以增强知识互补性带来的“1 + 1 > 2”的效应。

技术创新能力是一种重要的组织能力，管理学家格兰特称之为知识整合能力。知识整合能力是指有效地识别、利用组织内部与外部的知识，从而实现对知识的整合，促进不同主体维度上知识的融合与互动，并产生新知识的能力。知识整合是企业知识的组合或联结，其基础是组织成员的充分交流与沟通。互补知识整合能力是企业创新能力的重要体现，它在整个技术创新过程中具有重要的地位。

二、知识互补性测度

（一）知识互补性测度的概念

在汪丁丁关于知识沿时间和空间的互补性研究的基础上，于桂兰和王弘钰（2008）提出了人力资本知识互补性的具体测量指标。基于上述指标，孔昕源和于桂兰（2010）对汽车制造行业工人知识互补性进行了测量研究。本书借鉴上述研究，并考虑跨组织知识整合创新的临时性项目特征，暂时忽略时间上的知识互补性，仅考虑空间上的知识互补性指标。

根据孔昕源和于桂兰（2010）的研究，从空间上看，知识互补性测度指标主要考虑知识载体间（如人员、设备、文件资料、管理规章制度）的知识互补，具体有以下五种情况：一是人员的知识技能与硬件设备等的互补，如人员拥有某类机器设备的专用知识和技能，而企业则拥有承载这种专用知识和应用这种专用技能的机器设备；二是人员的知识与软件资料的知识载体（包括图纸、软件、图书、资料等）间的互补，表现为人员通过软件资料的知识载体学习和操作使用机器设备；三是人员之间或团队之间知识和技能互补；四是技术人员与管理人员之间的知识互补；五是人员掌握的技术知识和制度知识之间的互补。在企业中，即使人员掌握了技术知识，而没有掌握制度知识或制度知识不支持技术知识向生产效率转换，技术知识发挥作用的程度也会受到限制。反之，如果制度知识有利于技术知识的应用，即使人员在开始时技术知识有限，也会在制度知识的刺激下，掌握更多和更高质量的技术知识。

（二）知识互补性度量

苏加福（2017）指出，在协同创新环境中成员间知识应该具有互补性，相异且相关才可能有协同效应。首先，互补性知识间及其载体（人或资料）是相异的，如果太过相似或相同，则没有必要在一起协作；其次，互补性知识间及其载体应该具有知识相关性，表现为知识或能力相近，否则成员间将难以理解彼此的知识，从而增加成员间知识沟通与协作的困难。现有研究表明，成功的协作取决于成员个体知识能力相互匹配和互补的程度。因此，这里从成员间知识能力比较优势的角度来度量知识互补性。

设成员 i 相对于成员 j 的知识能力比较优势为 S_{ij}，针对具体知识点 K^{α}（α=1, 2, …, N），用 $SK^{\alpha}(ij)$ 表示两者间的知识能力比较优势。那么，$SK^{\alpha}(ij)$ 可由以下公式得出：

$$SK^{\alpha}(ij)=\begin{cases}KC_i^{\alpha}-KC_j^{\alpha}(KC_i^{\alpha}\geqslant KC_j^{\alpha})\\0(KC_i^{\alpha}<KC_j^{\alpha})\end{cases} \tag{3.1}$$

其中，KC_i^{α} 和 KC_j^{α} 分别表示成员 p_i 与 p_j 关于知识点 K^{α} 的知识能力值。

然后，S_{ij} 可由式（3.2）得出：

$$S_{ij}=\sum_{\alpha=1}^{M}SK^{\alpha}(ij) \quad (i,j=1,2,\cdots,n) \tag{3.2}$$

令 C_{ij} 表示成员 p_i 与 p_j 之间的知识互补性系数，成员 p_i 与 p_j 之间的知识互补性系数可由式（3.3）得出：

$$C_{ji}=C_{ij}=S_{ji}+S_{ij} \tag{3.3}$$

显然，$C_{ij}=C_{ji}$ 表明两者之间的知识互补是对称的。C_{ij} 在[0, M]范围内，当 C_{ij} = 0 时，表明成员 p_i 与 p_j 之间的知识背景和能力完全相同；当 $C_{ij}=M$ 时，表明成员 p_i 与 p_j 之间的知识背景和能力完全不同。基于苏加福（2017）的分析，成员间的知识背景和能力不应过于相似或不同。因此，适宜的成员间知识互补性应满足以下条件：

$$0\leqslant\underline{\theta}\leqslant C_{ij}\leqslant\overline{\theta} \tag{3.4}$$

其中，$\overline{\theta}$ 和 $\underline{\theta}$ 分别表示知识互补性合理区间的上限和下限。

三、基于知识互补性的知识配置

在宏观上，目前知识配置的研究主要围绕知识载体（如人员或合作伙伴）的选择进行；在微观上，知识配置主要以知识匹配技术，包括特征值匹配和过程值匹配等研究为主。这些研究确实提高了知识匹配的准确程度。

（一）面向协同项目的知识需求识别与分析

实践中，围绕具体领域的任务需求联系起来的知识管理系统较为常见，核心内容围绕 know-what、know-why、know-who、know-how 及 know-where 展开，还包括知识适配模型和算法、知识推送的研究。例如，叶范波和唐任仲（2008）研究了产品设计过程中基于知识地图的知识匹配方法，利用知识之间的关系，直观地搜索知识，提高了查询知识的准确性与全面性；乐承毅等（2010）建立了基于流程驱动的领域知识主动推送模型。

1. 根据任务需求和任务分解进行知识需求识别与分析

这里依据曲朝阳等（2013）的研究梳理出基于任务分解，再到问题求解进行知识需求识别的过程模型，该模型根据需求将管控任务推理分解为任务序列的同时，选择配置所需知识，如图 3.2 所示。

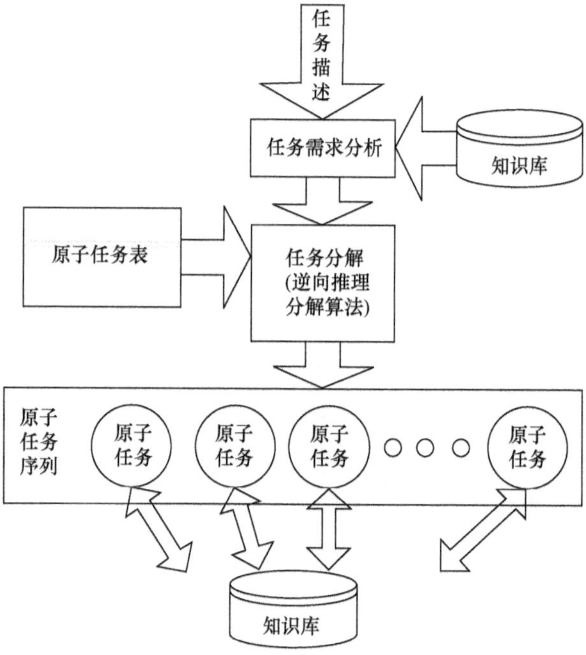

图 3.2 任务-知识适配模型

上述模型的基本思想是将复杂任务分解为可行的原子任务序列的求解问题，再面向问题识别并明确所需要的知识，从而对知识进行选择适配，具体步骤如下。

第一步，任务描述与任务需求分析。用本体表示法表示任务本体，用知识集合来描述任务需求。

第二步，任务分解成原子任务。利用逆向推理的方法，根据任务的需求，推理出原子任务的执行序列并化简。

第三步，建立原子任务映射表。对于一种类型的任务需要单独定义一张映射表,该映射表用于确定每个原子任务执行之前所需要的知识和之后产生的新知识。

第四步，进行原子任务与知识需求匹配。通过生成的原子任务序列，明确任务执行中哪种知识应用于哪个原子任务。

2. 基于过程分析的知识需求识别与分析

下面以模具协同设计与生产制造为例，识别与分析其主要的知识需求。模具协同设计与生产制造不仅技术密集，也是一个需长期积累经验的行业，各种设计标准文档、设计案例、评审方案、会议记录及模具工程师的个人经验知识构成了模具企业最重要的知识资产。

面向订单生产，并且是多品种、小批量甚至单件的高度客户定制型生产的典型例子如模具的生产制造过程。模具的生产制造过程与客户需求高度相关，其生产制造过程复杂，涉及产品成形分析、毛坯制造、特种加工、切削加工、光整加工及试修模等多个环节。在动态及随机多变的环境下如何合理安排企业的生产资源,控制模具的成本和质量,保证模具的交货期是困扰模具企业的重点和难点(李显鹏，2013)。模具的一般生产制造过程是：第一，业务阶段，接收客户订货意向、订单（项目）的确定；第二，项目计划阶段，根据企业的生产特点、产能、物料及客户要求，确定模具生产制造过程中的一些主要阶段，如设计、制造、主要质量控制点及物料采购等过程的计划时间；第三，设计制造阶段，包括方案设计、物料准备、详细设计、工艺编制、制造、装配、试模修模；第四，交付阶段，交付使用与维护等。不同的模具企业由于侧重的业务不同，其模具的生产制造过程可能有些不同，但总体来说这些基本过程都有，只是有些被整合，有些被拆分。

通过上面对模具的整个制造过程中知识点的分析，将模具制造过程中的主要知识需求过程及其相关问题列出，如表 3.1 所示。

表 3.1 模具制造过程中主要知识需求分析

知识需求节点	需要解决的问题要点	知识需求	可能的显性知识来源及产生
1. 合同评审	（1）从技术、生产能力、物料供应方面确认能否满足客户需求 （2）成本估计 （3）交货期估计	（1）客户模具技术要求的理解 （2）企业技术现状 （3）当前企业的产能、关键物料的供给情况	（1）客户技术标准 （2）企业技术能力描述文件 （3）企业设备能力说明 （4）相似案例 （5）评审文档
2. 开模评审	（1）产品的设计是否合理 （2）企业是否能达到设计要求	（1）产品的开模资料 （2）客户模具设计要求 （3）模具的初步设计（得到客户确认）	（1）产品的结构和 2D、3D 图纸 （2）客户模具设计要求文件 （3）初步的图纸或电子图纸（得到客户确认） （4）类似产品设计案例 （5）评审文档

续表

知识需求节点	需要解决的问题要点	知识需求	可能的显性知识来源及产生
3. 排位评审	模具的排位设计是否合理	（1）模具设计知识 （2）模具排位知识	（1）企业的设计标准 （2）分型设计原则等文件 （3）模具设计工程师个人经验 （4）类似案例 （5）评审文档
4. 分型评审	分型面的选取是否合理	（1）模具设计知识 （2）模具分型设计知识	（1）企业的设计标准 （2）分型设计原则等文件 （3）模具设计师个人经验 （4）类似案例 （5）评审文档
5. 工艺评审	模具制造工艺是否合理	（1）工艺设计知识 （2）企业的设备情况	（1）企业工艺设计标准 （2）制造工艺设计工程师个人经验 （3）类似案例 （4）评审文档
6. 修模改模	模具的修改，直至交付客户使用	（1）模具设计知识 （2）工艺设计知识	（1）企业相关设计标准 （2）模具工程师的个人经验 （3）改模案例

（二）面向协同项目的跨组织知识分布评价与配置

某组织拟开发项目 P，项目 P 的知识需求集为 $A=\{a_1, a_2, \cdots, a_n\}$，那么先需要评估该组织内部是否完全具有上述知识点。该组织知识分布情况可用形式背景表示，见表 3.2。表中第一列为部门或成员编号，第一行为知识名称，且当部门或成员 i 具有知识 a_i 时，$b_{ij}=1$，否则 $b_{ij}=0$。

表 3.2　项目主导企业知识分布

编号	a_1	a_2	…	a_n
1	b_{11}	b_{12}	…	b_{1n}
2	b_{21}	b_{22}	…	b_{2n}
…	…	…	…	…
m	b_{m1}	b_{m2}	…	b_{mn}

显然，如果 $\sum_{i=1}^{m} b_{ij} = 0(j=1,2,\cdots,n)$，则说明该组织存在知识缺口。此时，需要构建跨组织协同创新合作联盟，要求成员之间的知识异质分化，且要求对某类知

识成员企业具有丰富的知识存量和独创性，知识分布具有非均衡性、异质性和互补性等特征。

一般地，面向协同项目的跨组织联盟知识配置可以定义为：设某项目知识需求集为 $A=\{a_1, a_2, \cdots, a_n\}$，$2^A$ 为 A 的幂集，即 $2^A=\{S \mid S\subseteq A\}$。那么为了该项目的实现，必须适配 1 到 X 个知识主体 i（$i=1, 2, \cdots, x$），设知识主体 i 拥有 S_i 且 $S_i\in 2^A$，使得 $\bigcup_{i=1}^{x} S_i \supseteq A$。也就是说要寻找 m 个组织使其知识能有限覆盖项目知识需求集 $A=\{a_1, a_2, \cdots, a_n\}$，那么 m 个组织将构成跨组织协同创新联盟。

（三）面向项目 P 的知识网络形成

经过上述任务-知识匹配分析，得到项目 P 的知识需求集为 $A=\{a_1, a_2, \cdots, a_n\}$，这时需要进一步分析项目组织知识分布，如果组织的知识点或知识能力构成可以覆盖项目 P 的知识需求集为 A，那么该组织可以形成面向项目 P 的内部跨部门知识网络来实施该项目。因此，评价和分析组织知识分布是很有必要的，通过了解其拥有哪些知识，以及各类知识之间的关系等可以判断其是否有能力完成特定项目。如果知识能力不足，应该采取措施弥补，如通过建立联盟搭建跨界知识共享和利用的知识网络，如图 3.3 所示。

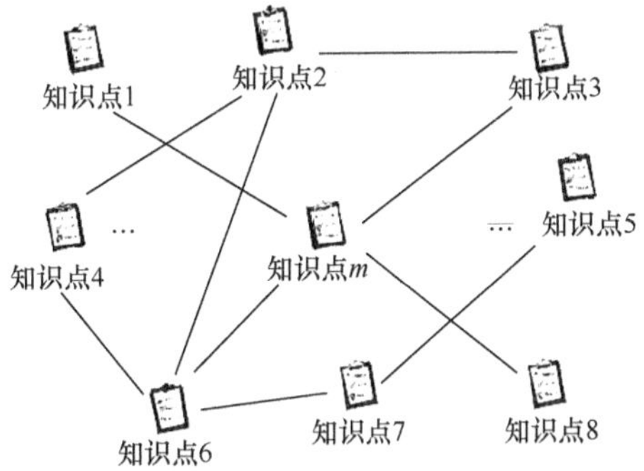

图 3.3　知识网络

第三节　基于知识相似度的项目任务-知识-人员配置模型

一、任务-承担者知识相似度定义

从项目任务本身出发分析具体任务知识需求可得到项目 P 的知识需求集为 $A=\{a_1, a_2, \cdots, a_n\}$，这里将之称为任务知识需求——知识基。由于项目每个知识

点 a_i 需求程度不一样，这里用 w_i 表示其需求程度。另外，从任务承担者角度看是否适合此项任务，这将取决于承担者本身所具备的知识结构和任务所需求的知识结构，同时需要考虑两者之间的相似度，只有两者相似度高，任务和承担者才能更匹配（陈友玲等，2019）。

任务知识需求与人员知识结构的知识相似度的计算过程如下。

步骤 1　任务 i 的知识需求模块。通过分析得出该任务所需要的最少知识点，根据专家评估法确定各个知识点的需求程度，那么任务 i 的知识需求可用知识基表示为 $T^i(k)=\{(a_1,w_1),(a_2,w_2),\cdots,(a_n,w_n)\}$，其中 a_j 表示任务需求的知识点，w_i 表示知识点的需求程度。

步骤 2　同理，M 个承担者 j 所掌握的知识点也可利用知识基表达为 Pf_j（k）= $\{(a_1,z_1),(a_2,z_2),\cdots,(a_n,z_n)\}$，$a_j$ 表示承担者 j 所掌握的任务知识点，z_j 表示掌握的程度。

步骤 3　任务 i 知识需求量和承担者 j 知识掌握量都可以用共同的知识基表达，即 $T_i=(w_{i1},w_{i2},\cdots,w_{in})$ 和 $P_j=(z_{j1},z_{j2},\cdots,z_{jn})$，设 q_{ij} 表示 i 任务知识需求与承担者 j 掌握知识之间的距离，那么

$$q_{ij}=\begin{cases}\sqrt{\sum_{k=1}^{n}\left|w_{ik}-z_{jk}\right|} & (w_{ik}>z_{jk})\\ 0 & (w_{ik}\leqslant z_{jk})\end{cases} \tag{3.5}$$

步骤 4　任务 i 与承担者 j 的知识相似度的计算。在实际的应用中可以发现，语义相似度与距离相似度的权重并不是完全一致的。通常当语义相似度较小时，即使其距离相似度的指标稍大，总体的知识相似度仍然较小；而当距离相似度的指标较小，语义相似度的指标稍大时，总体的知识相似度也较小。因此，有必要考虑语义相似度和距离形似度之间的动态权重关系。

$$d_{ij}=\mathrm{Sim}(T_i,Pf_j)=\frac{1}{1+q_{ij}} \tag{3.6}$$

二、协同项目任务–知识–人员配置模型

（一）模型假设

假设项目有 m 项任务 i $(i=1,2,\cdots,m)$ 需要在 n 个承担者 j $(j=1,2,\cdots,n)$ 间进行分配。实践中发现任务–承担者知识技能相似度高一般表明承担者承担任务的能力较强，反之会导致较高风险产生，因此，这里用知识相似度 $d_{i,j}\in[0,1]$ $(i=1,2,\cdots,m;\ j=1,2,\cdots,n)$ 来表达承担者 j 承包任务 i 的承包能力，那么承担者 j 承包任务 i 的风险指数为

$$r_{i,j}=1-d_{i,j}\,(i=1,2,\cdots,m;\ j=1,2,\cdots,n) \tag{3.7}$$

由此所产生的相关风险成本为

$$f_{i,j}=r_{i,j}w_i\,(i=1,2,\cdots,m;\ j=1,2,\cdots,n) \tag{3.8}$$

那么：

$$C_{i,j}=p_{i,j}+f_{i,j}\,(i=1,2,\cdots,m;\ j=1,2,\cdots,n) \tag{3.9}$$

本书使用到的参数符号及含义如表 3.3 所示。

表 3.3　本书使用到的参数符号及含义

参数	含义
N_i	第 i 个任务（$i=1,2,\cdots,m$）
A_j	第 j 个承担者（$j=1,2,\cdots,n$）
S	已分配任务的承担者集
L	关键路线上的任务集
$d_{i,j}$	承担者 j 承包任务 i 的承包能力，$d_{i,j}\in(0,1)$
$D=[d_{i,j}]_{m\times n}$	承担者承包任务能力矩阵
$r_{i,j}$	承担者 j 承包任务 i 的风险指数 $r_{i,j}=1-d_{i,j}$
$R=[r_{i,j}]_{m\times n}$	众包风险指数矩阵
$W=[w_i]_{m\times l}$	项目主估计的任务成本矩阵，其中 w_i 表示项目主估计的任务 i 的成本
$F=[f_{i,j}]_{m\times n}$	承担者任务风险成本矩阵，$f_{i,j}$ 为承担者 j 承包任务 i 所产生的相关风险成本
$P=[p_{i,j}]_{m\times n}$	承担者承包任务费用矩阵，$p_{i,j}$ 为承担者 j 承包任务 i 的费用
$C=[c_{i,j}]_{m\times n}$	承担者承包任务总成本矩阵，$c_{i,j}$ 为承担者 j 承包任务 i 的总成本
$T=[t_{i,j}]_{m\times n}$	承担者承包任务时间矩阵，$t_{i,j}$ 为承担者 j 承包任务 i 的时间
β	表示对某任务项目业主愿意承受高于其心理最低价的程度 $\beta\in(0,1)$
$X=[x_{i,j}]_{m\times n}$	任务分配矩阵，如果任务 i 分配给承担者 j，则 $x_{i,j}=1$，否则 $x_{i,j}=0$

（二）模型构建

接下来建立相关模型，在考虑承担者承包能力风险的前提下，使 m 项任务在 n 个承担者间合理地分配。设项目工期约束、成本约束及众包参与者数量约束分别为 $\overline{T}$ 、$\overline{C}$ 、$\overline{E}$，这里的主要要求包括：①总工期最短；②承担任务费用最小；③选用的伙伴企业数最少。

那么，上述目标要求可表示为以下函数。

（1）总工期最短（取决于关键路径）的目标函数：

$$\min Z = \sum_{i=1}^{N} t_i \tag{3.10}$$

其中，N 表示关键路径上的子任务数；t_i 表示子任务的工期。

（2）承担任务费用最小的目标函数：

$$\min Z = \sum_{i=1}^{m}\sum_{j=1}^{n} C_{i,j} x_{i,j} \tag{3.11}$$

（3）选用的伙伴企业数最少的目标函数：

$$\min Z = \sum_{j=1}^{n} f\left(\sum_{i=1}^{m} x_{i,j}\right) \tag{3.12}$$

这里 $f(x)=\begin{cases}1 & (x>0)\\ 0 & (x=0)\end{cases}$。

综合以上三个目标，可建立多目标任务分配数学模型，如下所示。

$$\min Z = \left(\lambda_1\sum_{i=1}^{N} t_i, \lambda_2\sum_{i=1}^{m}\sum_{j=1}^{n} C_{i,j} x_{i,j}, \lambda_3\sum_{j=1}^{n} f\left(\sum_{i=1}^{m} x_{i,j}\right)\right)^T$$

$$\text{s.t.}\begin{cases}\sum_{i=1}^{N} t_i \leqslant \overline{T}\\ \sum_{i=1}^{m}\sum_{j=1}^{n} C_{i,j} x_{i,j} \leqslant \overline{C}\\ \sum_{j=1}^{n} f\left(\sum_{i=1}^{m} x_{i,j}\right) \leqslant \overline{E}\\ d_{i,j} \geqslant 0.6, \forall x_{i,j}=1\\ \sum_{j=1}^{n} x_{i,j}=1，\ x_{i,j}=0\text{或}1，\ i=1,2,\cdots,m,\ j=1,2,\cdots,n\\ 0\leqslant d_{i,j}\leqslant 1，\ i=1,2,\cdots,m,\ j=1,2,\cdots,n\end{cases} \tag{3.13}$$

目标函数中 λ_1，λ_2，λ_3 表示三个目标函数的优先级。求解时，上述三个目标在一定的允许界限内可转化为约束条件来处理，因此可以采用主要目标法来求解。这里待求解量 $x_{i,j}$ 的值只能取 0 或者 1；在式（3.13）的约束条件中，要求承包能力不小于某个阈值（即 $d_{i,j} \geqslant 0.6$）；$d_{i,j}$ 的取值只能在 0 和 1 之间，$d_{i,j}$ 的值越大，说明其能力越强，项目业主越应该在不引起目标冲突的情况下将任务 j 分配给承担者 i 来完成。

三、模型求解

（一）用模糊层次分析法确定目标函数的优先级

上述三个目标函数的优先级一般由项目业主设定，但实际上，项目业主可能对项目完成时间、完成成本和任务承担者数量在整个项目中所占的权重认识比较模糊，很难清晰地给出精确的数值。基于此，可依据项目业主叙述的每两个指标之间的相对重要程度，利用模糊层次分析法来确定目标函数的权重，从而量化模糊的信息，帮助项目业主做出正确的决策。

根据项目业主给出的三个目标函数之间的相对重要性，即时间比成本重要，成本比承包企业数重要。当然，实际中由任务承担者数量增加所带来的管理复杂性对项目质量的影响不可低估，减少项目的任务承担者数量也得到了重视。

（二）任务分配算法——启发式算法

模型（3.13）无法用通用方法得出唯一的精确解，需要借助启发式算法逐渐逼近最优解。因此，这里规定如下启发式规则：首先，为了缩短项目的总工期，优先确定关键路线上的任务，并把该任务分配给所需时间最短的承担者；其次，为了在不影响项目工期的条件下使成本最低，则对于非关键路线上的任务或任务集合，如果已分配任务的承担者集合中有可承包的承担者，则项目业主在满足β（项目业主可承受高于其心理最低价的比率）的前提下，可优先选择已分配任务的承担者，目的是使承担任务的承担者最少，以减少承担者间的协调与交互，该规则在承担者数最少与成本最低两个目标之间折中，如果已分配任务承担者集合中没有可承包的承担者，则取其他承担者中承包成本最低的承担者。

算法的具体步骤如下。

第一步，先考虑关键任务的安排。将项目进行分解后，依照任务间的连接关系，根据项目网络图中的关键路线算法，对分解后的任务有向关联弧集合对应的关联关系和任务的工期先进行网络拓扑排序，再计算出关键路线。然后将计算出来的关键路线上的任务号存入集合L中，并设已分配任务的承担者集合$S=f$，$i=1$。设置能力阈值，这里拟取$d_{i,j}\geqslant 0.6$。

第二步，把临时集合L中的任务分配给可承包任务的承担者中加工时间最短（即能力阈值$d_{i,j}\geqslant 0.6$）的承担者，并令相应的$x_{i,j}=1$。再把已分配任务的承担者并入S中。

第三步，当$i\leqslant m$时，执行第四步，否则执行第六步。

第四步，对于非关键任务，分如下几种情形。

（1）如果$i\in L$，转到第五步。

（2）对于非关键任务，即 $i \notin L$，且 S 中有可承包该任务的承担者，则令 $C_{i,j} = \min\left\{C_{i,j} \mid j \in S\&d_{i,j} \geqslant 0.6\right\}$，$C_{i,k} = \min\left\{C_{i,k} \mid k \notin S\&d_{i,k} \geqslant 0.6\right\}$，这里若 $(C_{i,j} - C_{i,k}) / C_{i,k} \leqslant \beta$ [$\beta \in (0,1)$ 表示对某任务项目业主愿意承受高于其心理最低价的程度]，则把该任务分配给承担者 j，令 $x_{i,j} = 1$ 且 $S = S \cup j$；否则，将任务分配给承担者 k，并令 $x_{i,k} = 1$ 和 $S = S \cup k$。转第五步。

（3）对于非关键任务，即 $i \notin L$，且 S 无承担者可承担该任务，这时将把此任务分配给可承担者中总成本最低的承担者 j，其中 $C_{i,j} = \min\{j \in \mathrm{A}\&d_{i,j} \geqslant 0.6\}$，并令相应的 $x_{i,j} = 1$，再把分配承担者 j 并入 S 中。转第五步。

第五步，令 $i = i + 1$，转到第三步。

第六步，输出优化解 $X = [x_{i,j}]$，结束。

四、实例计算及结果分析

某网络动漫信息科技公司是由网络畅销小说家和版权合作商联合国内各大漫画工作室联合成立的线上漫画渠道，公司将最新、原创、高质量的漫画第一时间呈现给读者。对于热门的 IP，需要用户购买 VIP 才能阅读付费内容，也可以通过点播阅读单画内容，对喜欢的作品点赞和评论，也可以与该作品的作者进行互动，根据作品的热门程度，可丰富其周边产品，让用户在线购买和娱乐，并进行用户数和收入的统计与分析。公司拟开发的电子版漫画系统项目可分解为八个模块：N=（N_1，N_2，…，N_n），见表 3.4。

表 3.4 电子版漫画系统项目主要任务模块

任务模块	模块功能说明
漫画管理模块（N_1）	包括漫画基本信息的录入、漫画上下架、章节管理、图片上传、漫画推荐、漫画分类、定价等
会员管理模块（N_2）	包括会员入驻、审核、积分、等级制度设定、言语行为规范
漫画详情模块（N_3）	包括向用户展示漫画的基本信息，涉及基本信息展示，免费、付费章节展示，评论和下载管理
漫画周边模块（N_4）	包括挂件、弹幕、勋章、主题壁纸等虚拟商品的销售、使用和维护
圈子互动模块（N_5）	漫画作者、小说家和用户之间的互动，包含话题互动、活动互动等
VIP 模块（N_6）	主要涉及会员购买 VIP 的类型、VIP 定价、VIP 期限设定和会员的 VIP 统计调整等
漫画阅读模块（N_7）	用户的主要阅读页也是用户停留时间最长的页面，用户可以阅读每一页漫画，支持横屏、竖屏阅读，支持弹幕，支持放大阅读，支持翻页，记录用户的阅读次数，付费章节会判断用户是否有阅读权限
统计分析模块（N_8）	费用统计；每天总收入；时间段输入统计；作品统计；每部作品收入；每个作者收入；每个版权方收入；会员统计；新增用户；活跃用户；来源渠道

根据任务逻辑关系（汇合关系、相续关系和互应关系），把任务关联成网络图（图 3.4）。为节约成本和时间，公司将项目任务通过众包平台外包给平台协约软件工程师协同完成。

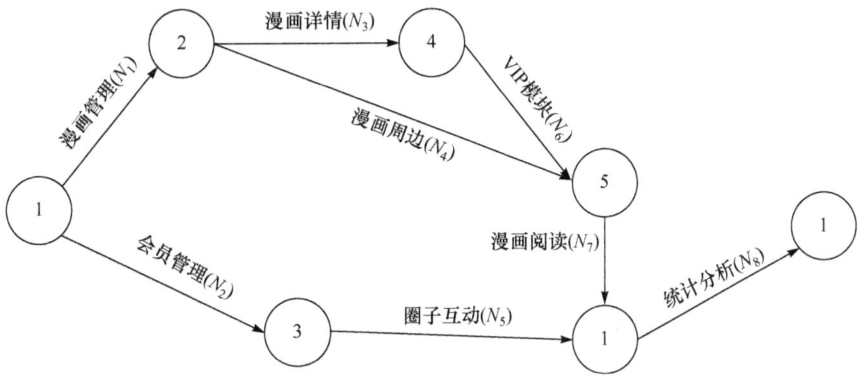

图 3.4　任务关联网络图

（一）相关数据准备

公司根据众包平台推荐，对众包工程师的承包能力进行了评估，选取了开发能力不小于 0.6 的 7 个承包工程师（A_1，A_2，…，A_n）。根据过往任务完成及客户评价数据，公司和众包平台对 7 个承包工程师的能力与任务进行了匹配分析，得到评估结果：任务-能力矩阵 D、承包费用矩阵 P、任务-时间矩阵 T、任务-风险成本矩阵 F、承包风险指数矩阵 R、任务-成本矩阵 W，具体如下。

（1）任务-能力矩阵 D 和承包费用矩阵 P（此处 ∞ 表示成本大，不应分配任务）：

$$D=\begin{bmatrix} 0.95 & 0.00 & 0.84 & 0.66 & 0.00 & 0.00 & 0.93 \\ 0.00 & 0.87 & 0.00 & 0.88 & 0.00 & 0.00 & 0.00 \\ 0.00 & 0.78 & 0.65 & 0.00 & 0.00 & 0.68 & 0.00 \\ 0.75 & 0.68 & 0.00 & 0.80 & 0.00 & 0.00 & 0.00 \\ 0.00 & 0.00 & 0.67 & 0.00 & 0.00 & 0.89 & 0.00 \\ 0.89 & 0.00 & 0.86 & 0.00 & 0.94 & 0.00 & 0.90 \\ 0.80 & 0.90 & 0.00 & 0.77 & 0.00 & 0.61 & 0.00 \\ 0.00 & 0.00 & 0.93 & 0.00 & 0.66 & 0.00 & 0.00 \end{bmatrix} \quad P=\begin{bmatrix} 5 & \infty & 6 & 7 & \infty & \infty & 8 \\ \infty & 9 & \infty & 8 & \infty & \infty & \infty \\ \infty & 5 & 7 & \infty & \infty & 7 & \infty \\ 7 & 4 & \infty & 5 & \infty & \infty & \infty \\ \infty & \infty & 9 & \infty & \infty & 8 & \infty \\ 6 & 9 & 8 & 6 & 5 & \infty & 6 \\ 2 & 4 & \infty & 3 & \infty & 5 & \infty \\ \infty & \infty & 7 & \infty & 6 & \infty & \infty \end{bmatrix}$$

（2）任务-时间矩阵 T（∞表示该人员不能承担该任务）和任务-风险成本矩阵 F：

$$T=\begin{bmatrix} 6 & \infty & 9 & 8 & \infty & \infty & 7 \\ \infty & 8 & \infty & 5 & \infty & \infty & \infty \\ \infty & 6 & 4 & \infty & \infty & 5 & \infty \\ 6 & 7 & \infty & 5 & \infty & \infty & \infty \\ \infty & \infty & 9 & \infty & \infty & 8 & \infty \\ 5 & \infty & 6 & \infty & 6 & \infty & 5 \\ 4 & 2 & \infty & 3 & \infty & 4 & \infty \\ \infty & \infty & 7 & \infty & 8 & \infty & \infty \end{bmatrix} \quad F=\begin{bmatrix} 0.30 & 6.00 & 0.96 & 2.04 & 6.00 & 6.00 & 0.42 \\ 7.00 & 0.91 & 7.00 & 0.84 & 7.00 & 7.00 & 7.00 \\ 6.00 & 1.32 & 2.10 & 6.00 & 6.00 & 1.92 & 6.00 \\ 1.25 & 1.60 & 5.00 & 1.00 & 5.00 & 5.00 & 5.00 \\ 7.00 & 7.00 & 2.31 & 7.00 & 7.00 & 0.77 & 7.00 \\ 0.44 & 4.00 & 0.56 & 4.00 & 0.24 & 4.00 & 0.40 \\ 0.60 & 0.30 & 3.00 & 0.69 & 3.00 & 1.07 & 3.00 \\ 5.00 & 5.00 & 0.35 & 5.00 & 1.70 & 5.00 & 5.00 \end{bmatrix}$$

（3） 承包风险指数矩阵 R、任务-成本矩阵 W 和承包总成本矩阵 C：

$$R=\begin{bmatrix} 0.05 & 1.00 & 0.16 & 0.34 & 1.00 & 1.00 & 0.07 \\ 1.00 & 0.13 & 1.00 & 0.12 & 1.00 & 1.00 & 1.00 \\ 1.00 & 0.22 & 0.35 & 1.00 & 1.00 & 0.32 & 1.00 \\ 0.25 & 0.32 & 1.00 & 0.20 & 1.00 & 1.00 & 1.00 \\ 1.00 & 1.00 & 0.33 & 1.00 & 1.00 & 0.11 & 1.00 \\ 0.11 & 1.00 & 0.14 & 1.00 & 0.06 & 1.00 & 0.10 \\ 0.20 & 0.10 & 1.00 & 0.23 & 1.00 & 0.39 & 1.00 \\ 1.00 & 1.00 & 0.07 & 1.00 & 0.34 & 1.00 & 1.00 \end{bmatrix}$$

$$C=\begin{bmatrix} 6.80 & 36.00 & 11.76 & 19.24 & 36.00 & 36.00 & 10.52 \\ 25.00 & 12.25 & 25.00 & 11.00 & 25.00 & 25.00 & 25.00 \\ 18.00 & 8.96 & 13.30 & 18.00 & 18.00 & 12.76 & 18.00 \\ 11.25 & 9.44 & 17.00 & 8.40 & 17.00 & 17.00 & 17.00 \\ 12.00 & 12.00 & 12.96 & 12.00 & 12.00 & 9.32 & 12.00 \\ 7.32 & 12.00 & 9.68 & 12.00 & 5.72 & 12.00 & 7.20 \\ 3.60 & 4.80 & 8.00 & 4.84 & 8.00 & 8.02 & 8.00 \\ 5.00 & 5.00 & 7.35 & 5.00 & 7.70 & 5.00 & 5.00 \end{bmatrix}$$

$$W=\begin{bmatrix} 6 & 7 & 6 & 5 & 7 & 4 & 3 & 5 \end{bmatrix}^{\mathrm{T}}$$

根据算法要求，在此例中，对于各项子任务，公司愿意超过其最低成本的容忍程度系数最高为 0.1，即β=0.1。另外，公司对工期、成本和承包者数量三个指标追求的第一目标为总工期最短，第二目标为项目总成本最小，第三目标为承包者数量最少，并设定三者的权重为：λ=[0.50, 0.33, 0.17]

（二）算法运行结果

本书采用 MATLAB 设计计算程序，主要计算模块包括控制主程序、关键路径和时间参数计算子模块、初始化子模块等。依据运算结果，得到最优分配矩阵：

$$X=\begin{bmatrix}1&0&0&0&0&0&0\\0&1&0&0&0&0&0\\0&0&1&0&0&0&0\\1&0&0&0&0&0&0\\0&0&1&0&0&0&0\\1&0&0&0&0&0&0\\0&1&0&0&0&0&0\\0&0&1&0&0&0&0\end{bmatrix}$$

针对本实例，运算结果如表 3.5 所示。

表 3.5　运算结果

方案	工期	总成本	众包人数	加权结果
方案 1	24	76.03	3	0.070 376
方案 2	24	72.85	5	0.075 985
方案 3	24	73.18	4	0.072 596
方案 4	24	70.46	5	0.074 876
方案 5	24	70.58	4	0.071 39
方案 6	24	71.02	6	0.078 678
方案 7	24	72.27	5	0.075 716
方案 8	25	67.94	6	0.078 27
方案 9	25	68.33	4	0.071 367
方案 10	25	68.88	6	0.078 706

（三）结果分析

1. 任务分配结果分析

按三个指标加权结果及运行过程中得到的分配矩阵 X，主要可行方案任务分配情况如下。

（1）最优方案为方案 1：承包者 1 承担任务 1、任务 4 和任务 6；承包者 2 承担任务 2 和任务 7；承包者 3 承担任务 3、任务 5 和任务 8，其优点是工期最短，众包人数最少，但缺点是总成本较高。

（2）次优方案为方案 9：承包者 1 承担任务 1 和任务 6；承包者 3 承担任务 3

和任务 8；承包者 4 承担任务 2、任务 4 和任务 7；承包者 6 承担任务 5。相比最优方案其优点是总成本较低，而工期、众包人数有所上升。

2. 算法优越性和有效性分析

为了验证本书的多目标任务分配算法比相关文献中的算法更具有优越性和有效性，这里分别计算出只考虑总成本最小的最优解、只考虑承担者人数最少的最优解、只考虑总工期最短的最优解，并与只考虑能力风险的算法进行比较。

1）应用本书算法，即考虑能力风险的最优解

最优解是加权优化解表 3.5 中序号 1 的解。此时项目的工期为 T=24，其中 8 个任务均为关键任务，项目的总成本为 $C=\sum_{i=1}^{m}\sum_{j=1}^{n}C_{i,j}x_{i,j}$ =76.03，选择的承担者人数为 3；任务分配优化解结果为 $(X_{1,1}, X_{4,1}, X_{2,2}, X_{7,2}, X_{3,3}, X_{5,3}, X_{8,3})$。

次优解是加权优化解表 3.5 中序号 9 的解。此时项目的工期为 T=25，其中有 5 个关键任务，项目的总成本为 $C=\sum_{i=1}^{m}\sum_{j=1}^{n}C_{i,j}x_{i,j}$ =68.33，选择的承担者人数为 4。

2）在本书算法中改变三个目标优先级

如果以总成本最小为最优先级，则最优解是加权优化解表 3.5 中序号 8 的解。此时项目的总成本为 67.94，项目的工期为 $T=25$，选择的承担者数为 6。

另外，如果以承担者数最少或总工期最短为最优先级，最优解是加权优化解表 3.5 中序号 1 的解，和“1）”的情形一样，因此序号 1 的解是本案例最佳选择。

3）应用文献杨波等（2002）中的算法求最优解

利用杨波等（2002）给出的算法得到的最优解：项目的工期为 T=24，项目的总成本为 46.00，选择的承担者人数为 6；任务分配优化解为 $(X_{1,1}, X_{4,1}, X_{2,2}, X_{7,2}, X_{3,3}, X_{5,3}, X_{8,3})$。

可以看到，由于没有考虑承担者的承包能力风险，该结果似乎比考虑承包能力风险的结果理想得多，但事实上外包的风险却没有得到规避，极有可能导致项目失败。结果见表 3.6。

表 3.6　多方案结果比较

评价参数	考虑承包能力风险的最优解	只考虑总成本最小的最优解	只考虑承担者人数最少的最优解	只考虑总工期最短的最优解	文献杨波等（2002）中的最优解
工期	24	25	24	24	24
总成本	76.03	67.94	76.03	76.03	46.00
承担者人数	3	6	3	3	6

另外，从表 3.6 中可以看出，本算法在考虑承担者的承包能力风险的前提下，实现了多目标的均衡。可以看到，考虑承担者承包能力风险与不考虑承担者承包能力风险对项目主的决策结果有影响，不考虑承担者的承包能力风险所做出来的决策不能有效地了解、监控承担者承包能力风险及规避损失。由表 3.6 可以明显看出，工期和承担者人数变化很小，而本书算法中的总成本明显高于文献（杨波等，2002）算法中的总成本。这是因为在考虑承担者的承包能力风险后项目会出现较高的实际运行成本。

因此，在综合考虑风险成本和承包费用的情况下，再进行承担者的选择，有利于项目主了解项目实际运行成本，并为风险规避提供警示，有利于在项目运作前对承担者承包能力风险带来的经济和社会损失进行分析，还可以在众包平台的协同项目任务分配的运作过程中，对承担者进行合理的监督、指导。

第四章　企业级跨部门知识整合创新

本章将根据第一章所提出的ITO模型，对企业级跨部门知识整合创新进行相关的拓展研究。对于企业内部知识整合的ITO模型，在输入端一般为企业内部不同部门的知识载体所拥有的各类知识，如研发部门知识、财务部门知识、市场部门知识、生产与制造部门知识等；在整合端则是企业知识整合所使用到的不同的组织工具、技术工具及其他工具和手段等；在输出端，输出的内容为新的知识体系、新产品或者新专利等创新成果。

第一节　企业内部知识及其分布状态分析

从知识整合角度来看，企业可以被看作一个整合知识的机构，通过对企业内部知识进行搜索、筛选、整理、创造、共享等处理，实现企业内部跨部门的知识整合创新。跨部门的知识整合有助于不同部门的员工在其不同的职能角度上对产品和市场的理解和分析，通过交流、共享不同的想法，产生创意，为新产品、新服务、新技术的形成提供了知识源。为了提高知识的整合效率，企业需要对这一过程加以规划与管理。

一、企业内部知识的描述

企业在进行知识创新时需要充分调动与利用企业内外部的各类知识，包括员工的专业知识和想法、业务活动中的工具与技术、研究开发的流程等，形成新产品、新技术、新工艺或者新的知识体系和新的管理方法。在整合企业的内部知识之前，首先需要清晰地认知企业内部包含了哪些知识。

张国旺（2008）提出，企业内部的知识可以分为技术知识与非技术知识，再按照显性知识与隐性知识进行划分，其中技术知识主要表现为能够物化的显性知识，也包括能够物化的部分隐性知识，如劳动者掌握的从事生产产品活动的手工技能、技巧，这种手工技能、技巧可用于产品生产（包括物化的产品），因此它可以归类为技术知识，当这种手工技能、技巧难以用语言准确地表达时，又可以被定义为隐性的技术知识；而非技术知识主要表现为不能物化的隐性知识，也包括不能物化但可以用书面形式表现的显性知识。从以上对企业内部知识的描述来看，知识的分类形式间存在着密不可分的联系。

二、企业内部知识分布的评价

为了更好地整合和创新企业的内部知识,除了对企业内部知识进行分类描述,还需要对企业内部知识在分布上的互补性、完备性和综合性进行评价。通过互补性评价，可以分析出企业内部不同类别知识间的相互支持与促进程度；通过完备性评价,可以了解企业的知识存量是否已经达到知识整合创新所需要的基本存储量；通过综合性评价，可以对企业知识整合创新的可能性大小做出相应的判断。

（一）企业内部知识分布互补性评价

苏加福（2017）从企业知识网络形成的视角入手，认为知识互补性可以反映企业内部不同部门在技术、产品、文化等各类知识上的相互支持与促进程度，那么该如何评价企业内部异质知识间的支持与促进程度呢?

将某一新开发项目或任务所需的知识集合记为 $K=\{k_1,k_2,\cdots,k_\alpha,\cdots,k_m\}$ ，m 为项目或任务所需知识点的数量。设项目有 n 个参与人员，他们分布在企业各个部门的不同岗位，设 p_i 表示员工，K_i 表示员工 p_i 的个体知识，C_{ij} 表示员工 p_i 和 p_j 之间的知识互补性。

这里采用员工间的知识能力应用比较优势来度量知识互补性。设员工 p_i 相对于员工 p_j 的知识能力比较优势为 S_{ij} ，针对具体知识点 K^α ，用 $SK^\alpha(ij)$ 表示两者间的知识能力比较优势。那么，$SK^\alpha(ij)$ 可由以下公式得出：

$$SK^\alpha(ij)=\begin{cases}KC_i^\alpha-KC_j^\alpha & (KC_i^\alpha\geqslant KC_j^\alpha)\\0 & (KC_i^\alpha<KC_j^\alpha)\end{cases}\qquad(4.1)$$

其中，KC_i^α 和 KC_j^α 分别表示员工 p_i 与 p_j 关于知识点 K^α 的知识能力值。

知识能力比较优势 S_{ij} 可由式（4.2）求出：

$$S_{ij}=\sum_{\alpha=1}^{M}SK^\alpha(ij)\quad(i,j=1,2,\cdots,n)\qquad(4.2)$$

令 C_{ij} 表示员工 p_i 与 p_j 之间的知识互补性系数，同时又因为两者之间的知识互补性系数是对称的，所以 $C_{ij}=C_{ji}$ 。员工 p_i 与 p_j 之间的知识互补性可由式（4.3）得出：

$$C_{ji}=C_{ij}=S_{ji}+S_{ij}\qquad(4.3)$$

显然，C_{ij} 处于$[0,M]$范围内，当 $C_{ij}=0$ 时，表明员工 p_i 与 p_j 之间的知识背景

和能力完全相同；当 $C_{ij}=M$ 时，表明员工 p_i 与 p_j 之间的知识背景和能力完全不同。基于前文的分析，员工间的知识背景和能力不应过于相似或不同，因此，适宜的员工间知识互补性应满足条件 $\underline{\theta}\leqslant C_{ij}\leqslant\overline{\theta}$ ，$\underline{\theta}$ 和 $\overline{\theta}$ 分别为知识互补性合理区间的下限和上限。

（二）企业内部知识分布完备性评价

在知识整合创新实践中，企业通过测度知识网络完备性可以判断出原有的知识是否具有为创新过程中出现的问题提供解决方案的能力。在某一创新项目中企业的知识完备度越高，相应的成功率就越高。镇培（2014）总结了目前知识完备性检验的三种主要方法，有人工检验法、图论法和规则检验法。从问题求解的角度将知识网络的知识完备性分为概念属性层、关系层、问题求解层，对各个层次的知识完备程度提供了具体的测度方法。

1. 概念属性层的知识完备性测度

在概念属性层，知识完备性测度包括属性名称匹配计算、属性值域检验和概念属性层知识完备度三个部分。对概念属性层进行知识完备性测度实际上是检测当前知识网络对问题的概念和属性的包含程度。

1）属性名称匹配

属性名称匹配包括属性名称直接匹配和属性名称相似度计算，属性名称直接匹配是指检验属性是否同名，属性名称相似度计算则可以找出同义异名的属性。

2）属性值域检验

任取某一问题在同名属性集中的属性及与其匹配成功的知识网络属性，如果知识网络的规则包含了这一问题的关系规则，那么需要保留这两个属性，否则将其从所属集合中剔除，同样地对两个集合中的其他属性做类似处理。

3）知识完备度

将知识网络中某一问题的所有属性集合设为 L，匹配成功的问题属性集合中个数设为 H，属性层的知识完备度则表示为

$$\mathrm{CD}(A)=\frac{H}{L} \tag{4.4}$$

其中，$0\leqslant H\leqslant L$，当 $\mathrm{CD}(A)=1$ 时，说明知识网络在概念属性层上达到了知识完备；当 $0\leqslant H<L$ 时，$\mathrm{CD}(A)\in[0,1)$，则说明知识网络或知识库在概念属性层上处于知识不完备的状态。

2. 关系层的知识完备性测度

关系层知识完备性测度需要计算直接关系匹配、复合关系匹配和关系层知识

完备度。测度关系层的完备性可以检验出问题中的每个关系是否与知识网络中的关系存在替代关系。

1）直接关系匹配

直接关系匹配主要涉及检验知识网络中某一关系的输入、输出属性能否涵盖问题中某一关系的输入、输出属性。

2）复合关系匹配

由于知识网络中有可能存在相互连接的细粒度关系形成相对粒度较大的复合关系的情况,这也说明了知识网络中的多个复合关系可以构成一个复合关系集合。复合关系的匹配可根据直接关系匹配的操作过程来进行，将匹配成功的问题关系添加至对应的集合。

3）关系层知识完备度

通过以上两个步骤，可以将最终匹配成功的问题关系的集合记为V，某一问题中关联关系的集合记为W，则关系层的知识完备度为

$$\mathrm{CD}(R)=\frac{V}{W} \tag{4.5}$$

其中$0\leqslant V\leqslant W$，当$V=W$时，$\mathrm{CD}(R)=1$，表明知识网络在关系层上达到了知识完备；当$0\leqslant V<W$时，$\mathrm{CD}(R)\in[0,1)$，表明知识网络在关系层上处于知识不完备的状态。

3. 问题求解层的知识完备性测度

问题求解层的知识完备性测度可以检测知识网络推理的最终输出属性及属性值是否满足该问题定义的要求。

1）知识网络实例化

根据前面得到的属性匹配结果及对应的问题实例中所获取的具体属性值，赋值给相应的知识单元属性，进而构建实例化的实体网络。

2）问题驱动的知识网络推理

知识网络中的属性是相互关联的，因此当网络中某些属性值发生变化时会引起其他关联属性值也发生变化，可以进行关系运算直到当实体网络中所有的属性值不再变化时即可结束推理过程。

3）问题求解层的知识完备度

按照前面介绍的属性层完备性测度方法，通过检验推理得出的最终输出属性的集合包含相应的属性值集合的程度，能够求出最终输出属性集合中满足上述检验的属性集合及其对应的属性值集合。将满足上述检验的属性集合记为T，问题所需输出集合记为S，那么问题求解层的知识完备度为

$$\mathrm{CD}(C)=\frac{T}{S} \tag{4.6}$$

其中，$0\leqslant T\leqslant S$，当$T=S$时，$\mathrm{CD}(C)=1$，说明知识网络在问题求解层上的知识是完备的；当$0\leqslant T<S$时，$\mathrm{CD}(C)\in[0,1)$，则表明知识网络在问题求解层处于知识不完备的状态。

第二节　企业跨部门知识整合机制

在企业内部知识整合的ITO模型的整合端T，主要指企业基于内部知识网络，为实现创新目标而对企业内部知识应用的整合手段、方法或工具。在知识整合过程中，企业主要利用组织机制、技术机制及其他工具对企业内部分散的知识进行搜索、整理和存储等。此外，这里还将介绍目前被许多企业应用的知识整合创新工具—— IPD，IPD平台的应用反映出了企业知识整合正走向平台化的趋势。

一、组织机制

（一）组织机制的内容

组织机制是企业进行知识整合的基本机制，主要包括企业组织制度的建立、文化建设及各种组织方法。组织机制可以理解为通过各种组织手段协调各个知识单元（企业内部员工、部门、企业整体）间的关系，推动企业知识整合效率的提高。目前主要通过以下几种组织机制进行企业内部知识的整合创新。

（1）组织结构的优化。根据企业目前的发展状况及未来的发展定位，对企业的组织结构进行优化和更新，对企业内部的职务或职位进行调整，明确每一个职位的责权关系，促使企业内部员工之间互相协作配合，实现组织目标。

（2）人力资源配置的优化。对企业知识整合工作的各个环节参与人员进行统一协调与组织，保证知识整合创新的整体流程在系统的控制下能够灵活调节。此外，还可以通过小组制、轮岗制、师徒制等促进员工之间的知识分享，以及通过制订人才培训计划提高知识员工的创造力和整合能力。

（3）知识管理团队的建设。组建知识管理团队，把企业的总目标融入知识整合工作当中，并有计划地收集、整理和存档企业内部知识整合所需要的相关知识，方便提高后续知识整合的运作效率。

（4）跨部门团队的建设。需要明晰团队内每一个角色的职责及明确业务活动的要求，对如何实施项目制订详细计划，规范企业的相关业务流程，以确保团队间的协作性和任务的完成程度。

（5）激励制度的制定。企业要根据员工的需求制定相应的激励机制，从物质上、精神上刺激员工积极参与知识分享、知识整合与知识创造，推动企业内部知识的整合创新。

（6）进行企业文化管理。通过板报、杂志、公告牌等形式，吸引员工关注企业文化及了解知识整合的重要性，有利于提高员工知识分享与深度讨论的积极性，进而促进企业内部知识整合。

除了上述所列出的方法，还可以通过出台企业内部相关规定、建立监督机制保护员工知识等方法推动企业内部知识的整合与创新。

（二）案例：中国惠普知识整合的组织机制

身处知识经济发展的时代，中国惠普有限公司（以下简称中国惠普）高层领导意识到管理员工大脑里的知识及管理知识员工将成为推动创新发展的关键，为了提高企业的整体知识存量与质量，更好地提高创新效率，中国惠普在 2001 年 9 月成立了知识管理委员会，并开展了一系列知识管理工作。

1. 基础知识的整理工作

工作的内容涵盖了从“大”方面的企业发展到“小”方面的客户沟通等多个方面标准文件的分类与汇总，促使员工牢牢掌握与企业相关的及与业务拓展流程相关的基础知识。

2. 通过师徒制传授经验知识

最初中国惠普进行知识管理时并没有将技术工具运用其中，主要通过集中培训的手段和师徒制来管理企业内部的知识，员工可以从行业专家或老师傅的知识与经验传播中进行学习，这使得中国惠普内部形成了良好的知识学习与分享氛围。

3. 工作方式标准化

中国惠普通过培训活动，使员工统一工作思想、工作方式，在公司内部建立一种公认的、标准化的工作方式与方法。

4. 业务流程规范化

中国惠普将企业内部知识管理的重点放置于结合原有的业务流程与知识管理的价值链上，并充分重视业务流程的规范及结合效果的优化。

5. 开展读书会活动

在中国惠普高层的支持下，惠普在 2001 年底成立了读书会，定期举行的读书会促使所有员工参与到阅读与职位相关的业务书籍或者其他书籍当中，员工也自发成立了读书小组，在阅读书籍后进行感受的分享与交流，活动不仅拉近了员工间的关系也推动了员工们的知识传播与积累。

6. 对知识贡献进行业绩评估与激励

中国惠普将员工知识分享的行为与个人的业绩评估结合在一起，如果员工在知识分享上做出了贡献，业绩评估将获得额外的加分。除此之外，中国惠普还在管理制度上进行激励，如在乐于知识分享的员工铭牌上标明“星级”以示鼓励，同时对分享知识者进行物质上的奖励。

从中国惠普的案例中，总结出该公司在知识整合创新时使用到的组织机制，如表 4.1 所示。

表 4.1　中国惠普知识整合创新的组织机制

机制名称	机制内容
组织机构	知识管理组织的建立，明确了负责人的身份及职责
	知识团队的组建，推动了知识管理方法的更新和设计
组织制度	知识管理相关制度的制定，有效保护了知识贡献和共享行为
组织文化	将知识共享融入企业文化
	将知识管理配合企业经营战略，解决经营活动中的知识管理问题，以提高企业的经济效益

二、技术机制

（一）技术机制内容

企业内部知识整合的技术机制，主要是指与知识整合的过程，即搜索、诊断、汇总、过滤、分类、归纳、规划、重整、集成相关且应用到的技术手段。技术工具可以说是支撑企业知识整合的重要工具，没有技术的支持，知识整合工作就难以顺利进行。

在知识获取和整理方面，企业内网、软件、系统等能够迅速并有条理地收集到具有价值的知识；在知识重整与集合关键步骤上，企业应用内部开发或者外部购入的知识管理系统和知识整合平台促进知识的融合与创新，如 ERP、OA、PDM、CRM 及 IPD 平台；企业内部知识网络的构成与知识存储应用的技术手段一般有知识仓库、数据仓库、案例库等；对于知识的搜索和归纳，目前应用较多的技术有数据挖掘、人工智能、知识地图等。

（二）案例：Sutter 医疗中心费尔菲尔德医疗办公大楼

Sutter 公司作为多个大型复杂建筑的建设者和拥有者，管理项目交付过程的丰富经验显示了长期或短期的激励措施有助于项目顺利进行。2004 年 Sutter 在其精益峰会上提出了项目顺利完成的最好方式就是要做到协议集成，而费尔菲尔德医疗大楼正是使用集成交付完成的首批项目之一。

在实施费尔菲尔德医疗大楼这一项目的过程中，Sutter 以集成协议（integrated form of agreement，IFOA）的方式连接业主、设计单位和承包商的责任与义务，在集成协议下，设计单位和承包商需要结合自身的突发事件，共同负责解决施工中的设计问题。另外，Sutter 为了提供更高的进度预见性，利用进度管理方法进行合同测试和协同交付。在集成协议中，合作者间的相互信任作为一条重要的条款明确了参与者必须认识到自身专业能力的限制，并秉承相互协作与尊重的精神为项目的整体利益做出贡献，这有利于业主的商业目标和项目参与团队在目标上保持一致，达到共赢局面。除此之外，该项目通过节省项目成本来建立激励基金，对设计单位和承包商达到或者超额完成项目目标的行为进行奖励，对项目参与人员起到了调动工作积极性的作用。

在 HGA 设计单位中标之后，Sutter 要求 HGA 与业主 Boldt 公司碰面，确认双方的企业文化是否一致。为了推进项目的顺利实施，Sutter、HGA、Boldt 和主要分包商的项目经理代表组成了一个综合项目组，在设计和施工阶段每周都会开展工作研讨会，每周的会议使得综合项目组在项目实施过程中识别了超过 400 个冲突问题。此外，每月由三家企业高层代表组成的核心小组都会举行会议处理综合项目组通过的决议，对于未得到一致同意的问题，将由三方更高级别的代表组进行决策。该项目实施过程中，工作人员也利用到了房间数据表来帮助记录并保存做出的规划与决策，有效地帮助识别特殊的要求和核实符合设计需求的最终结果。

在费尔菲尔德医疗大楼项目实施之前，Sutter 为了降低整体的项目风险，创建了风险共享系统及开发了综合项目交付系统（技术机制），减少了不可预见风险的出现和问题争论的次数。Boldt 所建立的项目网站作为项目信息的资源库，通过信息提交和流程的电子化形式方便了设计团队与分包商的交互工作（组织机制），减轻了承包商处于信息交流枢纽中的压力，并实现了超过 50%的无纸化，提高工作效率的同时也减少了不必要的资源浪费，见表 4.2。

表 4.2　费尔菲尔德医疗办公大楼项目的整合机制

组织机制	技术机制
组织结构的优化	集成产品开发平台的引入
跨职能团队的建设	风险共享系统的建立
激励基金制度的建立	综合项目交付系统的开发

续表

组织机制	技术机制
企业的文化管理	资源库的建设
房间数据表的应用	流程电子化的实现
进度管理方法	
相互信任的合作关系	

三、IPD 整合平台

IPD 是一套先进、成熟的研发管理思想、模式和方法，其兴起于 20 世纪的西方企业，其管理思想来源于美国 PRTM 咨询公司提出的产品开发过程中的产品及周期优化法（product and cycle-time excellence，PACE）及之后该公司研发管理咨询专家迈克尔·E.麦克哥拉斯的著作“PACE-Product And Cycle-time Excellence”。作为一个知识整合的平台实例，在本小节中将介绍与 IPD 相关的一些知识，以便更清晰地了解知识整合的平台化运作。

制定产品的研发战略作为企业发展的重要一环，对研发流程进行高效管理已然成为高新企业提高核心市场竞争力的关键。为了有效提高新产品的开发效率及企业效益，集成产品开发管理体系应运而生。此后，经过 IBM 公司、思科公司、华为公司等大量企业的实践，也被证明了是一种高效的产品开发模式，并在后续的不断改善中形成了一整套的产品开发模式。

（一）核心思想

（1）将新产品研发看作一项投资决策。IPD 关注于如何更有效地对研发活动进行投资组合分析，通过设置阶段性的评审点对研发的过程进行检查，以检查结果来决定研发工作是否应该继续进行。

（2）基于市场的创新。企业进行新产品研发的目的就是营利，创新产出如果脱离了市场需求，则是毫无意义的。因此，为了确保研发活动的正确性，实施集成产品开发的第一步是必须定义好产品的概念和市场需求。

（3）基于平台的异步研发模式和重用策略。异步研发模式也称为并行工程，通过制订严密的计划和设计准确的接口，提前进行原计划中的后续活动，以缩短产品上市时间；重用策略是指采用公用构建模块（common building block，CBB）来提高产品研发的效率。

（4）技术研发与产品研发相分离。产品和技术相辅相成，因此在异步研发模式中，进行产品研发前需要研发或引入关键的技术和技术平台，并实现技术的转化。

（5）跨部门协同。在研发活动的进行过程中，企业需要成立跨部门的产品研发团队（product development team，PDT），对研发过程中出现的问题进行及时沟通、协调和决策，加快产品进入市场的进程。

（6）结构化并行研发流程。产品研发的流程需要在非结构化与过于结构化之间找到平衡点，尽量地并行每一项技术活动和职能活动，在保证质量的基础上缩短研发周期。

（7）并行注重产品线与能力线。企业需要在整个研发流程中并行注重横向产品线和纵向能力线的建立，以便快速地响应市场和推动研发项目的进行。

（8）组建专业化人才梯队。为了更高效地管理研发活动及推进项目的实施，企业必须调配好不同类别及不同层次的人才，组建专业化的人才梯队。

（二）整体框架

IPD是将产品运营作为主线的流程管理体系，首先项目管理团队可以把新项目研发当作一次投资进行考虑，从市场需求出发设计和研发产品，以信息技术管理和控制整个项目的运作，并通过跨部门协同工作注重任务流程中的关键绩效指标（key performance index，KPI）考核，提升产品模块的重用性，其整体框架如图4.1所示。

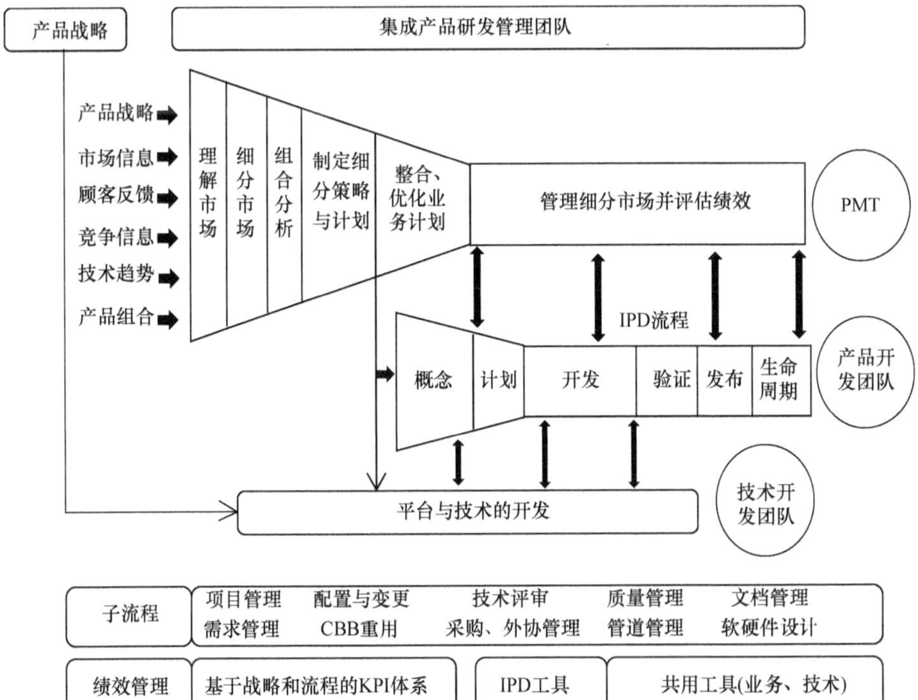

图4.1　IPD整体框架图

CBB全称为common building block，公用构建模块

（三）两种评审机制

为了评估产品研发各个阶段的任务完成质量及避免一些可能产生的风险，企业需要对研发过程进行阶段性的评审，只有达成该阶段规定的工作质量才能够进入下一个评审点。其中一种评审机制是业务决策评审，主要由集成产品研发管理团队完成，该团队将从投资的角度评审每一项决策；另外一种评审机制则是技术评审，通过技术评审能够帮助产品研发团队尽早地识别研发流程中存在的问题和风险，以采取相应的解决措施保证产品的质量和减少资源的浪费，两种评审机制贯穿着 IPD 流程的概念、计划、开发、验证、发布、生命周期六个阶段。

（四）三大业务流程市场

（1）市场管理流程是 IPD 体系的主要业务流程之一，由六个规范化模块构成：理解市场、细分市场、组合分析、制订细分市场业务计划、整合并形成产品线业务计划及管理并评估业务计划。市场管理有利于正确引导企业战略和各产品线的设计方向，并为企业准确识别客户需求提供支持，提高产品的市场满意度。

（2）集成产品开发流程作为一个开发流程和跨职能的业务流程，按照概念、计划、开发、验证、发布、生命周期的结构化方法有利于确保研发产品符合市场需求并将产品推向市场，通过整合，从产品的立项到最终进入市场所涉及的业务，协调流程参与部门可以有效管控开发计划和确保产品的及时交付。

（3）类似于 IPD 流程，技术与平台开发流程由立项、研发、验证、发布和货架管理五个阶段组成。在技术与平台开发流程中，需要分开管理技术开发和产品开发，技术开发主要把不成熟的、未解决的技术转化为成熟技术，而产品开发则是依据市场需求应用成熟的技术做到迅速、准确地满足客户需求。

（五）四大组织机构

（1）集成产品研发管理团队：通常由各个部门最高主管组成，主要进行产品投资决策和评审新产品线上的生产活动，负责确定公司总的战略方向、使命和愿景。

（2）产品开发团队：通常为产品经理或项目经理组成的一个矩阵组织结构，成员在产品的开发期间需要协同合作产品的开发工作。

（3）产品生命周期管理团队：主要的目的是保证产品在全生命周期内的有效管理，并将产品的故障率维持在一个较低的水平，因此需要充分联动研发、制造、销售、安全等部门的各种资源。

（4）技术开发团队：为了确保产品的开发能够得到新工艺和新系统的支撑，需要利用在研究和试验当中获取的知识与技术不断地进行实质上的改进。

在 IPD 的应用过程中，以下几个因素将对实施效果起到关键作用：①企业的高层对于研发项目的支持度及是否亲自参与了研发过程；②项目的研发是否符合企业当前的实际发展情况，以及是否与企业的管理制度、流程能够较好地融合；③企业整体对于流程化产品开发的观念能否适应；④企业的大部分员工是否支持其实施；⑤项目在企业内部推行的时候所存在的障碍能否有效清除；⑥是否做到了先僵化，然后进一步优化，最后在以后的实施过程中不断地更新产品开发流程和思想。

第三节　企业内部知识整合创新绩效评价

知识整合创新绩效能够反映企业知识整合过程的效率及创新的表现效果，同时可以作为衡量企业在知识整合过程中的投入与产出是否促进整合创新的一个标准。评价企业知识整合的创新绩效，能够较为清晰地了解企业当前的知识是否得到了有效利用，通过对比类似的整合创新项目或者对比企业不同阶段的知识整合效果，从对比结果中积累和吸收整合与创新的经验，进一步地改进知识整合流程并推动创新成果的输出。此外，根据知识整合创新的绩效反馈，有利于剖析企业知识整合过程中存在的问题并提出相应对策，从而提高企业的知识整合效率。

一、概述

在评价知识整合的创新绩效之前必须先做好创新绩效的定义，由于不同的评价体系结构及创新产出的评价内容在选取上存在着差异性，且目前并没有形成一个学术界和企业界公认的评价维度，因此并不存在统一的指标体系评价企业知识的整合创新绩效。

多数学者认为创新绩效的概念是主体采用新技术后，相关产出价值的增加。根据 Leenders 和 Wierenga（2002）对知识创新的研究，知识创新是指以知识作为核心进行研发，将创造知识等同于知识创新，认为新知识的产生、利用及增值效果构成了整个知识创新过程。这也说明了，企业的知识创新绩效应该包含投入与产出，在绩效的评价中要充分考虑知识产出绩效和产品带来的增值绩效两个方面。

在知识整合创新绩效的投入中，不仅不同企业在知识网络输入上存在巨大差异，在 ITO 模型中企业所运用的工具同样各有千秋、难以确定。通过学者在知识整合产出上的探讨与分析，在此将从中选取适合且有效的指标构建知识整合绩效评价体系。郑景丽和司有和（2003）认为应从人文角度出发，在领导对知识管理的重视程度、人力资源管理知识化程度、组织结构的知识化调整、企业文化的培育和知识管理基础设施的建设等方面对知识管理绩效进行评价。朱启红和张钢（2003）重视创新过程对产出绩效的影响，将经费支出占产品销售收入的比重、生产新产品和应用新工艺产生的培训费占产品销售收入的比重、技术人员所占比重、新产品开发项目数、发明专利申请数、新产品销售收入占产品销售收入的比重作为创新绩效的评价指标。刘希宋等（2004）则从企业的经济绩效出发，把技术水平、企业营利能力、顾客满意度、竞争地位等因素考虑到知识管理实施效果的评价指标中。此外，企业家马化腾根据腾讯的内在转变和经验得失，提出以需求度、速度、灵活度、冗余度、开放协作度、创新度、进化度等七个灰度评价指标来评价企业的自进化程度。

二、评价指标设计

综合上述学者的研究，本书提出了基于灰度理论的知识整合创新产出概率模型来预测创新项目的产出成功概率。输入变量将包含三个方面的变量：一是知识网络特征指标，具体包括关联知识基、互补知识基、知识完备度；二是知识整合机制的需求度、速度、灵活度、冗余度、开放协作度、创新度、进化度七个灰度评价指标；三是人力投入与资金投入两个调节变量。输出变量为创新项目成功概率，依据项目是否成功实施的情况进行取值。关于各指标的具体含义及其取值描述如表 4.3 所示。

表 4.3　企业内部知识整合创新产出评价综合指标体系

评价指标		含义	取值
知识网络特征指标	关联知识基	企业内部各员工的关联知识比例	0～1
	互补知识基	企业内部各员工知识的互补知识比例	0～1
	知识完备度	知识网络拥有实现创新项目成功所需知识的比例	0～1
知识整合机制灰度评价指标	需求度	市场对某产品或技术的需求强度	目标客户数量/总人口 0～1
	速度	创新产品、技术研发到接受用户测试的时间	产品测试时间–产品研发开始时间/周
	灵活度	项目计划改变需要的时间	新计划实施与旧计划终止间隔的时间/周
	开放协作度	创新过程中各企业的共享程度	1 级共享计划 2 级共享知识 3 级共享利益

续表

评价指标		含义	取值
知识整合机制灰度评价指标	创新度	创新产品、技术与现有产品、技术的差异程度	由本企业新颖度、市场新颖度、技术新颖度的乘积决定（0～1）
	进化度	创新产品、技术可迭代的次数	0～100
	冗余度	创新项目所涉及的技术方案数量	技术方案数量为 n，则冗余度为 n
调节变量	人力投入	知识整合创新过程中投入的人员数量	研发技术人员与管理人员总和/人
	资金投入	知识整合创新过程中投入的总资金	研发投入与管理费用总和/万元
预测输出指标	创新项目成功概率	创新项目成功的预测概率	成功：1 失败：0

三、算例与结果分析

如何评判企业内部的创新项目能否成功研发并且从中选择符合企业发展目标的好项目呢？这里将根据第二小节中建立的指标体系和搜集到的项目研发相关数据，运用 BP（back propagation）神经网络预测模型对搜集到的数据进行分析与构建网络模型，分析实施项目的知识网络特性现状和知识整合机制应用情况，再根据企业对项目的人力资源投入与资金投入来预测该项目的研发成功概率。

在进行算例分析之前，需要对已知的样本数据进行样本训练从而构建 BP 神经网络模型，尽可能地减小训练过程中产生的误差，以使神经网络模型尽可能有效地拟合数据集，最后对算例中企业的知识整合创新项目数据进行成功概率预测。接下来，主要介绍具体流程的实施。首先，输入所搜集的历史数据，使用 MATLAB 对其进行整合，对创新项目的各个输入指标与成功概率输出之间的关系构建神经网络；其次，对输入指标的敏感性及项目的有效性进行分析；最后，利用训练好的网络对算例进行成功概率预测，通过这个过程对企业的知识整合及创新项目开发提出相关管理建议和进行总结。

（一）数据测试与项目评价

1. 数据整理与 BP 神经网络构建

创新项目通常以成功、失败进行评价，因此该输出指标为二分类的分类变量，取值为 0 或 1，为了保证所构建的 BP 神经网络模型的预测可靠性，需要使用收集到的创新项目数据对网络模型进行训练。因此，这里以某企业已经开发过的 10 个创新项目的相关数据来求解输入指标与输出指标间的关系。各个项目相关数据如

表 4.4 所示。

表 4.4　各个创新项目数据

创新项目	知识网络特征指标（输入）			知识整合机制灰度评价指标							调节变量		预测输出指标
	关联知识基 X_1	互补知识基 X_2	知识完备度 X_3	需求度 X_4	速度 X_5	灵活度 X_6	开放协作度 X_7	创新度 X_8	进化度 X_9	冗余度 X_{10}	人力投入 X_{11}	资金投入 X_{12}	创新项目成功概率 P
1	0.72	0.75	0.81	0.73	7	2	3	0.85	5	4	71	455	1
2	0.77	0.68	0.72	0.67	6	3	2	0.75	4	3	52	360	1
3	0.62	0.65	0.76	0.61	8	3	2	0.65	4	3	40	303	0
4	0.53	0.59	0.71	0.58	6	4	1	0.60	3	2	33	290	0
5	0.89	0.86	0.84	0.62	7	3	3	0.78	4	3	48	350	1
6	0.73	0.71	0.81	0.75	6	2	2	0.81	5	5	73	500	1
7	0.63	0.71	0.72	0.66	6	3	2	0.69	3	3	67	415	0
8	0.76	0.78	0.68	0.72	6	3	3	0.72	4	3	58	380	1
9	0.68	0.62	0.64	0.56	7	4	1	0.63	3	3	50	330	0
10	0.72	0.71	0.68	0.69	6	3	2	0.76	4	4	63	400	1

由于指标体系中各变量量纲不同，为了计算的准确性，对上述的各项输入指标数据进行归一化处理，得到归一化的数据，如表 4.5 所示。

表 4.5　输入指标归一化后数据

X_1	X_2	X_3	X_4	X_5	X_6	X_7	X_8	X_9	X_{10}	X_{11}	X_{12}
0. 0016	0. 0016	0. 0018	0. 0016	0. 0152	0. 0043	0. 0065	0. 0018	0. 0109	0. 0087	0. 1541	0. 9878
0. 0021	0. 0019	0. 0020	0. 0018	0. 0165	0. 0082	0. 0055	0. 0021	0. 0110	0. 0082	0. 1429	0. 9894
0. 0020	0. 0021	0. 0025	0. 0020	0. 0262	0. 0098	0. 0065	0. 0021	0. 0131	0. 0098	0. 1308	0. 9908
0. 0018	0. 0020	0. 0024	0. 0020	0. 0205	0. 0137	0. 0034	0. 0021	0. 0103	0. 0068	0. 1130	0. 9932
0. 0025	0. 0024	0. 0024	0. 0018	0. 0198	0. 0085	0. 0085	0. 0022	0. 0113	0. 0085	0. 1358	0. 9903
0. 0014	0. 0014	0. 0016	0. 0015	0. 0119	0. 0040	0. 0040	0. 0016	0. 0099	0. 0099	0. 1444	0. 9893
0. 0015	0. 0017	0. 0017	0. 0016	0. 0143	0. 0071	0. 0048	0. 0016	0. 0071	0. 0071	0. 1594	0. 9870
0. 0020	0. 0020	0. 0018	0. 0019	0. 0156	0. 0078	0. 0078	0. 0019	0. 0104	0. 0078	0. 1508	0. 9883
0. 0020	0. 0019	0. 0019	0. 0017	0. 0210	0. 0120	0. 0030	0. 0019	0. 0090	0. 0090	0. 1497	0. 9883
0. 0018	0. 0018	0. 0017	0. 0017	0. 0148	0. 0074	0. 0049	0. 0019	0. 0099	0. 0099	0. 1555	0. 9876

首先将处理过的数据导入 MATLAB，在程序中定义 BP 神经网络的输入层、隐含层和输出层的相关变量，并选择所使用的训练函数和学习函数等来构建我们的网络结构，设置网络输出的相关误差等参数，当误差达到我们所预设的精度或者学习次数超过所设置的最大次数时则结束运算，保存好训练得到的网络结构，将其用于我们后续的算例分析中。表 4.6 为建立 BP 神经网络模型的各个参数，表 4.7 为训练后的 BP 神经网络模型结果。

表 4.6 BP 神经网络模型参数

网络结构参数	网络训练参数
隐含层数：1	训练函数：trainlm
输入层神经元数：12	学习函数：learngdm
隐含层神经元数：10	性能函数：mse
输出层神经元数：1	学习速度：0.01
	训练停止时迭代次数：8
	训练停止时最佳性能：1.1945×10^{-12}

表 4.7 BP 神经网络模型结果

训练集拟合结果	测试集仿真结果
0.999 999 848 225 145	0.999 999 974 325 556
0.999 998 799 616 042	$2.629\ 463\ 236\ 830\ 66\times10^{-5}$
$1.431\ 079\ 184\ 766\ 04\times10^{-6}$	0.999 943 807 995 551
$5.678\ 216\ 766\ 225\ 04\times10^{-7}$	
0.999 996 592 822 291	
0.999 999 978 135 028	
$1.447\ 793\ 626\ 319\ 08\times10^{-6}$	
0.999 999 984 317 547	
$5.840\ 391\ 541\ 500\ 62\times10^{-7}$	
0.999 999 948 985 233	

通过对比训练集与表 4.4 中 10 个项目的成功概率取值，我们能够发现所构建的 BP 神经网络能够得到很好的拟合效果，因此将测试数据作为输入，对作为测试的三个项目进行成功概率预测，得到了与测试输出数据误差很小、贴合程度高的输出结果。

2. 输入指标的敏感度分析

通过上述所建立的 BP 神经网络模型进行输入指标的敏感度分析，根据结果来反映各输入指标对输出的影响程度大小，运算后的结果如表 4.8 所示。

表 4.8 各输入指标的敏感度

X_1	X_2	X_3	X_4	X_5	X_6	X_7	X_8	X_9	X_{10}	X_{11}	X_{12}
0.156	0.157	0.168	0.5208	0.5208	0.1333	0.46	0.8681	0.086	0.4314	0.2947	0.8269

根据表 4.8 的分析结果，可以看出对项目的成功概率预测值影响程度最大的因素是创新度，其次是资金投入，这两个影响因素达到了 0.8681 和 0.8269，接下来是需求度、速度、开放协作度及冗余度等因素，进化度对成功概率预测值的影响最小。由于这些结果是基于我们先前搜集到的数据训练而成的 BP 神经网络来进行影响因素敏感度分析的，各个输入指标对输出的贡献程度是有依赖路径的，这只能反映出我们搜集到的项目数据中的输入指标的敏感度,此外需要注意的是，基于不同输入指标的取值所建立的神经网络，其输出也会存在一定的变化。在此以项目的成功概率预测值为例，对各个输入指标进行敏感度分析所发现的指标影响程度大小作为同类型的或是类似项目的成功概率预测及影响因素分析，是具有可参考性的。

3. 评价项目的相对有效性

在对项目的相对有效性评价上，将应用到 DEA 方法。DEA 是一种评价类似的多个项目间效率的分析方法，评价完成后效率为 1 的单元为相对有效单元，而小于 1 的单元被称作无效率单元，应用这个方法能够方便我们比较单元间的效率性质，并识别相对无效率单元，对其进行更改，提高项目的整体效益。

同样地，利用 MATLAB 软件对收集到的已经成功推出的项目数据进行相对有效率分析。当效率评分 $E=1$ 时，可以认为该项目为 DEA 有效，即在原来的各项输入指标基础上得到的输出已经达到了最优的状态；而当效率评分 $E<1$ 时，可认为该项目为非 DEA 有效，即在原来的各项输入指标基础上，通过重新组合指标的投入可以促使项目的相对有效性增加。通过运算，前文中成功实施的 6 个项目的效率评分值如表 4.9 所示。

表 4.9 6 个项目的效率评分值

项目序号	1	2	3	4	5	6
效率评分	1	1	1	1	1	1

通过以上的计算结果可以看出，这 6 个项目的效率评分值都等于 1，因此可以认为这 6 个项目的 DEA 相对有效，说明这 6 个项目在原有的 12 项输入指标的基础上已经达到了项目成功实施的最优状态，不需要对各输入指标进行更改和调整。企业通过项目的相对有效性分析可以从中识别出无效率输入，对其进行更改和调整，除了对已经在实施中的项目进行评价，还可以对计划投入研发的项目进行评价，该方法也可以为企业在识别某一项目是否值得投入时提供一定程度的帮助。

（二）算例分析

1. 数据来源

在实际生活中，大部分企业不会透露自己内部知识整合创新的投入产出具体指标，因此，本书拟采用算例分析的方法对企业内部知识整合的创新绩效进行分析。算例中包含了企业内部各个部门共同合作的 3 个知识整合创新项目，其中，$X=(X_1,X_2,\cdots,X_{12})$，表示绩效评价的输入指标，$P$ 表示各创新项目的预测成功概率，该值将根据上述已经训练好的 BP 神经网络求得，最后进行创新绩效分析。3 个创新项目的输入指标具体数值如表 4.10 所示。

表 4.10 各项目输入指标数据

创新项目	知识网络特征指标（输入）			知识整合机制灰度评价指标							调节变量	
	关联知识基 X_1	互补知识基 X_2	知识完备度 X_3	需求度 X_4	速度 X_5	灵活度 X_6	开放协作度 X_7	创新度 X_8	进化度 X_9	冗余度 X_{10}	人力投入 X_{11}	资金投入 X_{12}
1	0.82	0.79	0.85	0.76	6	2	3	0.81	5	4	78	535
2	0.63	0.71	0.72	0.63	7	3	2	0.70	4	3	62	430
3	0.76	0.67	0.73	0.69	6	3	2	0.73	4	3	56	380

2. 成功概率输出值结果

对上述数据进行归一化处理后，利用已经训练好的 BP 神经网络，根据网络结构中各个输入指标与输出的项目成功概率间的关系对这 3 个创新项目的成功概率进行预测，预测结果如表 4.11 所示。

表 4.11　项目的预测成功概率

创新项目	预测成功概率
1	1
2	0
3	1

3. 算例总结与建议

通过所搜集项目的各项输入指标数值及运用 MATLAB 中的 BP 神经网络预测模型，能够对项目的成功概率进行一定的预测。从上述运算过程可以发现，企业对一个项目投入指标的变化会影响预测结果，但影响最大的指标也会根据项目的不同性质发生变化。通过以上两个对数据的处理过程，我们可以对此进行一些总结。当企业要计划研发一个项目时，可以先从企业当前知识网络的关联性、互补性与完备性上进行分析，通过检测这三种知识的分布对其进行调节，以促进项目的顺利推进。除此之外，想要更准确地预测该项目是否可以顺利研发，则需要对项目实施过程所涉及的整合机制的七个灰度评价指标进行更深入的了解与分析，并且在评价项目的基础上投入合适的资金与人力资源。综合评价知识网络特征、知识整合机制的应用情况、人力与资金的投入，就可以对项目研发的成功概率及项目的整合创新绩效有一个较为全面的认知。

第五章　联盟层级跨组织知识整合创新

为了应对环境变化和市场竞争，越来越多的企业通过组建联盟的方式来提升技术创新能力和实现知识整合创新。本章将从联盟层级跨组织知识网络、知识整合创新机制及创新绩效评价三个方面对联盟层级跨组织知识整合展开研究。首先，介绍了三类典型的知识整合创新联盟组织的内涵、特点；其次，对三种不同知识整合创新联盟的知识整合 ITO 模型进行了描述；最后，构建知识整合创新绩效评价指标体系，并运用基于 BP 神经网络模型与 DEA 方法对产学研联盟知识整合创新进行绩效评价，并提出相应的建议。

第一节　联盟层级跨组织知识网络

一、知识整合型企业创新联盟概述

（一）知识整合型企业创新联盟主要类型

企业联盟主要由两个或两个以上具有相关利益和共同目标的企业组成，它们围绕共同的目标结成盟友，并相互进行互补性资源交换，最后各自实现自身的利益，并获得长期的市场竞争优势，最终形成一种持续而正式的关系。这里主要考虑以知识整合创新为目的的企业联盟，可称为企业知识整合创新联盟，其主要类型有供应链联盟、产学研联盟、产业技术创新战略联盟等。

供应链联盟是指供应链上的节点企业为了实现产品创新、工艺创新，进而提升供应链整体竞争力而组成的联盟组织，由供应商到消费者节点之间的两个或两个以上的企业组合而成。其中，比较典型的供应链联盟组织就是由日本丰田公司供应商组建而成的协丰会。

产学研联盟主要由企业与高校或科研机构等联合而成，充分发挥高校及科研机构的科研知识和研发能力，结合企业的技术知识、市场需求知识等开发新技术、新产品、新专利。产学研联盟是在一定战略目标引导下的全方位、深层次的合作，是各方联系更为紧密、合作方式更为高级的产学研合作形式。产学研联盟是企业进行技术创新、产品创新，提高科技成果转化率，巩固企业核心竞争力，提升国家科技创新能力的重要战略措施，其具有其他组织和合作方式所不具备的诸多优势与特点，如边界的模糊性、形式多样化、风险共担、组织稳定、利益共享、资源互补等。

产业技术创新战略联盟是指高校、科研院所、企业等不同组织通过联盟协议或者契约的约束，以提高产业技术水平、规范统一产业标准及解决产业共性技术难题为目的而组建起来的联合协作、成本共担、降低风险的合作创新组织（科学技术部，2009）。从严格意义上讲，产业技术创新战略联盟是产学研合作模式的深化（李雪和李菁华，2008）。这类联盟以整合产业技术创新资源为主，引导创新要素向企业集聚，进而促进产业技术集成创新，提高产业技术创新能力，最终达到提升产业核心竞争力的目标。

表 5.1 概括了几类典型的知识整合创新联盟和实际中的典型联盟组织及各联盟组织的特点。

表 5.1　典型知识整合创新联盟

联盟类型	典型例子	特点
供应链联盟	协丰会（丰田公司日本供应商 ）	动态性、网络性、开放性
产学研联盟	中国校企协同产学研创新联盟、石家庄京津冀产学研联盟、物联网产学研国际联盟	形式多样化、风险共担、组织稳定、利益共享、资源互补、边界模糊性
产业技术创新战略联盟	中关村智慧城市产业技术创新战略联盟、中国再生资源产业技术创新战略联盟、化纤产业技术创新战略联盟	契约型组织、政府支撑

（二）知识整合型企业创新联盟主要特性

1. 产学研联盟的主要特性

产学研合作知识整合创新是一种跨组织的知识共享协作创新，除了具有知识整合的基本特性，即系统性、动态性之外，其中比较突出的是弱路径依赖性、强人本导向性。

（1）弱路径依赖性。知识整合的弱路径依赖性是指知识整合过程受联盟组织知识架构、知识储备的影响较弱。杨园芳（2012）认为产学研合作创新知识整合的弱路径依赖性体现在两个方面：一是企业可以通过对来自学研机构的人员进行组织安排实现对未掌握的相关知识的整合和运用。但是这个过程要求联盟成员企业对学研机构的知识有所了解，只有这样，才能识别学研机构所拥有知识的价值与作用，并将学研机构相关人员安排在合适的位置。二是在产学研合作创新过程中，联盟组织需要对来自企业和学研机构两个不同组织的异质知识进行知识框架重构，但由于知识主体不同及联盟组织的新近成立，联盟组织知识框架不完整，从而影响了知识整合创新效果。知识框架构建的灵活性在一定程度上决定了产学研合作创新组织知识整合的弱路径依赖性。

（2）强人本导向性。产学研联盟合作创新的知识体系主要以参与人员的知识构成，由于组织成员企业的异质性，参与人员所拥有的知识相关性差，且所处行业背景不同，其所认同的组织文化也存在差异，这在很大程度上影响参与人员在知识整合过程中发挥最大的协同作用，最终导致知识整合创新绩效不佳。这种人员之间的弱联系及差异导致的冲突决定了产学研联盟知识整合创新必然重视人的因素，因此，为了保证知识整合创新的有效开展，产学研联盟应重视加强不同组织参与人员之间的联系，坚持人本原则。

2. 供应链联盟的主要特性

（1）动态性。动态性是指联盟组织成员会随外界市场环境的变化而加入或退出，联盟形成的动机即实现共同的利益，因此成员企业之间不存在控制与被控制的关系，只要市场环境发生了变化，成员企业就会根据自身利益加入或退出联盟。

（2）网络性。供应链节点企业之间的相互交叉及成员企业在不同供应链中扮演的不同角色决定了供应链联盟组织知识整合创新必然具备网络性。联盟组织的建立形成了知识整合异质性知识网络，成员企业通过这个网络进行知识沟通、共享，进而实现知识转移和知识重组创新。

（3）开放性。开放性体现在两个方面。理念上，参与供应链联盟组织知识整合创新的成员企业之间敢于向对方开放内部运作，并向它们授权，这是紧密协调的客观要求。另外，在新经济时代，技术变迁的不确定性和创新难度的升级，使得任何单个企业都很难在市场中占有核心地位，它们不得不寻求合作伙伴帮助，通过建立联盟组织，共享自身的知识，从而进行创新，获取共同的利益。技术上，这一点主要体现在供应链企业之间的网络互联上，最为典型的就是思科公司。在为思科公司生产产品的 34 家工厂中，思科自己的工厂只有两家，其他的都是独立供应商（李建标和武立东，2003）。从供应方面来看，外部承包商可以通过思科的内部网，对客户订单的完成情况进行直接监控，并在同一天的晚些时候将组装完毕的硬件送至客户手中（李博彦，2009）。

（4）需求导向性。需求导向性是新型供应链联盟与传统供应链联盟（日本模式）的最大差别。在今天，随着买方市场地位的上升，供应链获取核心竞争力的关键在于为客户提供满意、符合个性化需求的产品、服务。另外，在新型的供应链联盟中，重要客户的战略调整会直接影响整个供应链的运作。

3. 产业技术创新战略联盟的主要特性

产业技术创新战略联盟的知识整合在具有组织间知识整合共性的同时又具有

强目标导向性、契约性、政策性等特点。

（1）目标导向性。相较于其他创新联盟组织，产业技术创新战略联盟及其成员在成立之初具有明确的技术创新目标，是一个目标导向的契约型合作组织（曾德明等，2012），其旨在通过联盟内合作创新提升整个产业技术水平，突破国外先进技术的封锁（芮明杰和刘明宇，2006）。2009 年 12 月，中国医疗器械联盟围绕 MR 成像、CT/X-线成像与超声成像分别提出技术创新的核心部件与关键技术及技术创新重点产品，积极引导企业、大学与科研机构的有效合作。目标导向促使联盟成员进行自我激励与约束，从而引导科研资源有效配置。目标导向能够引导成员企业积极挖掘、获取知识，并参与到知识整合创新中，从而更好地进行知识的整合创新。此外，在目标驱动下，联盟成员为了实现共同利益，更有意愿参与科研项目攻关，进行知识转移、共享等，进而通过成员间的交互作用创造出新知识。

（2）契约性。联盟内部成员成立之初便建立具有法律约束力的联盟协议，且受到国家的支持与认同，协议明确了联盟组织知识整合的技术创新目标，落实了各成员企业的任务分工，经过成员企业法定代表人共同签署才能生效。

（3）政策性。政府是产业技术创新战略联盟的主要引导力量，政府政策推动着联盟逐渐发展，为产业技术创新战略联盟的知识整合创新提供了良好的发展环境。

二、联盟层级跨组织知识网络分析与评价

（一）联盟层级跨组织知识网络特性分析

联盟层级跨组织知识整合创新过程中，联盟各组织成员根据创新目标共享企业内部的显性、隐性知识，包括专利知识、市场需求知识等，从而构成了知识整合的异质性知识网络。联盟层级知识整合创新是在不同企业间协同进行的，因此其知识网络具有关联性、差异性、互补性和完备性等特征。

（1）知识关联性。在跨组织知识整合异质性知识网络中，知识之间存在关联关系，即知识关联性。许多学者在跨组织知识整合研究中发现知识网络中的知识间存在一定的关联性，Carley（2002）认为知识网络就是将人与知识和信息等连接起来的网络，这个网络定义了谁拥有什么知识，以及各知识主体的知识存量变化。Ozman（2006）认为企业间的合作网络是一种隐性知识网络，并论证了知识整合和知识网络之间的关联性，所以知识整合首先应该将一系列知识通过关联规则联系起来并进行融合才能进行知识创造。知识关联性是跨组织知识整合过程中各成员企业之间知识交流的基础，保障了知识整合创新的正常进行。

（2）知识差异性。联盟层级跨组织知识具有差异性，其主要体现在以下两点：

一方面，由于联盟组织由不同企业组成，各企业因所处行业、服务对象不同具有不同的知识背景，从而形成了知识壁垒；另一方面，个人所拥有的知识因其工作、学习经历不同等也会产生这种差异性。知识差异性一方面使得知识整合创造的难度加大，但另一方面这种差异性也给知识创新提供了基础。因此，联盟组织成员在进行知识溢出、扩散、转移、共享的过程中，所传播的创意知识不仅要有一定的关联性，且需具备差异性，即跨组织知识整合需要拥有共同的客户背景，彼此之间的知识形态具有一定的差异性。若组织间的结构或关系的关联性较低，则一方组织获取另一方知识进行创新的可能性就会很小。在创新领域内，合作组织由于知识背景的差异性而建立了互补性创新联盟。但是，若组织间的知识背景差异性过大，即使组织间对于创新知识的获取及创新潜力较大，但彼此仍会缺乏有效的沟通与交流，这就导致了一方想获得的创新知识难以实现。由此，联盟层级跨组织间知识关联性、差异性是促成联盟跨组织知识整合创新的基础。

（3）知识互补性。跨组织知识整合的目的是将不同企业的知识资源进行互补、融合、再创造，其知识整合网络的差异性是其互补性形成的基础，因此，联盟层级跨组织知识网络同时具有互补性。知识的关联性有利于知识整合过程中企业间的协调沟通，降低了知识整合的难度，而知识互补性则为知识创造提供了可能，从而实现知识整合的创新目标。

（4）知识完备性。社会分工和专业化致使原来具有互补性的整体性知识变得碎片化，也导致了知识的不完备性和知识系统的解构。尽管联盟层级跨组织知识网络具备多个企业的知识，但是其知识资源也是有限的，不可能完全具备达成创新目标的所有知识，因此，知识网络具有知识完备性。知识完备性可以定义为知识网络包含的知识能够满足知识整合创新目标的程度。

（二）基于概念格的联盟层级跨组织知识网络分布评价

联盟层级跨组织所构成的知识网络是否能满足知识整合创新的需要？知识整合创新项目成功与否与联盟跨组织知识网络的知识关联程度、互补程度及完备程度相关。因此，为了提高知识整合创新的成功概率，在创新联盟组织组建前，需要针对联盟层级跨组织知识网络分布进行综合性分析，即通过测度知识网络分布的关联性、互补性及完备性等获取知识网络分布的综合性评价。关于知识互补性、完备性评价可以借鉴第四章相关方法进行，这里不再赘述。下面只针对联盟层级跨组织知识网络分布进行综合性评价。

关于组织内部知识网络分布的综合评价，陈萍和田双亮（2009）等运用形式概念分析的方法，通过概念格提取组织内部知识网络分布规则，并以关联函数为工具，对组织内部的知识分布状况进行评价。这里借鉴此方法对某知识整合创新联盟组织的知识网络分布状况进行综合性评价。那么拟建知识联盟是否满足创新目标实现的条件呢？

设给定形式背景为三元组 $K=(U,A,R)$，其中 U 为实例集合；A 为属性集合；R 为 U 与 A 之间的一个二元关系，$(u,a)\in R$ 表示对象 u 具有属性 a。形式背景上的一个形式概念是二元组 (M,N)，其中 $M\in U,N\in A$，而且满足 $f(M)=N$，$g(N)=M$，则称 M 是概念 (M,N) 的外延，N 是概念 (M,N) 的内涵。若 (M_1,N_1)，(M_2,N_2) 是某个背景上的两个概念，而且 $M_1\in M_2$，则称 (M_1,N_1) 是 (M_2,N_2) 的子概念，(M_2,N_2) 是 (M_1,N_1) 的超概念，并记作 $(M_1,N_1)\leqslant(M_2,N_2)$，$(U,A,R)$ 的所有概念用这种序的形式组成的集合称为形式背景 (U,A,R) 上的概念格（张文修等，2005）。

本书以 TD 联盟协同开发 TD-SCDMA 技术标准为例探究基于概念格的知识网络分布综合性评价。2001 年大唐移动协同西门子、三星电子、飞利浦等通信公司组建 TD 联盟，致力于推动 TD-SCDMA 标准的形成与发展，在 TD-SCDMA 技术标准的研发及推进过程中涉及联盟组织内的知识整合创新。参与该创新项目的联盟组织核心企业主要有 6 个，用对象集 $U=\{u_1,u_2,\cdots,u_6\}$ 表示，其中，u_1 为大唐移动；u_2 为三星电子；u_3 为西门子；u_4 为飞利浦；u_5 为中国移动；u_6 为中兴通讯。各企业拥有相关的技术知识，用对应知识集 $A=\{a_1,a_2,\cdots,a_8\}$ 表示，其中，a_1 为终端关键技术；a_2 为 3G 芯片技术标准；a_3 为半导体 IC 设计技术；a_4 为智能天线技术；a_5 为 TD-SCDMA 核心技术；a_6 为 SCDMA 技术；a_7 为终端产品化技术；a_8 为软件无线电技术。联盟知识网络分布情况可用形式背景表示，根据联盟组织成员拥有的知识集及对形式背景的定义，得到联盟组织知识整合创新知识网络分布的形式背景，如表 5.2 所示，其中 $u_1,u_2,\cdots,u_6$ 表示联盟组织内的各个企业，$a_1,a_2,\cdots,a_8$ 则表示不同的知识集，“1”表示企业 u_i 具有知识属性集 a，反之则为“0”。

表 5.2　知识网络分布的形式背景

对象集	a_1	a_2	a_3	a_4	a_5	a_6	a_7	a_8
u_1	1	1	0	1	1	1	0	1
u_2	0	1	0	1	1	0	1	1
u_3	0	1	0	1	1	0	0	0
u_4	1	0	1	1	0	1	0	1
u_5	0	1	0	0	0	1	0	1
u_6	1	0	1	0	0	0	1	0

根据形式背景构建概念格，如图 5.1 所示。

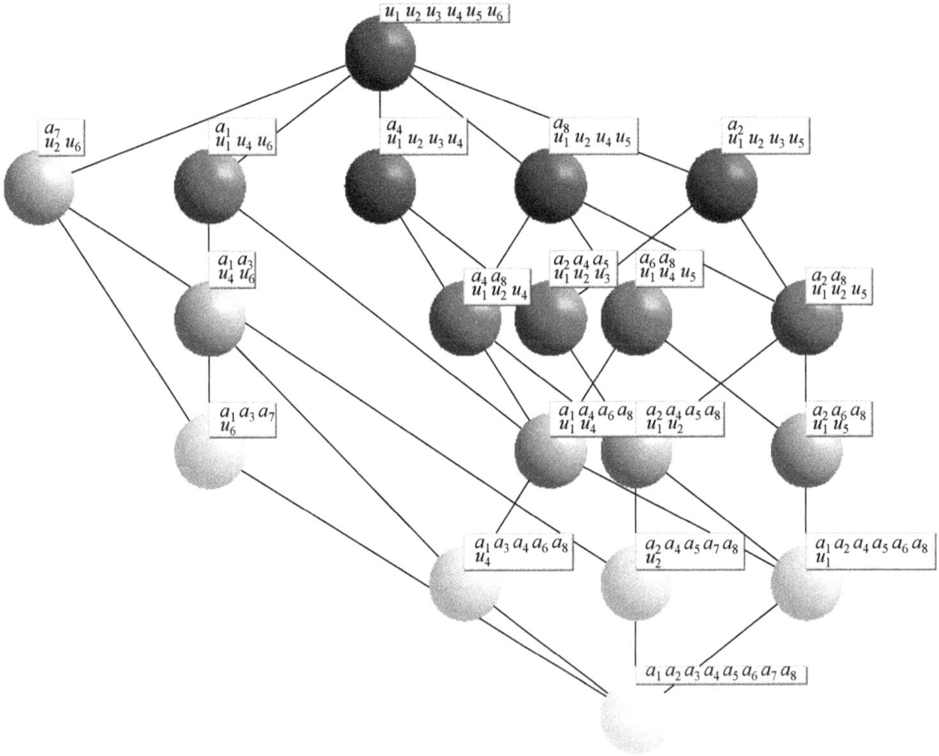

图 5.1　联盟组织知识网络分布的概念格

参考陈萍和田双亮（2009）的方法，将联盟组织内成员企业作为事例集合U，各企业掌握的知识作为属性集A，联盟组织内成员知识分布的概念格可根据形式背景列表反映生成，用“1”表示$(u,a)\in R$。知识集之间的蕴涵规则可用两个指标来评价：支持度S、置信度C。所谓蕴涵规则，就是形如$B\Rightarrow D$的蕴涵式，这里$B\subset A$，$D\subset A$且$B\cap D=\varnothing$，蕴涵规则的支持度是事例集中包含B或D的事例数与所有事例数之比，记为$\text{Support}(B\Rightarrow D)$，置信度是指同时包含$B$和$D$的事例数与包含$B$的事例数之比，记为$\text{Confidence}(B\Rightarrow D)$。

在评价知识网络分布特征的过程中，联盟组织需要从创新项目知识需求及组织运作要求出发，参考同行业优秀组织参与的类似项目的相应信息，确定联盟组织应具有的知识分布规律，因此，需要确定知识网络分布的综合性评价标准，包括蕴涵规则、支持度及可信度的理想值与取值范围，以及各蕴涵规则的评价权重。组织知识管理团队从联盟组织知识整合创新的目标、创新项目所需要的知识集、创新项目风险大小、降低知识损失风险及核心知识保护的角度，确定以下 4 个描述联盟组织知识网络分布特征的蕴涵规则及各规则的权重、评价标准等，如表 5.3 所示。

表 5.3　联盟组织知识网络分布的评价标准

蕴涵规则	项目权重	支持度		可信度	
		经典域	理想值	经典域	理想值
$\{a_1,a_3\}\to\{a_7\}$	0.35	[0.85，1]	1	[0.40，0.60]	0.55
$\{a_2,a_6\}\to\{a_8\}$	0.20	[0.50，0.80]	0.65	[0.65，1]	0.80
$\{a_2\}\to\{a_5\}$	0.30	[0.45，0.75]	0.70	[0.40，0.85]	0.60
$\{a_4\}\to\{a_8\}$	0.15	[0.60，0.90]	0.80	[0.50，0.80]	0.65

根据此联盟组织的知识网络分布概念格图，得到各蕴涵规则的支持度和可信度，如表 5.4 所示。

表 5.4　各蕴涵规则的支持度和可信度

蕴涵规则	支持度	可信度
$\{a_1,a_3\}\to\{a_7\}$	0.67	0.50
$\{a_2,a_6\}\to\{a_8\}$	0.83	1
$\{a_2\}\to\{a_5\}$	0.67	0.75
$\{a_4\}\to\{a_8\}$	0.83	0.75

最后，得到联盟组织知识网络分布综合评价结果，如表 5.5 所示。

表 5.5　联盟组织知识网络分布综合评价结果

$\{a_1,a_3\}\to\{a_7\}$		$\{a_2,a_6\}\to\{a_8\}$		$\{a_2\}\to\{a_5\}$		$\{a_4\}\to\{a_8\}$		综合评价结果	
$K_1^{(s)}$	$K_1^{(c)}$	$K_2^{(s)}$	$K_2^{(c)}$	$K_3^{(s)}$	$K_3^{(c)}$	$K_4^{(s)}$	$K_4^{(c)}$	$K^{(s)}$	$K^{(c)}$
1.2	0.67	2.2	0	0.88	0.4	0.7	0.33	1.229	0.404

根据表 5.5 的评价结果及对各知识网络综合性评价指标的定义，可以看出该联盟组织的知识网络分布特征指标支持度及可信度均大于 0，表明知识网络分布符合评价标准，且指标值越大，知识网络分布越接近评价标准，同时表明该联盟组织对于该创新项目具有较好的支持度和可信度，即联盟组织知识网络具备了完成该创新项目的大部分知识，且符合组织知识整合创新的要求。

第二节　联盟层级跨组织知识整合创新机制

一、联盟组织知识整合创新主要机制

联盟组织知识整合将联盟成员企业具备的知识集合在一起，形成知识网络，联盟内部企业拥有的知识各不相同，形成了知识整合异质性知识网络，该网络可能包含企业研发技术知识、高校专业知识及科研机构科研知识等，知识网络内涵盖的不同行业成员越多，异质性越高，通过知识整合创造新知识的概率就越大。但是，由于联盟组织企业的知识吸收能力及研发强度有限，知识网络异质性越高，联盟企业间知识对接存在难度，其知识整合能力就越弱，知识整合效果也就越差。此时，如何使异质性知识整合并实现创新？这将取决于联盟组织知识整合创新的机制。实现知识整合创新的机制主要有组织机制、技术机制及其他机制。

（一）组织机制

组织机制主要是指联盟组织采取何种组织结构、组织方法手段等来促进联盟组织内各企业之间的知识交流、沟通、共享，从而推动知识整合创新的进行。通过组织机制实现知识的整合，关键是建立有利于知识整合的内部环境。在联盟组织知识整合创新过程中，主要有以下几种组织机制。

1. 调整组织结构

不同的组织结构形式对于知识整合创新中各企业间知识的交流、沟通具有不同的影响，垂直型的组织结构容易使个人产生等级意识，形成知识壁垒，阻碍知识转移、共享；而扁平化的组织结构管理层级较少，为各企业之间的知识交流提供了舒适、轻松的环境，能够促进知识整合。因此，在联盟组织知识整合过程中，首先要根据知识整合创新的背景，构建相应的组织结构。例如，官僚式组织结构对知识交流的需求很少，对于相对稳定的组织环境，此类组织结构有利于知识整合效率提高；相反在动态、多变的全球竞争环境下，只有有机的结构才能保障知识交流与整合效率（胡婉丽，2008）。

2. 塑造知识共享、学习的氛围

当前学习型组织的建设使得组织对知识的认识提高到战略层次上，通过学习型组织的建设，学习不再是企业一次或者短暂时期的行为，而成了企业的常态，贯穿在企业的日常行为中。学习型组织是指能够熟练创造、获取、解释、转移和保留知识，并根据这些新的知识和观点，自觉地调整自身行为的组织。在学习型

组织中，每个员工都被鼓励成收集数据的高手，他们发现可以给企业带来利益的知识的踪迹，及时捕捉它们。获得知识的渠道可以是正式的也可以是非正式的。塑造共同愿景是学习型组织激励员工的主要方法。彼得圣吉说，共同愿景为学习提供了焦点和能力，在缺少愿景的情形下，充其量只会产生适应型学习，只有当人们致力于做某种他们深深关切的事情时，才会产生创造型学习（圣吉，1998）。事实上，只有共同愿景，人们才有学习热情和动力。共同愿景凝聚了组织全体成员，汇聚了他们共同的知识与能量，使得组织成为一个整体。

3. 组织激励措施

知识整合、创造是以大量的知识为基础进行的，但是处于知识经济时代，很多企业担心自身的核心知识在共享过程中泄露以致失去核心竞争力，因此即使在联盟跨组织知识整合中，很多企业进行知识交流、共享的意愿仍较低，导致知识整合创新效率低下。因此，联盟主导企业应组织实施各种激励措施、知识保护措施等，从而激励联盟组织成员企业共同学习和分享知识。这些激励措施包括绩效考核、目标管理等。例如，在创新利益分配过程中，把知识共享程度作为知识整合创新利益分配的一项评价指标，鼓励成员企业积极参与知识共享，促成联盟组织的知识整合创新。在集成产品开发时，鼓励员工参与产品开发设计，共同承担项目责任、分享项目收益等。

（二）技术机制

技术机制是指在联盟跨组织知识整合过程中在知识筛选、编码、重组及融合创造流程中运用到的一些技术手段。例如，在知识搜索、归纳过程中，会通过采用数据挖掘、文本挖掘、聚类分析、关联规则等方法将分散在联盟组织内各成员企业的碎片化知识汇集起来，形成初步的联盟组织知识体系；在知识筛选、编码过程中使用编码技术及相关工具将与创新目标情境对应的知识进行重新编码、筛选，精选出需要知识整合的对象；而在知识重组、融合过程中通过相关的融合技术手段根据创新目标进行知识融合创造。

（三）其他机制

为了提高知识整合创新绩效，除了组织机制、技术机制等，在跨组织知识整合过程中还包括知识交易机制、知识产权保障机制、知识有效分享与融合机制等。

二、联盟组织知识整合创新过程

联盟组织知识整合创新主要是指跨组织间成员企业为了实现共同的创新目标而进行的知识整合，其参与主体包括来自不同领域的科研机构、高等院校、行业核心企业等，他们通过组建联盟，整合各组织优势知识资源，实现创新目标。此外，联盟成员在知识整合过程中不断吸收外部优势知识，优化自身知识体系，增强自主创新能力。芮明杰和刘明宇（2006）认为联盟组织知识整合包括知识冲突、知识挖掘、知识整理与知识融合等一系列过程。季成等（2007）探究了并购企业间的知识整合活动，并提出知识整合包括知识冲突、知识识别、知识转移与知识融合等活动。孔凡柱和罗瑾琏（2012）认为跨组织知识整合由知识捕获、知识交融、知识应用三个基本环节构成，三者之间相互依存、相互作用，共同组成了跨组织知识整合的螺旋式运动。联盟组织知识整合创新有明确的创新目标，但对于既定目标，各盟员尚无完整的知识体系来实现，因此各盟员需要在目标的引导下不断整合各种知识资源，以满足目标需求。基于已有研究成果，构建联盟组织知识整合过程体系，即联盟组织根据共同的创新目标由特定成员在联盟组织知识系统及外部知识系统中进行知识挖掘，提炼出具有价值的知识，并通过知识共享、交流等途径将所需知识转移到联盟组织知识整合创新团队中，然后由目标成员将转移过来的知识进行重组与融合创造。具体过程描述见图 5.2。

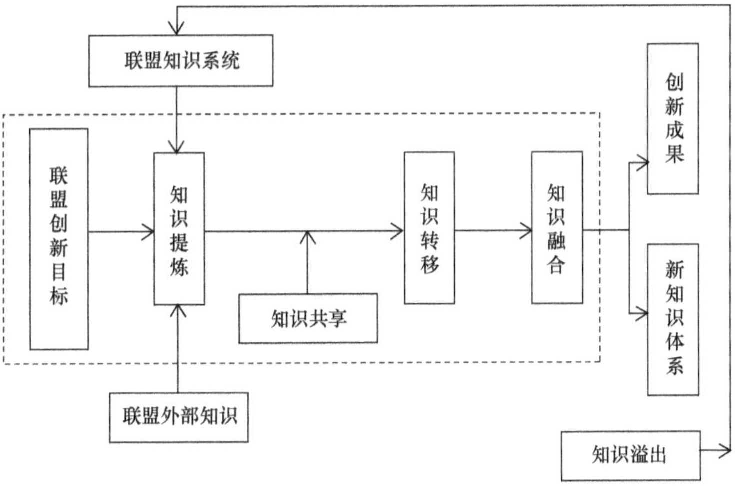

图 5.2　联盟组织知识整合过程

（一）知识提炼

知识整合创新的成功在于联盟组织成员能够围绕创新目标从联盟内外各种数据与信息中提炼出有价值的知识。联盟组织涵盖多个领域的知识，如大学、科研机构拥有丰富的科技与知识资源，企业成员具备核心的产品技术研发、市场需求知识等。面对如此海量的数据、知识资源，联盟成员可以通过数据挖掘、文本挖掘等技术准确发掘出大学与科研机构知识资源的潜在价值。知识提炼是知识整合创新的基础，知识提炼为整合过程筛选出了有用的知识，降低了后续知识重组、融合工作的复杂度，进而提升了知识整合创新绩效。

（二）知识转移

知识转移是指联盟成员将已有知识、联盟组织外部知识在联盟组织内部企业之间的移植，包括联盟内成员的知识向另一个企业转移及联盟外部知识向联盟知识系统流动的过程（廖志江等，2013）。在知识整合过程中，显性知识通过技术购买、互换、专利授权许可及技术联合开发等进行转移，而由于受到联盟企业间信任关系、知识泄露风险等因素的影响，隐性知识主要通过知识交流、共享等方式进行转移。知识转移是联盟实现知识整合创新成功的关键环节，知识转移集聚了成员企业的异质性知识，使得知识整合创新成功概率提升。

（三）知识融合

知识融合指将转移过来的新知识与旧知识融合为更具柔性和价值的结构化知识，是企业对知识进行转化和创新的过程。知识融合包括知识重组与创造。首先，将转移过来的新知识进行重新组合，转化为条理清晰的知识体系；其次，根据创新目标，从新知识体系中获取特定知识，植入到新技术、新产品中去，并创造出新知识。通过联盟成员间的交流与协作，大量知识在联盟内进行转移扩散，各主体将各自涉及的知识不断组合与内化，扩大联盟主体知识的深度，增加知识复制与模仿难度，并创造出新知识，从而实现知识价值创造。

联盟组织知识整合是一个循环的过程，联盟成员首先根据既定目标对联盟系统知识和外部知识进行挖掘，选取具有价值的知识，并通过召开讨论会等进行知识共享，实现知识由外向内转移；转移后的知识与联盟企业已有知识进行深度融合，形成新知识、新产品等，新知识又输入到联盟知识系统，并随着知识整合的反复进行不断更新。知识挖掘、知识转移、知识融合三者之间的相互作用，完整地描述了联盟组织知识整合创新的过程。

三、联盟知识整合创新 ITO 模型及案例

对于不同的联盟组织，其知识整合的主体、对象、整合机制及产出皆不相同，以下分别主要介绍产学研联盟、供应链联盟、产业技术创新战略联盟知识整合 ITO 模型及案例。

（一）产学研联盟知识整合 ITO 模型

对于产学研联盟来说，其构成主体主要是企业、学研机构，因此其知识整合的对象主要是高校科研、专业知识资源、企业研发技术知识、市场需求知识等，通过知识过滤将与创新目标相关的知识从联盟知识系统和外部知识中筛选出来，

通过知识重编码，对选择的目标整合知识进行解释和提炼，进而实现定义统一化，最终通过知识重组将选择出的知识进行广泛的连接与交叉连接，从而构建新知识结构体系。基于新的知识结构体系，联盟组织可进行新技术、新产品的研发。

（1）输入 I。在产学研联盟知识整合网络中，其知识输入主要有学研机构的专业知识（如学研机构现有专利、科研资源等）、企业内部的研发知识（如企业技术专利、研发团队具备的知识等）、市场需求知识等（如消费者的个性化需求及对新产品、产品新功能的需求）。

（2）工具与技术 T。产学研联盟知识整合创新主要应用知识重编码等对联盟内部系统知识进行编码，根据产学研知识整合创新目标情境选择适合的知识；然后通过知识重组技术将选择的学研机构和企业的优势技术知识进行重组，从而进行知识创造，实现技术创新。

（3）输出 O。通过对联盟系统内外知识进行重组创新，并结合市场需求，产学研联盟基于创新的知识便可研发出新产品、新工艺等。

在产学研联盟知识整合创新中，学研机构和企业是知识整合的知识源载体，学研机构的科研知识与企业自身的研发技术知识及市场需求知识构成了异质知识网络，联盟组织结合市场需求及现有知识和自身能力共同确定创新目标，并由组织内部特定团队借助知识重编码技术筛选出符合创新目标情境的知识，最后通过知识重组将筛选的知识进行整合，实现知识创新，从而输出新产品、新工艺等。

（二）供应链联盟知识整合 ITO 模型

供应链联盟知识整合一般涉及供应链上多个节点成员，其异质知识网络主要由供应商零部件设计、使用知识，制造商产品研发技术、设计、生产、使用知识，零售商市场需求知识，消费者反馈意见，物流商产品配送知识等构成。高巍等（2005）认为供应链联盟知识整合的机制主要有三方面：企业文化、组织方法和信息技术。

企业文化作为企业运营的价值观基础，它通过企业成员的价值观、心理因素和行为方式等潜移默化地影响企业生产经营活动。协作和兼容的企业文化是促进供应链联盟知识整合创新高效运作的文化基础，协作的企业文化使员工意识到知识整合正和博弈，只有知识的充分参与才能够使知识整合产生良好的效果，各参与方才能够在整合中提升自身知识的价值。另外，联盟的新近创立使得各参与企业必须面对文化及知识的差异，这种差异可能导致深层次的价值观冲突，而高度兼容的企业文化能够使参与成员通过充分交流而建立彼此认同的价值观，进而提高知识整合创新效率、降低知识整合成本。

有效的组织方法能够通过组织结构变革、工作轮换、组建跨企业团队等消除知识整合的组织障碍和促进知识的重构。在联盟组织内部，联盟成员通过组织分工划分成不同的知识岛，而成员企业之间沟通上的障碍阻碍了知识的有效联结，从而制约了知识整合。扁平结构适当减少了组织管理的层次，相应扩展了各层级管理的幅度，这样在沟通方式上更具灵活性，便于员工根据任务需要协调和整合知识。另外，扁平结构使组织边界模糊化，有利于企业外部知识的整合。

信息技术的广泛应用使得企业间可以通过多种方式进行知识交流、共享。因此，许多研究者和实践者把信息技术作为知识整合的重要工具。特别是近年来对知识库和知识管理系统的研究促进了信息技术在知识整合中的应用。多媒体技术使知识交流更加便捷，一些语言难以表述的知识可以通过图像、声音、动画、模拟等丰富多彩的形式展示出来。这些信息技术使得跨组织知识整合创新能够更加快捷、高效地进行。

在供应链联盟组织知识整合过程中，联盟组织借助企业文化、组织方法、信息技术等手段促进内部知识交流，并对企业员工个人知识进行专业整合，形成目标团队知识，最终对个人知识与目标团队知识进行系统整合，形成供应链联盟系统知识体系，为供应链联盟组织知识整合提供一个广阔的知识平台。在这个平台上成员企业可以自主地对联盟内产品、技术、流程等进行持续的创新，根据市场的变化及时产生新的产品市场组合。综上所述，供应链联盟的知识整合过程是将联盟中的知识进行专业整合和系统整合，把个人知识逐渐转变为专业团队知识，进而上升为结构化知识，并针对市场需求进行知识重组创造的过程，其知识整合创新过程可描述如下。

（1）输入 I。供应链联盟知识整合主要涉及供应链上节点企业的知识重组创新，因此，其知识整合过程的输入主要包含供应商的零部件设计知识、制造商的产品研发技术知识及从零售商处获取的市场需求知识。

（2）工具与技术 T。专业整合，即为实现某单一专项创新目标而建立的目标团队，为了更好地实现创新目标，对团队内员工个人专业知识进行整合形成团队知识的过程；系统整合则是对联盟组织内针对多个创新目标构成的多个目标团队的知识进行整合，形成联盟组织知识体系，从而为知识整合创新提供一个更好的知识平台。信息技术则是贯穿于联盟知识整合过程中的技术手段，如多媒体技术、超邮件等。

（3）输出 O。由于供应链联盟组织的特殊性，其知识整合创新的目标主要是通过开发新的产品、零部件或者研发新的生产工艺等来提升供应链核心竞争力，其产出绩效主要是新产品、新工艺等。

（三）产业技术创新战略联盟知识整合 ITO 模型

产业技术创新战略联盟的主体由企业、高校、科研机构或其他机构等构成，其知识整合的客体主要包括企业现有技术知识、高校专业技术知识、科研机构研发知识及其他机构拥有的相关技术知识等。这种联盟的知识整合通常以某个技术创新为目标，联盟成员围绕技术创新目标不断整合各种知识资源，并通过知识挖掘手段将与创新目标相关的知识进行提炼，联盟通常会成立一个特定项目团队来进行知识挖掘，然后将通过联合技术攻关获得的知识向联盟内部转移，并通过知识重组实现知识融合，进而创造出新产品、新技术。

此外，在知识整合过程中，联盟企业对知识的吸收能力及创新技术或产品的研发强度均会影响联盟知识整合能力。成员企业的吸收能力越弱，其对外部知识的转移就越困难，越无法将有价值的知识转移进来，从而影响联盟的知识整合能力。技术或产品的研发强度越大，知识融合也会越难。因此，联盟在知识整合过程中需要不断提升自己对外部知识的吸收能力及自身的技术研发能力。此类联盟的知识整合创新过程描述如下。

（1）输入 I。在产业技术创新战略联盟知识整合网络中，其知识输入主要有高校专业知识（如拥有的专利、科研人才储备知识等）、企业内部的技术知识（如企业技术专利、研发团队具备的知识等）、学研机构的专业知识（如学研机构现有专利、科研资源等）及其他组织（如政府）发布的相关产业技术发展政策等。

（2）工具与技术 T。①知识挖掘。知识挖掘的最新描述定义为“从数据集中识别出有效的、有价值的、新颖的，以及最终可理解的模式的非凡过程”（李烨，2013）。在知识整合过程中，知识挖掘可理解为利用关联规则、聚类等方法根据技术创新目标在异质性知识网络中发掘出有效、可用的知识。②技术攻关。技术攻关主要是在知识挖掘和知识融合阶段帮助团队更好地挖掘出符合创新目标的技术及更加高效地实现知识重组、创造。③知识融合。知识融合是指将知识挖掘过程中筛选出的知识进行重组、创造的过程。

（3）输出 O。输出物为新技术、新产品等（如化纤产业技术创新战略联盟组织研发的超仿棉聚酯纤维及其系列纺织品）。

在产业技术创新战略联盟知识整合创新中，联盟组织针对明确的技术创新目标，确定各成员分工，并组建知识整合创新团队。知识整合创新团队根据联盟的技术创新目标在联盟知识系统内外部挖掘出对技术创新具有价值的知识，通过将挖掘出的知识进行重组、融合，在技术攻关的助力下创造出新技术、新产品。

（四）联盟组织知识整合创新比较分析

由于三种知识整合型创新联盟的构成主体不同，其知识整合创新 ITO 模型也各不相同，主要体现在知识网络异质性大小、互补性、关联性及创新可能性大小，以及整合工具技术、创新产出等方面。

如表 5.6 所示，各联盟组织知识整合创新 ITO 模型主要体现在以下几个方面。

表 5.6　知识整合型创新联盟比较分析

联盟名称	知识网络	整合工具、技术	创新产出
产学研联盟	知识距离大，异质性大，关联性、互补性较弱，创新难度较大	知识重编码，知识重组	技术专利、产品专利
供应链联盟	知识距离较小，异质性较小，关联性、互补性较强，创新难度较小且成功率较高	企业文化，组织方法（组织结构），信息技术	新产品、新工艺、零部件
产业技术创新战略联盟	知识距离小，知识黏性较大，关联性、完备性强，创新难度小且成功率高	知识挖掘技术（爬虫、关联规则、聚类分析），知识融合再造（知识图谱、实体匹配、本体对齐等）	新技术、新产品

（1）创新知识网络差异。知识整合创新网络的异质性差异源于各联盟组织构成主体的不同，主要体现在异质性、互补性、关联性大小等方面。各组织主体由于所处行业不同，主体之间存在知识距离，从而影响了知识网络的异质性、关联性、互补性大小。上述三种创新联盟中，产学研联盟基于跨行业、跨界的整合创新，其知识主体间知识距离较大，因此知识网络异质性大、关联强度小，其创新难度较大；而在供应链联盟中，组织成员来自同一供应链上不同节点的企业，具有相似的知识背景，知识距离较小，因此其知识网络异质性较小，具有较强关联性和互补性，知识整合创新的难度较小，成功率也较高；相较于前两种联盟组织，产业技术创新战略联盟主要由同行业企业及高校、科研机构、政府等构成，其知识网络构成较复杂，但其创新的主体主要是同行企业，企业之间知识距离小，知识黏性较大，其异质性知识网络具有强关联性、完备性，因此创新可能性较大且成功率高。

（2）知识整合创新工具、技术差异。知识整合机制、工具的选择也会随知识网络的复杂性、异质性等发生变化。在产学研创新联盟中，知识网络中的知识关联性、互补性较弱，且知识多以隐性形式存在，因此通常通过知识重编码技术对企业成员知识进行编码并筛选出与创新目标关联的知识；而在供应链联盟中，其由多个企业组成，创新团队面对各异的企业文化、组织结构，为了便于知识整合创新过程中的知识交流、共享，联盟通常通过打造协作的企业文化、变更团队组织结构来推动知识整合创新；产业技术创新战略联盟通常面临一个明确的技术创新目标，且知识网络中有大量的相关技术知识，而要在海量知识中找到与创新目标情境相关的知识，需要采用知识挖掘技术（关联规则、聚类分析）筛选出关联知识，并通过知识融合再造技术（知识图谱、实体匹配、本体对齐）进行知识融合创造。

第三节　联盟组织知识整合创新绩效评价

知识整合创新绩效可衡量联盟组织在知识整合过程中的投入是否取得了有效的产出，这是组织对知识整合创新中关注的要点。知识整合过程中创造的新知识、新技术、新产品是知识整合创新绩效的最终体现。科学、合理的绩效评价有利于为企业获得更好的项目方案提供指导，比如在知识整合过程中应注重哪些要素的投入，以及如何提升联盟组织的整合能力等。因此，为了提高联盟组织知识整合创新绩效，有必要对现有绩效评价方法进行分析，并结合联盟组织知识整合创新的特点，构建联盟组织知识整合创新绩效评价指标体系，利用更加科学的方法对联盟组织的知识整合创新绩效进行评估。

目前对于联盟组织知识整合创新绩效的评价还没有统一公认的方法，现有评价方法主要有德尔菲法、层次分析法、模糊综合评价法和 DEA 方法等。为了更加科学、准确地衡量创新项目的绩效，保证创新项目的成功概率，这里基于 BP 神经网络的知识整合创新成功概率预测模型和 DEA 绩效评价方法来进行创新项目评价与选择。首先，针对预选项目集，通过 BP 神经网络预测各创新项目的成功概率，筛选出可能成功的项目。其次，进一步利用 DEA 方法评价筛选出的项目中创新产出相对得分更高的项目，进而确定最终的创新项目。最后，分析过程还可以析出各投入指标的权重，确定各投入要素对创新项目成功的贡献程度，这为联盟组织进行科学、合理的投入提供了理论依据。

一、评价指标设计

要对知识整合创新绩效进行评价，首先需要构建绩效评价指标体系，但是目前学术界还没有统一、标准的绩效评价指标体系。目前，国内外学术界对创新绩效尚未形成一个统一的定义，不同的学者对创新绩效的界定各不相同。Drucker（1994）提出创新绩效就是指企业创新活动或实现创新的产出，是对创新结果的综合反映，因而很难明确界定。Jiang 和 Li（2009）认为创新绩效可以描述为企业在产品或服务过程的创新中对企业绩效的贡献，是企业获取竞争优势的关键，由企业的创新活动决定，如研发投入、专利和新产品等。创新绩效很难界定，因此衡量创新绩效的指标各有差异，主要有以下几方面：财务指标，如创新经费投入、创新产品销售额、技术专利转让收入等；经济指标，企业创新活动提升该地区生产总值增长幅度、解决就业人口增长指数；比率指标，如创新投入产出比、新产品市场占有率、研发创新成功率等。

在创新绩效评价中，通常通过建立“投入—产出”模型或者采用传统企业财务评价的方法，但效果不好。根据灰度管理理论与灰度创新，参考马化腾提出的灰度法则，结合知识整合创新的特点，建立一种灰度评价指标体系来评价创新绩效，参见第四章表 4.3。

二、算例与结果分析

根据本书第一章中提出的两阶段评价模型，首先通过基于 BP 神经网络的预测模型计算创新项目成功的概率分布，再利用基于 DEA 的绩效评价方法筛选出相对效益较高的创新项目。因此，在进行算例分析之前，需要利用已知的样本数据对 BP 神经网络预测模型进行训练，确定一组使得预测误差最小的最优权值，再利用此模型对算例中联盟组织的知识整合创新项目进行成功概率预测，并用 DEA 模型计算各创新项目的相对效益得分，最终优选出成功概率高的项目，从而保证联盟组织知识整合创新项目能够成功实施。因此，本小节首先对基于 BP 神经网络的预测模型进行训练求解，其次对算例进行绩效评价分析，并为联盟组织开发知识整合创新项目提供管理建议。

（一）基于 BP 神经网络的预测模型

由于 BP 神经网络能够在不知道任何数据映射关系的情况下，通过自学习发现数据之间的内在关系，能够处理线性与非线性关系，特别适合因果关系复杂的非确定性推理、判断，而基于 BP 神经网络的预测模型能够无限逼近真实值，从而降低预测误差。为了保证预测模型的准确性，这里以某产学研联盟组织在过去几年进行的 8 个创新项目的相关数据作为训练和测试 BP 神经网络预测模型的样本数据。由于评价指标体系中某些变量不易测量，为了更准确地评价创新项目绩效，采用专家评估法对知识网络特征、知识整合机制灰度指标中的某些不易测量的变量进行定性评价，人力投入、资金投入、成功概率等根据创新项目实际情况确定，根据以上方法获得样本数据如表 5.7 所示。

表 5.7　各创新项目数据

创新项目	知识网络特征指标（输入）			知识整合机制灰度评价指标							调节变量		预测输出
	关联知识基 X_1	互补知识基 X_2	知识完备度 X_3	需求度 X_4	速度 X_5	灵活度 X_6	开放协作度 X_7	创新度 X_8	进化度 X_9	冗余度 X_{10}	人力投入 X_{11}	资金投入 X_{12}	成功概率 P
1	0.65	0.78	0.85	0.70	8	3	3	0.82	5	3	90	986	1
2	0.85	0.65	0.88	0.65	6	2	2	0.76	3	4	64	764	1
3	0.75	0.80	0.85	0.56	10	5	1	0.78	2	6	31	435	0
4	0.86	0.76	0.83	0.83	7	4	3	0.82	5	2	45	530	1
5	0.89	0.86	0.84	0.60	8	5	2	0.72	3	5	52	848	0

续表

创新项目	知识网络特征指标（输入）			知识整合机制灰度评价指标							调节变量		预测输出
	关联知识基 X_1	互补知识基 X_2	知识完备度 X_3	需求度 X_4	速度 X_5	灵活度 X_6	开放协作度 X_7	创新度 X_8	进化度 X_9	冗余度 X_{10}	人力投入 X_{11}	资金投入 X_{12}	成功概率 P
6	0.67	0.87	0.80	0.82	6	3	3	0.85	6	2	33	950	1
7	0.80	0.78	0.82	0.75	3	2	3	0.86	3	2	254	560	1
8	0.78	0.82	0.79	0.76	6	5	1	0.74	3	1	198	783	0

利用 MATLAB 软件对以上样本数据进行训练，得到模型预测误差图 5.3。

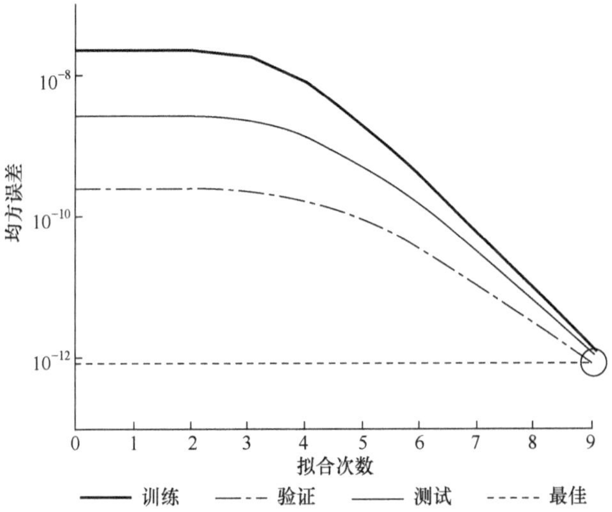

图 5.3　预测误差图

9 次拟合最佳验证性能值为 8.0511×10^{-13}

从图 5.3 可看出，BP 神经网络在第 9 次拟合时，误差达到最小，在目标误差范围内。说明训练得到的 BP 神经网络模型具有较好的预测效果，因此可以用该模型对创新项目的成功概率进行预测分析。

（二）敏感性分析

尽管基于 BP 神经网络的预测模型能够很好地拟合多因素之间的因果关系，但是因素之间的关系仍然是一个黑箱子。为了能够更好地说明输入变量对输出变量的价值，通过敏感性分析计算神经网络中各输入变量对输出变量的影响。本节采用 MATLAB 软件进行敏感性分析，分析结果如表 5.8 所示。从而得到各输入变量对成功概率的敏感系数。

表 5.8　联盟组织知识整合创新各影响因素敏感性分析结果

指标名称	关联知识基 X_1	互补知识基 X_2	知识完备度 X_3	需求度 X_4	速度 X_5	灵活度 X_6	开放协作度 X_7	创新度 X_8	进化度 X_9	冗余度 X_{10}	人力投入 X_{11}	资金投入 X_{12}
敏感系数	0.256	0.999	0.998	0.694	0.697	0.999	0.737	0.999	0.636	0.296	0.409	0.442

根据以上分析结果，发现对项目成功概率影响较大的有联盟组织知识网络的互补知识基、知识完备度，知识整合机制中的灵活度、组织成员开放协作度及项目的创新度；其次，则是创新项目的需求度、速度及进化度等，而知识网络的关联知识基、项目的冗余度，以及人力、资金投入等对项目成功概率的影响较小。由此可总结出联盟组织的知识整合创新项目成功与否，在很大程度上取决于项目自身是否具有较好的创新度、应对项目风险的反应能力及联盟知识网络的互补性和完备性等，当然，联盟成员之间知识的共享程度也起着关键作用。因此，在联盟知识整合创新过程中，要格外关注项目的创新性，并在项目实施过程中积极促进成员之间的知识交流、共享。

（三）算例分析

1. 数据来源

在实际的联盟知识整合创新中，大部分企业不会透露自己在知识整合创新过程中投入产出的具体指标，因此，本书拟采用算例分析方法对联盟组织知识整合的创新绩效进行分析。算例中针对由高校和企业组成的产学研联盟进行的 4 个知识整合创新项目进行创新绩效分析，其中，$X=(X_1,X_2,\cdots,X_{12})$ 表示绩效评价的输入指标，P 则表示各创新项目的预测成功概率分布，其值由 BP 神经网络预测模型求得。4 个创新项目的特征及投入指标具体数值如表 5.9 所示。

表 5.9　各创新项目输入–输出数据

创新项目	知识网络特征指标（输入）			知识整合机制灰度评价指标							调节变量		预测输出
	关联知识基 X_1	互补知识基 X_2	知识完备度 X_3	需求度 X_4	速度 X_5	灵活度 X_6	开放协作度 X_7	创新度 X_8	进化度 X_9	冗余度 X_{10}	人力投入 X_{11}	资金投入 X_{12}	成功概率 P
1	0.60	0.92	0.88	0.65	8	6	2	0.78	2	3	164	588	
2	0.78	0.88	0.83	0.90	6	4	2	0.80	4	3	254	798	
3	0.73	0.68	0.90	0.78	12	5	2	0.66	2	5	30	473	
4	0.80	0.88	0.76	0.89	8	4	3	0.90	6	2	32	485	

2. 绩效评价与结果分析

1）基于 BP 神经网络预测模型的项目筛选

对上述数据进行归一化处理并利用训练好的 BP 神经网络模型对各创新项目预测成功概率进行计算，得到表 5.10。

表 5.10　各创新项目预测成功概率

创新项目	预测成功概率
1	0
2	1
3	0
4	1

2）基于 DEA 的创新项目绩效分析

根据表 5.10，发现项目 2、项目 4 的预测成功概率较大，利用 MATLAB 程序对项目 2 和项目 4 进行 DEA 绩效分析，得到各项目的效率得分，如表 5.11 所示。

表 5.11　各项目效率得分汇总

决策单元	项目 2	项目 4
效率得分	0.66	1

由表 5.11 可以看出，产学研联盟在知识整合创新项目 4 中的效率得分等于 1，其创新绩效对于项目 4 是相对有效的。比较这两个项目的投入指标及各特征指标，发现产学研联盟组织知识网络对于这两个项目的知识网络分布综合性相差不多，因此，在这里看不出知识网络特征差距对创新绩效具有多大的影响；在知识整合机制各指标上，项目 2 中除了需求度和冗余度以外的其他指标都劣于项目 4，且项目 4 的创新度明显高于项目 2，而在人力、资金投入方面，项目 4 的人力投入远小于项目 2，且资金投入也小于项目 2。但最终结果表明，项目 4 绩效相对有效。由此可看出，项目的创新度对于项目是否成功及创新绩效具有很大的影响。另外，从项目成功概率角度分析，项目 1 与项目 2 比较，项目 2 成功的可能性更高，项目 2 在需求度、创新度以及人力、资金投入方面优于项目 1，由此可以表明，项目自身的创新程度及市场需求大小对创新绩效会产生很大作用；人力、资金是项目成功的必备条件，也是影响项目创新绩效的重要因素。

根据以上分析可以看出，在产学研联盟知识整合创新过程中，科研人员的参与数量、资金投入及联盟组织内成员之间知识共享程度对创新绩效具有显著的影响。因此，在创新过程中，高校和企业都应该合理配置人力、资金投入，并注重知识共享，开放各自拥有的知识产权，从而最大限度地提高创新效率。

三、管理建议

在联盟组织合作创新过程中，联盟组建、创新项目选择及知识整合机制、流程的制定等各方面都会影响联盟跨组织知识整合创新。因此，根据绩效评价结果分析，分别从以下几方面对联盟层级跨组织知识整合提出对应的管理建议。

（一）联盟组建

联盟组织是为了实现某个创新目标而组建的，因此，在核心企业确定联盟伙伴之前，应该确定创新目标，并根据知识整合创新项目的知识需求与自身的优势知识，以及缺乏的知识吸纳具有互补知识及在行业内具有较强竞争力的企业，从而使得联盟跨组织知识整合创新网络对于完成创新目标具有更高的完备性、创新性。此外，联盟组织是一个动态开放性组织，在项目进行过程中，根据组织知识网络的知识分布状况及项目的知识需求，淘汰一些不合格的成员企业并吸纳一些新企业，从而能够确保联盟组织知识网络具有较高的知识完备性。

（二）项目选择

好的项目是成功的一半，创新项目选择是项目成功的重要步骤。在联盟组织开展创新项目前，需要根据联盟组织的知识网络分布及创新项目的风险性、创新性及预测市场占有率来评价项目的成功概率。项目选择过程可以先通过 DEA 法、层次分析法、模糊综合评价等方法来测量各个项目的创新绩效，通过绩效评价分析，可以得到各投入要素对创新绩效的贡献程度，从而为联盟组织在创新项目实施中如何进行有效的资源配置提供相应的科学依据。

（三）确定要素投入比重

在联盟知识整合创新中，包含人力、资金、知识等要素投入，不同的要素对于知识整合创新绩效的影响程度各不相同，因此，对于某些重要影响要素，在知识整合过程中要加大投入比重，但同时应确保投入—产出最佳。根据上述 DEA 评价结果分析可知，研发技术人员投入及知识网络特征要素对创新绩效具有较大影响，因此联盟组织在知识整合创新过程中应重视技术人员的投入及与创新项目关联的知识要素的投入。

（四）知识整合能力提升

知识整合能力受到知识获取难易程度、创新联盟知识共享程度及知识整合技术手段等因素影响，而这些因素对知识整合能力的影响又可通过制定合理的知识整合机制来改变，因此，要提升创新联盟知识整合能力，必须建立正确的知识整合机制。在联盟组织知识整合中，由于各企业的知识大多以隐性知识的形式流动，这在一定程度上阻碍了企业间的知识交流和知识理解。因此，为了实现联盟组织成员之间知识的有效共享，打破企业之间知识交流的壁垒，需要采取各种措施来促进联盟组织成员企业间的知识沟通、交流，如通过聘请外部行业专家、定期举行信息分享会、对知识进行编码和存档等方式来增强组织成员间知识的相互沟通与交流，从而最大限度地发挥组织内部知识多样性的集成效应，提高知识创新的成功概率。其次，完善知识整合机制，包括从组织机制、技术机制等各方面进行完善。比如在组织方面，为了方便员工之间进行知识沟通，可以采取扁平化的组织结构，消除员工之间的沟通壁垒。此外，组织文化对于有效的知识整合也很重要，兼容的企业文化能够使组织内的成员更有动力参与到知识共享中。在技术机制方面，引进更加科学、精确的知识挖掘、编码、重组技术，同时还要进行人才培养，提升联盟组织成员的知识整合能力。

第六章　平台级跨组织知识整合创新

近年来，大量科技、制造企业为了推动企业创新，开始致力于构建企业开放式创新平台，让外部创新资源参与其中，如戴尔公司的 IdeaStorm 平台、华润大学开放式创新平台、海尔 HOPE 等。通过开放式创新平台可以有效地获取外部创新资源，打破部门、行业、院校、企业的界限，使创新变得更加高效。

第一节　平台下跨组织创新知识网络的形成

一、平台的概念与分类

（一）平台的概念

随着各类商业平台的井喷，与平台相关的研究引起了业界学者广泛的关注，早先对于平台的研究是从平台的概念着手的，国外学者 Ciborra（1996）基于对 Olivetti（一家意大利电子企业）的案例研究，正式提出“平台组织”的概念，并将其定义为：“一种将计划、结构和资源有机结合，能够在高度动荡和混乱环境中保持柔性的组织形态。”国内学者陈威如和徐玮伶（2014）将平台组织定义为链接两个及以上的特定群体，通过为特定的群体提供互动机制和交流平台，从而满足参与者的需求和利益，并从中获利的组织。随着互联网企业的飞速发展，也有学者对互联网企业平台进行研究，谢蓬（2009）从互联网的角度出发，指出互联网平台企业主要是指通过网络平台提供各类免费信息及增值服务的企业，它们的经营模式通常是建设网站平台，开展信息检索、站点接入、交易撮合与保障等多项业务，借此集聚数量庞大的访问人群，并以此为资源挖掘出市场机会。张小宁（2014）从双边市场的角度出发，认为平台是一种连接双边市场的基础架构和规则体系，把不同用户群体联系起来，为供需双方提供服务的环境。Boudreau（2010）基于双边市场理论，将平台型企业描述为连接多个群体、以多种机制激发群体间互动，以满足各群体需求为基础实现自身目标的企业，而且平台通常是双边市场，并且用户的数量会受到网络效应的影响。尽管国内外学者从不同的角度对平台的概念展开研究，但目前平台正逐渐发展成为一个生态系统的中心，这个生态系统包含众多的角色，如供需双方、技术（资源）互补方、新产品企业厂商、政府、社会组织和个体等相关利益主体。平台企业通过构建现实、虚拟环境，促进各方主体的有效交流、沟通，进而推动合作，帮助各方主体共享资源和知识，实现价值共创（李雷等，2015）。一般而言，可以将平台企业理解为“不同社会性质和经济性行动主体基于自发感应和响应，以平台企业构建的技术、机制、契约为依托，为了资源共享、价值共创而进行整合、互动的一种松散耦合型时空结构”。

目前，朱芳芳（2018）对于平台的构成指出，平台通常主要包含以下角色：一是用户，通常称为终端用户；二是供应方，即产品和服务的主要提供者；三是平台提供者，承担多个群体的连接者、匹配者的角色；四是平台支持者，承担市场设计的角色，行使控制权，能够应用平台技术决定谁可以参与进来，或者限制用户数量以确保质量，或者通过给予独家的交易或服务来获取价值；五是互补方，与平台提供者存在共生关系，根据平台规则自由选择进出，为平台提供互补品相关服务，增加平台种群多样性。在实际应用中，平台提供者和平台支持者可由一家企业承担，主要承担连接者、匹配者、市场设计者的角色，不仅要连接用户与供应方，还要协同互补方为海量用户提供更加优质、个性化的产品和服务。从知识管理角度来看，上述对象将形成跨组织创新知识网络，并在此基础上形成复杂的创新生态体系。

（二）平台的分类

平台有多种分类方式，可以根据功能分为基础平台、技术平台、资源平台等，也可以根据用途的不同分为自助式平台、协作式平台、终端平台等。目前比较常见的分类方式是基于载体的不同，可分为线上平台和线下平台。线上平台以互联网技术为依托，搭建网络环境，为多方参与主体提供商品、服务和资源，促成交易的成功或者资源获取，具体包括电商平台、金融证券交易平台、门户网站平台、搜索引擎平台等，见表 6.1。线下平台主要依托现实的场地，为多方主体提供商品、服务或信息，促成交易的达成或者资源信息的获取，包括大型商超、中介等。同时，线上平台也在积极铺设线下体验店以拓展发展空间，如小米广泛地在各城市建设小米之家，将线上的体验延伸到线下。线下平台也开始搭建线上平台提升企业竞争力，如国美电器、苏宁易购等纷纷建立电商平台，拓宽发展空间。本书只研究线上平台，并对当前常见的平台进行分类。

表 6.1　互联网环境下典型的平台及企业

平台类型	典型企业
门户网站平台	搜狐、新浪、网易等
操作系统、浏览器	微软、谷歌、Android 等
搜索引擎平台	百度、火狐、360 搜索引擎等
金融证券交易平台	大智慧、同花顺、东方财富网等

续表

平台类型	典型企业
网络视频游戏	浩方、TGP、VS 等
B2B、B2C、C2C 平台	淘宝、京东、唯品会、拼多多等
支付平台	支付宝、财付通、闪付等
分享类平台	百度文库、豆丁网、维基百科等
招聘、房屋中介平台	智联招聘、58 同城、链家等
征婚交友平台	珍爱网、世纪佳缘、百合网等
互联网通信平台	QQ、MSN、Facebook、微信等
网络视频、视频直播	土豆、爱奇艺、优酷、斗鱼等
P2P 网贷平台	人人贷、宜人贷、陆金所等
协作式平台	小米社区、天涯社区、百度知道、知乎、小木虫论坛、经管之家、海尔 HOPE、美的开放式创新平台、戴尔 IdeaStorm、乐高 LEGO Ideas、猪八戒网、一品威客、时间财富网、微差事等

（三）开放式创新平台

在早期工业时代，企业往往进行封闭式创新，即创新活动往往局限在企业内部，由企业内部的研发中心、技术部门、工艺设计部门共同协作完成，之后便由生产部门进行批量化生产，最后依靠企业的销售体系将产品推向市场，通过这种方式来获得竞争优势。但随着市场竞争日趋激烈，单个企业知识资源有限，很多企业往往需要借助外部组织的知识资源进行技术创新、产品创新等。开放式创新为企业的持续发展提供了新手段和新入口，虽然企业开始借助外部资源实现整合创新，但少数企业的合作往往基于一定的风险分担和利益机制展开，无法有效地解决企业在创新发展过程中遇到的需求多样化、知识资源集中化和分散化等挑战。因此，构建开放式创新平台，为开展创新提供更加良好的发展环境和广阔的空间势在必行。以百度百科为例，各行各业的知识消费者在利用外部知识过程中也会贡献自身的知识、智慧和资源，这才创造了在线互动式文档分享平台——百度文库、实用的生活指南平台——百度经验、中文互动问答平台——百度知道等知识型创新平台。知识型创新平台是一个能够提供数字化服务和知识创新资源的虚拟环境，全国各地的知识创新者都可以在平台上表达自己的想法，同时与其他机构主体、从业者积极地交流观点和创意，不再受条件的限制，可以开展广泛的合作。企业也能通过知识型开放式创新平台广泛地收集用户的知识、创意和想法，并有针对性地用于产品创新和技术创新。本书基于知识的获取、传递、分享和创新等标准，将目前的知识型创新平台分为社区问答平台、开放式创新平台，以及众包、外包平台，如表6.2所示。

表6.2　典型的知识型创新平台

平台类型	具体企业
社区问答平台	小米社区、天涯社区、百度知道、知乎、小木虫论坛、经管之家等
开放式创新平台	海尔 HOPE、美的开放式创新平台、戴尔 IdeaStorm、乐高 LEGO Ideas
众包、外包平台	猪八戒网、一品威客、时间财富网、微差事等

二、平台型跨组织创新知识网络的特性

知识网络是知识元之间相互关联形成的网络，在知识型创新平台的知识网络中，个体、团队和组织之间会形成广泛的联系，通过这种联系有效地实现知识整合创新，不同的参与主体透过知识网络进行知识合作与交流。知识网络具有共享性、整体性和增值性三个基本特性，知识的共享性决定了知识网络的共享性（赵蓉英等，2007），而知识网络的整体性和增值性则是知识网络形成之后的一种系统涌现。平台介入对知识网络中知识节点的独立性、继承性、变异性、多维性和再生性，以及知识关联的动态性、相对稳定性和隐含性等特性产生了影响。平台的介入使得知识协同创新研究更加开放化、全球化、整合化、网络化，也推动了知识网络的改变。平台作为一个开放的生态系统，与外界其他主体相联系，不仅可获取大量的外部知识，更好地促进平台持续创新，而且通过相互间的知识交流和传递创造更高的价值。因此，知识型创新平台知识网络具有如下主要特征。

（一）知识网络结构动态演化性

由于知识型创新平台通常包含多方参与主体，不同主体间的广泛交流和碰撞使得知识网络不断演化和持续更新，知识在大环境下广泛共享，使静态、单一的知识变得多元化和多样化，从而产生新知识，在这种情况下，知识网络的各参与主体更容易实现知识创新，平台也不断扩大其边界，将广泛的外部创意、技术、产品和服务纳入其中，因此使得知识网络的结构更具动态演化性。

（二）知识网络主体多样性

知识型创新平台知识网络具有全球开放性特征，不同知识主体可参与到知识型创新平台的知识创新网络中，使得知识网络具有主体多元化的特征，各方参与主体携带不同属性的知识，如用户携带产品体验知识，竞争者携带关键技术互补知识，而高校则携带核心技术领域知识等，背景不同的各参与主体所携带的知识

具有局部性、零散化和阶段性，从而形成了它们各自知识的独特性。因此，在知识型创新平台中，知识网络主体具有多样化和多元化的特点。同时知识型创新平台会通过知识整合机制和应用系统等工具，推动异质知识主体间进行知识沟通、流动，在丰富自身知识库的同时与现有的知识进行整合，从而提高知识资源的利用效率。

（三）知识网络交流模式多样化

知识型创新平台的异质知识主体会进行广泛的知识转移，一个参与主体既可以将自身的知识共享给其他主体，也可以从知识接受方那里获取知识，进行知识的双向获取和共享，通信网络使得原本孤立的个体可进行集体讨论、头脑风暴、知识升级等，产生新的知识并进行共享。网络、通信等技术的升级和普及，使得知识共享的机会增加、样式丰富。

（四）知识单元间的互补性

知识型创新平台的构建遵循了知识资源的优势互补原则，通过知识资源的共享机制，实现资源互补。在知识开放式共享环境下，知识主体不用携带或掌握全部的知识，这对于个人和企业来说，也是不实际的，因此可以专注于最擅长的领域，从而使得分工的效率获得极大提高。特别是在平台型跨组织创新知识网络中，平台的介入极大地扩展了知识的边界范围，外部的知识源可以涵盖合作伙伴、供应商、用户、研究所、科研机构（高校、社会）、外部创新客、中介机构、政府等。在这种情况下，分工和专业化使得不同主体拥有的学识、技能、经验成为更有价值的知识单元。

（五）知识网络的完备性

根据前面第四章的内容，知识网络的完备性是指知识网络对解决问题所需知识的包含程度，代表知识网络解决该问题的程度或能力。平台型跨组织创新知识网络拥有的知识完备度越高，则创新目标越容易实现。为了向创新问题提供相应的解决方案，组织需要评估企业知识网络完备性。

企业内部知识网络可能不具有完备性，而平台型跨组织创新知识网络应该具有完备性，这源于平台下知识网络的开放性和跨组织性，否则平台就失去了意义。关于完备性测度与前面第四章是相同的，这里不再赘述。

三、海尔 HOPE 平台下知识网络形成

相比一般的知识网络，知识型创新平台下的知识网络更具有主体多元性、模式多样性、动态变化性特征，下面以海尔 HOPE 平台知识网络形成为例进行说明。

（一）海尔 HOPE 平台简介

HOPE（Haier Open Partnership Ecosystem）成立于 2009 年 10 月，由海尔开放式创新中心开发并运营，经过多年的发展，目前已经成为海尔旗下独立的开放式创新服务平台。HOPE 平台致力于打造全球最大的创新生态系统和全流程创新交互社区，服务于全球所有的创新者。平台遵循开放、合作、创新、分享的理念，通过整合全球一流资源、智慧及优秀创意，与全球研发机构和个人合作，为平台用户提供前沿科技资讯及超值的创新解决方案。

自正常运转以来，HOPE 平台支持海尔多个产品开发团队研发了许多颠覆性创新产品，如控氧保鲜冰箱、净水洗衣机、传奇热水器、固态制冷酒柜、小焙烤箱等，这些产品受到消费者喜爱，在市场上迅速成为明星畅销产品。

HOPE 平台包括社区交互、技术匹配、创意转化三大模块，三大模块将平台各业务流有机对接起来，通过三者的作用力量产生内部驱动力，推动平台有效运行，见图 6.1。在海尔内部，创意交互、创意验证、生产制造等各节点资源能够相互链接，为各事业部的创新和产品转化提供驱动力；对于外部，能够快速接收用户需求，吸纳全球一流资源，加快产品转化速度。上述三大模块互为犄角，可支持 HOPE 平台快速发展。

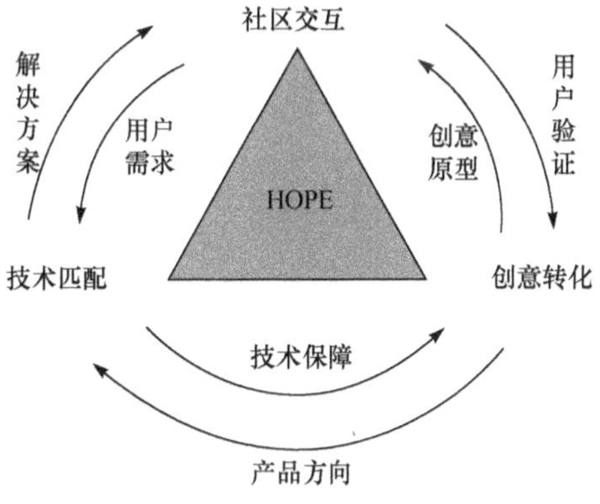

图 6.1　海尔 HOPE 平台三大模块

（二）海尔 HOPE 平台上跨组织创新知识网络形成过程

知识网络是知识主体联网或资源联网基础上的知识网络节点关联起来的社会网络。海尔 HOPE 平台经过不断积累，已整合全球设计类的资源 280 多万家，并为近百家公司提供了创新设计服务，每月产生创新设计方案 500 多个，实现了从创意交互到协同设计，再到虚拟设计验证，最后到产品持续迭代等全流程的服务。智能生产模块实现了用户订单实时直达全流程节点，由计划驱动变成用户驱动生产，变领导员工经营为用户驱动员工自经营，大大提高了工厂的生产柔性、响应速度，以及产品的质量水平。因此，海尔 HOPE 平台能快速构建起跨组织创新知识网络（冯霄霞，2017）。

1. 知识网络形成过程

在海尔 HOPE 平台上，从创意的提出、交互、孵化，到产业化、营销等全产业链条，HOPE 平台及相关支持体系基本涵盖了创意转化的每一个环节，从一个有创意的想法开始，通过 HOPE 平台就能够申请获得资金，直到产品上市销售的各个渠道，海尔开放式创新系统都能够提供全方位的支持。海尔 HOPE 平台上跨组织创新过程如下。

第一步，痛点扫描。在 HOPE 用户交互平台（用户论坛），检查、搜索及挖掘用户痛点问题或吐槽，这是创意创新涌现的起点。

第二步，需求发现、锁定。在 HOPE 用户交互平台上，产品经理、行业专家和 HOPE 智囊团发现、锁定、挖掘用户需求。

第三步，跨界资源搜索。在 HOPE 创新资源平台上搜索相关知识资源，如 know–what、know–why、know–who、know–where、know–how（包括技术原理、技巧知识、解决方案、合作伙伴等）。

第四步，协商并签订合作协议。通过承诺知识分享、提供前期开发费、后续优先合作权、分享市场利益，快速建立利益共同体。

第五步，快速进行产品的开发迭代。在 HOPE 设计平台上进行快速的产品开发迭代。

第六步，快速商业化。

2. 知识网络中的主体和知识

根据图 6.1 可知，上述过程中各环节参与主体临时搭建起了一个虚拟组织，同时，相应的知识网络也随之建构起来。知识网络结构形成了知识流动的路径，依赖成员关系网络，知识得以在组织内部顺畅、高效地流转，从而实现了知识的有效利用，促进了知识创新行为的发生。

知识网络由节点、关系结构、知识和环境等组成。节点代表在组织中提供不同类型知识的主体，同时承担着对知识加工的任务，关系结构是节点之间发生知识关系的作用形态。因此，知识网络是知识主体联网或资源联网基础上的知识网络节点间发生的因知识获取、选择、更新、分享等产生的关联网络关系的社会网络。

第二节　平台型跨组织知识整合创新的主要机制

平台为知识主体用户提供了非常有利于交互的虚拟环境，创新了用户交互方式。知识整合的流程包括知识的识别、获取、配置和利用。知识整合包括知识的形式整合、分类整合、立体整合和用途整合等多类型、多层次及多方式，如日本学者野中郁次郎提出，知识经过整合以后会以螺旋式方式上升，经历检验、挑战和修正等过程。知识整合体系结构是一个开放式的结构，与外界存在广泛的交流与接触。换句话说，就是既不排斥来自各方面的新知识，也不留恋过时无用的旧知识，在此基础上不断进行创造、创新。知识整合模型符合我们对世界如何运转的基本理解。知识整合是一个复杂的过程，需要不断挖掘内在的联系，从而不断形成知识创新，这里根据前面提出的知识整合创新模型——ITO 模型来描述平台介入下，知识的整合创新过程。

考虑到平台类型在运行模式、商业模式和知识整合流程上均有所不同，则平台作用机制、治理机制及知识整合方式等模式均有差异，因此，本节分别介绍不同类型的平台 ITO 模型及其知识整合机制。

一、社区问答知识型创新平台知识整合

社区问答平台是用户参与知识创新的重要途径之一。在互联网时代，企业通过构建虚拟社区（以下简称为企业社区）进行知识整合创新。产品使用用户会大量参与到企业社区中，他们会在社区积极地与专业人员和其他用户互动，反馈产品和服务体验，以及提出自己对于产品的改进思路和方法。这类知识主体和知识分享行为所形成的初始知识，即为用户创新知识。对于企业而言，从企业社区收集并汇总到企业的知识代表着用户对于企业产品和服务的创新需求或者解决方案，而且用户创新知识来源于市场和用户并作用于市场和用户。相关研究表明，用户的这类知识对于企业创新的重要性是不言而喻的，用户不仅是在反馈一种用户需求，而且是在共享一种知识价值主张。因此，用户的创新知识对于企业持续发展并不断进行产品和服务创新具有不可估量的价值。如何获取这些知识成为很多企业迫切希望解决的问题（廖晓等，2016）。

这里以小米社区 MIUI 10 系统研发过程为例，根据 ITO 模型来描述社区问答平台知识整合的机理分析和过程。小米社区是社区问答平台的典型代表之一，是依据互联网技术建立的客户互动的网络交流平台，下面对 MIUI 10 系统研发过程主要的参与主体、整合机制选择及创新产出进行分析。

（一）异质知识网络主体

在 MIUI 10 系统研发过程中，有大量的外部参与主体参与到知识整合创新的过程中，其中包括携带 MIUI 10 系统底层知识的小米企业、携带手机硬件制作知识的供应商等，如表 6.3 所示。

表 6.3　MIUI 10 系统涉及的主要知识参与主体

输入知识主体	知识项
小米企业	携带 MIUI 系统硬件或软件底层环境搭建的知识项，包括应用程序层、应用程序框架层、系统运行层和 Linux 内核层及小米企业独有的核心知识项（MIUI 设计）
硬件供应商	携带 MIUI 系统硬件制作、实施和维护的知识项，包括中央处理电路、手机屏、外壳、扬声器、芯片内存、电池等
软件供应商	携带 MIUI 系统软件开发、检测和实施的知识项，包括系统模式、拨号软件、通信软件、输入软件、浏览器软件、视频软件、音乐软件、摄影软件、交流软件、支付软件等
高校科研机构、研究所	携带相关领域的前沿科技知识项，包括人工智能知识、人工智能科技、闪充科技、深度学习、虚拟现实技术等
用户知识	携带用户需求信息库、产品研发创意、技术创新思路、产品 BUG 响应、用户体验反馈等

（二）主要整合机制（工具与技术）

MIUI 10 系统在研发过程中，大量的外部知识主体参与其中，小米科技公司搭建 MIUI 社区平台整合吸收外部知识，包括直接参与和间接参与两种方式。

一方面，积极寻求外部的专业用户，邀请他们直接参与到 MIUI 10 系统的开发过程中，听取他们的意见和想法，共同进行知识整合创新；另一方面，通过分析用户诉求和用户反馈，将用户的创新知识纳入研发过程中，不断推陈出新，从而形成一个创新循环等。其中主要的机制如下。

（1）极客模式。从众多的来源知识主体里面筛选 100 个极客级别的知识主体，让他们与企业自身的研发工程师进行定向互动，通过面对面交流、模拟测试体验环境等手段获取极客知识，并进行知识整合。

（2）“橙色星期五”开发模式。此机制的核心是 MIUI 团队在社区和用户之间进行全方位的互动，系统每周一到周四进行开发升级，每周五集成发布开发版，邀请用户体验并收集用户创新知识，通过这种方式获得用户对产品最直接的评价。

（3）搭建小米社区。通过构建手机与周边产品的交流平台，使得小米公司研发工程师和用户、用户和用户多方位对接起来。MIUI 社区不仅是小米粉丝用户的在线网络交流平台，也是小米工程师和用户之间的知识创新平台。通过 MIUI 社区、运营机构、社区活动，小米科技公司可获得大量用户的需求、用户的体验、用户的创新建议等方面的信息，加快了产品更新迭代的速度，提高了产品质量，并满足了用户需求。

（4）引导团队改革。小米公司的研发与其他企业不同，在团队模式上小米公司工程师直接与产品经理合作，形成了一个又一个的项目突击小组，小组再细分成多个工程小组,这种模式能够将工程师和产品经理的精力和时间聚焦到产品上，从而提高了研发的质量。而且，小米公司建议技术工程师、产品研发者花时间去了解社区动态和信息，主动触达用户，将开发和社区联系到一起，通过引导团队改革，让产品经理到一线和工程师一起面对用户，获悉用户的真正需求，且在第一时间实现技术更新反馈。

（5）形式激励多样化，推动成员参与价值共创。针对不同的用户参与，小米公司的奖励措施也有所不同，但这些措施并不是孤立地对用户产生激励作用，而是相互融合的。小米公司不仅对积极参与社区活动或玩法的用户给予多种形式的奖励，包括优惠打折、抽奖、赠送新产品等现实的物质激励，还帮助用户实现自我价值，在激励过程中，建立完善的积分等级机制，通过分析用户的活跃度和贡献值，给予用户不同程度的勋章、等级称号和特权等，极大地满足高级用户的荣誉感和参与感,而且还邀请高等级用户直接参与手机、系统等产品的制作，与高层面对面对话，甚至吸收其为公司员工，提升用户的归属感。除了正面激励外，小米公司也制定了社区规范制度和规章，以更好地促进知识流动、知识传递。

（三）产品、创新输出

小米公司是利用社区创新的典型，从第一款手机开始，小米 MIUI 操作系统就参考了 MIUI 社区众多“米粉”的意见，利用从社区 Web 挖掘到的零散知识，经过深度的加工、处理及分析，获取和利用用户创新知识。根据收集的信息投票决定小米手机的新功能，确定创新开发方向，从而不断形成创新产品。

小米公司以用户为中心，强调用户参与的重要性。在 MIUI 10 系统中，大部分功能的添加和优化都是基于用户需求而定制的。系统设计人员在开发过程中通过网上平台——MIUI 社区与用户密切讨论，挖掘并采纳用户的反馈意见和需求，最后将其整合到下一代的迭代版本中。它鼓励用户参与到产品开发的各个流程中，实现用户与产品开发无缝对接，有效整合不同知识主体携带的知识，包括人工智能、人工智能科技、深度学习、美学设计、虚拟现实技术，以此方式来开发出令用户满意的产品，同时大大提高了用户反馈的及时性，缩短了产品开发周期，提高了成功率。

二、开放式创新平台知识整合

下面以海尔 HOPE 平台环境下卡萨帝重新解读冰箱保鲜概念，正式开创细胞级储鲜时代的气悬浮无油动力技术为例，探讨开放式创新平台的知识整合创新。

针对传统的压缩机体积大、噪音大、耗电量大且保鲜效果很不理想等问题，气悬浮无油动力技术整合了多方面技术知识，包括制冷技术、电子技术、压缩技术、纳米材料、电脑技术、温控技术等知识点，可让冰箱的温度波动范围缩小近 100%，从 ± 2℃到 ± 0.05℃，保护食物细胞膜的完整，最大限度地减少水分流失，可给食材特别是一些高端食材（如松露、鱼子酱等）提供细胞级别的养鲜呵护。

（一）异质知识网络主体

在卡萨帝气悬浮无油动力冰箱研发过程中，海尔通过构建开放式创新平台，通过平台与全球研发机构合作，整合优秀的外部创客资源、知识和创新思维，实现双赢，其中包括携带组件制作知识的硬件主体、携带冷凝技术的科技主体等，如表 6.4 所示。

表 6.4　卡萨帝气悬浮无油动力冰箱的主要知识参与主体

输入知识主体	知识项
海尔澳大利亚研发中心	携带冰箱制作的知识项，包括气悬浮无油动力技术、物联网、传感技术、信息化技术、自动控制、机械工艺和新流程工艺等
E 公司（压缩机技术企业）	气体轴承悬浮
硬件供应商	携带冰箱制作过程中硬件制作的知识项，包括箱体、门体、门铰链、门封条、压缩机、冷凝器、毛细管、蒸发器、制冷剂等
软件开发商	携带冰箱制作过程中功能系统开发的知识项，包括电路系统、机械系统、变温系统、管路系统及控制系统
科研机构、外部创客	携带冰箱智能领域的前沿科技知识项，包括人工智能、图像传递、语音控制、在线购物、APP 应用等
用户	在用户论坛及吐槽大会上反映痛点，反馈需求知识
HOPE 智囊团	方案评估与跟踪技术
产品经理	提炼需求，提供解决方案
设计部门	进行快速产品迭代
制造、销售部门	快速商业化，管理知识

（二）主要整合机制（工具与技术）

海尔基于 HOPE 平台研发卡萨帝气悬浮无油动力冰箱，整合上面多个主体的知识和技术，也运用到了多样化整合工具和手段。主要的机制如表 6.5 所示。

表 6.5　卡萨帝气悬浮无油动力冰箱跨组织知识整合创新过程及主要机制

主要步骤	参与主体	主要机制		
		组织机制	技术机制	利益机制
1.痛点扫描	用户 领先用户 产品经理	用户论坛 吐槽大会	与用户实时沟通 与用户零距离接触	提高质量安全水平 降低产品购买成本
2.需求发现、锁定	产品经理 科技爱好者、极客族群	HOPE 智囊团	精准定位用户需求 网络挖掘	满足用户需求
3.跨界资源搜索	平台方	HOPE 智囊团 国际技术论坛 特定领域培训	大数据筛选 全球资源搜索 精准匹配技术	无
4.协商谈判、签订合作协议	资源方 创客 风投	合作模式多样化	无	知识分享 提供前期开发费用 承诺后续优先合作权 分享市场利益
5.快速产品迭代	设计团队 用户 HOPE 智囊团	HOPE 智囊团 “小微化”组织架构 “人单合一”模式	柔性制造	缩短产品生产周期 提高产品生产效率
6.快速商业化	销售部门 制造部门 物流部门	供应链协同	设备远程诊断维护、物流服务资源的分布式调度	无

（三）产品、创新输出

卡萨帝气悬浮无油动力冰箱是成功将气悬浮无油动力科技、红外恒温科技、MSA 控氧保鲜科技及智慧家庭健康管理科技等先进技术知识整合到一起的创新家电产品。该产品取得了很好的使用效果。

气悬浮无油动力通过利用 0.05℃的精准控制和低能耗、免开停运行技术，耗电量大幅度降低。近期卡萨帝研发的气悬浮压缩机冰箱，特有的无油压缩机配合 CSK 智控，永不停机，不会出现经常自启动的情况，更不会有噪声烦恼。另外，这款冰箱抑菌率比普通冰箱高出 50%，细菌更少，破坏了食物易腐败的环境，延长了保鲜时间。

气悬浮无油动力冰箱重新定义了新鲜的七大标准，在保持水分、营养、口感等方面都实现了新的突破。卡萨帝气悬浮制冷系统采用超大制冷量宽幅制冷的无油压缩机，同时配合 CSK 智控技术，保鲜时温差仅有 0.05℃左右，肉类不会出现一会冻结、一会化冻的情况，使肉类食品长期保鲜，口感、营养同样保持良好。

三、众包知识型平台下跨界知识整合

所谓众包其实就是组织把特定的工作任务,通过指定的网络公示给外部受众,并向按要求完成组织任务的毛遂自荐者支付约定报酬的大众承包模式。众包和普通意义上的外包不同点在于，外包的任务是派给确定的个体，而众包则是外派给不确定的群体。此外，外包强调的是高度专业化，而众包则与之相反，更注重自由和创意，跨专业的创新往往蕴含着巨大的潜力。众包既有项目任务的分解也有项目任务的整合。

目前提供众包服务的平台有很多。例如，猪八戒网就是目前国内最大的众包服务交易平台。本小节以猪八戒网为例，探讨众包、外包平台知识整合创新模型。

猪八戒网是当下全国最大的服务交易平台，由《重庆晚报》原首席记者朱明跃创办于 2006 年，开创式地为人才与雇主搭建起双边市场，平台有上千万服务商为企业、公共机构和个人提供帮助，将创意、智慧、技能转化为商业价值和社会价值，其服务项目包括品牌设计、营销传播、软件开发、知识产权、电商服务、游戏、工业制造、影视动漫、科技服务、法律服务、人力社保、翻译服务、装修、虚拟现实技术、咨询服务和教育培训等多元化模式，其归结到底就是知识的服务，通过有效的平台基础机构广泛整合线上线下知识资源，凭借互联网、大数据等基础信息技术，打造全球性知识工作者共享平台。自猪八戒网创建以来，经过多年发展，平台规模越来越大，截至 2019 年 9 月，猪八戒网的注册用户已超过 1900 万户，其中中外雇主为 600 万户、平台服务商超过 1300 万家。

作为威客模式的典型代表，猪八戒网是行业的领先者，利用互联网技术更有效地配置资源，实现知识在双边市场的流动、沟通和整合，从而达到商业价值与社会价值的统一。根据 ITO 模型，猪八戒网上的项目主要参与主体、主要整合机制及产出分析如下。

（一）异质知识网络主体

（1）任务完成者主体。该主体提供智力成果、知识产品、创造能力、解决问题的方法、智慧知识、知识商品和服务及专业特长等，这类主体的专业、职业、教育背景、实践经验和技能各不相同，造就了个体的独特性和差异性。

（2）任务发布者主体。携带行业任务的参与者，可以是明确界定的个人、企事业单位、政府部门及非营利性组织，具体包括知识产权、品牌设计、开发建站、营销推广、工业设计、互联网等行业的任务。

（3）平台服务主体，即负责众包、外包平台正常运转及维护的主体，包括前端维护和设计人员、后台开发人员、客服人员、环境搭建人员等。

（二）主要整合机制（工具与技术）

众包的实质是对组织外部资源的有效利用和组织管理，其过程如表 6.6 所示，这个过程将交织运用多种工具或机制：组织机制、技术机制和利益机制等。

表 6.6 众包创新项目知识整合过程及主要机制

主要步骤	参与主体	主要机制		
		组织机制	技术机制	利益机制
1.发布任务	雇主 平台方	远程业务管理 远程用工管理	项目分解技术 快速连接资源	无
2.威客投标	众多的承接方	用户管理系统	资源搜索 大数据筛选	无
3.雇主选标	雇主 平台方	无	评价体系 精准匹配技术 项目风险管理技术	缩短交付周期 降低开发成本
4.交易互评	雇主 平台方	纠纷调解	项目进度控制技术 信用评价	提供前期开发费用 承诺后续优先合作权

1. 发布任务

任务发布者基于众包平台将任务项目适当分解并发布到平台上，这个环节需要远程业务管理、远程用工管理，还要用到项目分解技术、快速连接资源等。

2. 威客投标

威客看到任务信息后，按规定程序或交易机制进行投标，这里要使用用户管理系统，同时需要使用资源搜索、大数据筛选等工具或方法。

3. 雇主选标

收到众多威客投标后雇主要按规定评价体系、程序或交易机制将任务分发给承包者。这里要使用评价体系、精准匹配技术、项目风险管理技术等工具或方法。

4. 交易互评

威客按协议交付任务，通过雇主评价验收后完成交易，获得相应的报酬。这里可能涉及纠纷调解，同时涉及项目进度控制技术、信用评价等方法或工具的应用，在经济利益上涉及开发费、后续优先合作权的处理机制。

典型众包平台猪八戒网的主要做法。

（1）制定有效的定价机制。目前，猪八戒网主要有三种定价机制：一是需求方根据服务外包市场的分析判断，以自身所需的产品能够达到的预期效用自主给出一个价格，然后在交易平台进行悬赏从而获得最满意的产品；二是供给方和需求方协商确定价格，这种定价方式需要供给方和需求方对于服务和产品均有所了解；三是供给方给予一个服务最低价格，供给方对于服务和产品的名称、功能、用途和效益等进行详细的描述，从而在网络市场竞价区由需求方议价成交。

（2）制定不同的交易机制。猪八戒网主要有四类交易机制：悬赏制、招标制、雇佣制和计件制。悬赏制是指由需求方发布创新任务并给出任务奖励，供给方通过提交知识产品供需求方评价、选择而获得任务奖励的一种交易机制。招标制是指由需求方发布任务需求，供给方通过制定标书（包括以往业务能力、任务解决方案、任务报价等信息）供需求方选择而争取中标的一种交易机制。雇佣制是适用于任务量大或需要团队协作完成创意任务的一种交易机制。计件制是适用于技术含量较低、简单易行且报酬少的任务的一种交易机制。

（3）欺诈防范机制。猪八戒网主要有三种机制来防范需求方的欺诈行为：严格的知识产权保护、信誉反馈机制及网络社区监督。构建具有严格知识产权保护的代表性平台，其中，供给方可以隐藏自己的身份信息，供给方和需求方通过网络中介平台进行沟通，需求方只能在知识交易结束合作后才能看到并评价解答方案。在网络社区监督中，需求方根据自身的需要可随时查阅并评价供给方提交的方案，但前提是需要将获胜的解答方案公布，接受供给方的监督。在网络平台还未实施监管的情况下，社区成员监督网上交易是一种有效的补充机制，网络平台与社区各成员密切配合从而形成良性循环，由社区成员来监督各项违规行为，充分发挥网络用户的集体智慧。信誉反馈机制常被威客网站采用，供需双方在交易结束后可以互相对交易过程、服务结果进行评价，以此作为评判双方信誉的依据（李忆等，2013）。

（三）产品、创新输出

猪八戒网通过有效资源整合机制和服务方式，在 2016 年创造了两个年度之最：年度雇主和年度服务商之最。其中，年度雇主单笔消费冠军金额达到 361 359 元，年度订单数量达 15 474 单，年度购买品类丰富度最高达 17 个行业。年度服务商接单冠军达 34 098 单，年收入冠军高达 1.4 亿元，年度平均交单最快为 0.96 小时。这一数据既反映了猪八戒网巨大的企业孵化价值，又折射出猪八戒网庞大的交易数据。

第三节 平台级跨组织知识整合创新绩效评价

一、概述

绩效一般用于描述某一系统在运行一段时间后的结果表现。对于知识型创新平台的知识整合绩效分析目前研究较少，也没有达成一致的定义，但有一些研究者从国家级重点实验室、科技创新平台着手，对类似创新平台系统的绩效有过一些研究，参考这方面的研究，我们可以对上述类似创新平台组织知识整合创新绩效现有的绩效评价方法进行分析并结合基于平台的跨组织知识整合创新的特点，构建平台级知识整合创新绩效评价指标体系，利用更加科学的方法对平台级的知识整合创新绩效进行评估。

二、评价指标

要对知识整合创新绩效进行评价，首先需要构建评价指标体系，目前学术界还没有统一标准的绩效评价指标体系，但相关研究不少。例如，李长玲（2006）提出用模糊综合评价模型对公司知识管理绩效进行评估。王琼辉和刘杰（2009）运用层次分析法测度平台用户的直接绩效和平台管理的间接绩效，并对上海公共服务的能力、内容、经济利益等方面进行了评价。吴成颂等（2012）从外部运行环境、资源投入、科技中介服务及相关利益主体满意度四个方面对研发公共服务平台进行了评估。

在创新绩效评价中，通常通过建立“投入—产出”模型进行分析，然而针对创新绩效评价，以前不少人采用传统的企业财务评价方法，但效果不好，根据灰度管理理论与灰度创新，知识整合应该是一种灰度评价，应该建立一种灰度评价指标来评价创新绩效。这里结合现有研究，准备建立一种灰度评价指标进行知识整合创新绩效评价。考虑到知识整合创新绩效不仅与掌握的知识资源有关，还与整合机制相关，另外还与研究投入强度（即人力与资金投入）有关，因此，根据第一章表 1.6 的综合指标体系，本节给出相应的评价指标体系：一是知识网络特征变量，具体有关联知识基、互补知识基和知识完备度；二是需求度、速度、灵活度、冗余度、开放协作度、创新度、进化度等七个灰度评价指标；三是人力投入与资金投入。关于各指标变量的具体含义及测度如表 6.7 所示。

表 6.7 平台介入下知识整合创新产出评价综合变量体系

变量分类	变量名称	变量含义及符号	取值
知识网络特征指标（输入指标）	关联知识基	平台组织内各主体知识的同质知识比例，X_1	0～1
	互补知识基	平台组织内各主体知识的异质知识比例，X_2	0～1
	知识完备度	平台实现项目创新所需的知识和技术比例，X_3	0～1

续表

变量分类	变量名称	变量含义及符号	取值
知识整合机制灰度评价指标	需求度	市场对产品或技术的需求强度，X_4	目标需求人群/总人群比例，0～1
	速度	产品创新、技术研发到面向市场的时间，X_5	产品、技术从研发到面向市场的时间/周
	灵活度	项目计划改变需要的时间，X_6	响应变更的速度/周
	开放协作度	创新过程中各主体的共享程度，X_7	多级共享，1 级共享计划，2 级共享知识，3 级共享利益
	创新度	在技术、企业和市场上的新颖程度，X_8	由企业新颖度、市场新颖度、技术新颖度 3 个因素的乘积决定，0～1
	进化度	产品或技术的迭代次数，X_9	0～100
	冗余度	创新技术方案的数量，X_{10}	技术线路方案的数量，0～100
调节变量	人力投入	知识整合创新过程中投入的人员数量，X_{11}	总人数/人
	资金投入	知识整合创新过程中投入的总资金，X_{12}	总资金/万元
预测输出指标	项目成功概率	创新项目成功的概率，P	成功：1 失败：0

三、基于 BP 神经网络的项目成功概率预测

（一）模型构建

1. 基于 BP 神经网络项目成功概率预测分析

1）BP 神经网络训练算法

BP 神经网络是一种基于反向传播算法的多层前向网络，它有一个输入层和一个输出层及多个隐含层。根据逼近理论，具有非线性传递函数的 BP 神经网络在隐含层神经元数量足够多的情况下，可以实现任意精度的非线性映射。对于只知道输入数据和输出数据的非线性过程与函数，可以利用 BP 神经网络优秀的拟合能力，利用其输入输出数据进行训练，从而使得 BP 神经网络获得与该非线性过程十分接近的映射功能。

对于一个 n 维输入 m 维输出的三层 BP 神经网络，其计算模型和过程为

网络输入：$$X=(x_1,x_2,\cdots,x_n)$$

输入层：$$a_i=x_i(i=1,2,\cdots,n)$$

中间层：$s_i=\sum_{i=1}^{n}\beta_{ij}\alpha_i-\theta_j(j=1,2,\cdots,p)$；$b_j=F_1(s_j)(j=1,2,\cdots,p)$

输出层：$l_t = \sum_{j=1}^{p} v_{jt} b_j - \gamma_t (t = 1,2,\cdots,m)$；$y_t = F_2(l_t)(t = 1,2,\cdots,m)$

网络输出：$$Y = (y_1, y_2, \cdots, y_n)$$

其中，β_{ij}，θ_j，v_{jt}，γ_t 表示神经网络参数，它们的值在训练过程中可进行调整；X 表示网络输入向量；Y 表示网络输出向量；其余为神经网络的中间向量。$F_1(\cdot)$ 和 $F_2(\cdot)$ 表示中间层和输出层的传递函数。$F_1(\cdot)$ 一般为非线性函数，如sigmoid函数，$F_2(\cdot)$ 也可以选择线性函数。$F_1(\cdot)$ 的非线性是实现 BP 神经网络非线性映射的基础。在网络神经元个数确定的情况下，不同的 β_{ij}，θ_j，v_{jt}，γ_t 值确定了网络不同的输入输出映射。BP 神经网络采用反向误差反向传播来调整 β_{ij}，θ_j，v_{jt}，γ_t 的值，网络训练的过程相当于不断调整 β_{ij}，θ_j，v_{jt}，γ_t 的值，使得网络的输出越来越接近训练数据中的目标输出数据。若将一个复杂线性过程的输入输出数据用于训练 BP 网络，训练完成的网络将拥有与该非线性过程十分接近的非线性映射能力，相当于使用一个网络结构模型对复杂非线性过程进行建立和辨识，其中的 β_{ij}，θ_j，v_{jt}，γ_t 便是模型的参数。神经网络建模的优点在于其建模过程只用到输入输出数据，而不需要知道非线性过程的内在机制（张铁等，2019）。

2）BP 神经网络模型设计

在影响创新项目成功概率的因素中，有知识网络特征、知识整合机制和调节变量。知识网络特征选择知识相同度、知识相异度和知识完备度作为模型的输入指标；针对知识整合机制，主要有需求度、速度、灵活度、冗余度、开放协作度、创新度、进化度七个输入指标；针对调节变量，主要考虑人力投入和资金投入两个指标。基于此，可构建如图 6.2 所示的基于 BP 神经网络构建的项目成功概率预测模型。

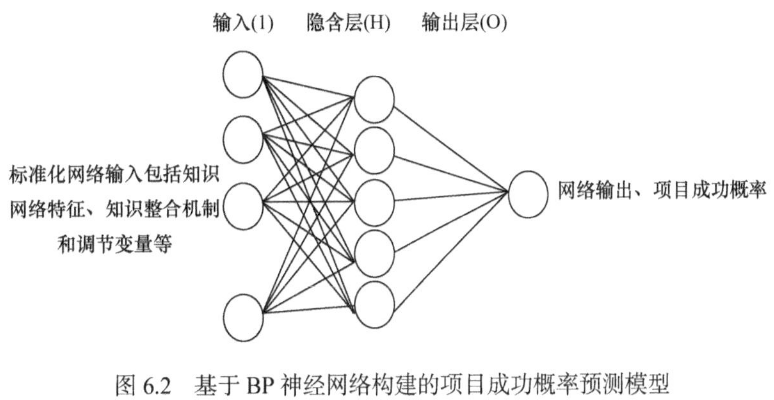

图 6.2　基于 BP 神经网络构建的项目成功概率预测模型

2. 归一化处理

由于上述案例中数据指标体系各变量的单位不同，无法计算，为了提高数据分析的准确性，必须对数据进行归一化处理，本书依据数据的实际情况采用线性函数转换，表达式如下：

$$y = \frac{x - \text{minValue}}{\text{maxValue} - \text{minValue}} \tag{6.1}$$

其中，x 和 y 分别表示转换前、转换后的值；maxValue 、minValue 分别表示样本的最大值和最小值。

3. 敏感度分析

敏感度分析是常用的分析不确定性的方法之一，根据模型或系统的输出进而分析相关的设置参数，特别是输入对输出的价值，从而根据期望值对其进行修改，直到达到期望值（Saltelli et al.，2006）。敏感度分析虽然有不同的分析方法，但是基本思想类似。该方法比较适合于模型不清楚或系统动力学不确定的问题。神经网络内部结构作为一种动力学问题，可以利用敏感度分析法计算其内部参数对神经网络输出的影响（乔俊飞等，2016）。具体做法是依次改变各输入变量，分别将某输入变量的各测试值引入网络后，观察输出变量的取值，记录其中最大值和最小的输出，并计算出最大值、最小值之差与最大输出的比值，所有比值的均数则为该输入变量的敏感度。如果网络设定了验证集，敏感度分析将基于验证集进行，如果未设置验证集，则分析基于测试集进行。

本书在知识整合创新绩效评价指标的设计方面主要考虑了三个方面的输入变量：一是知识网络特征变量，具体有关联知识基比例、互补知识基比例和知识完备度；二是需求度、速度、灵活度、冗余度、开放协作度、创新度、进化度等七个灰度评价指标；三是人力投入与资金投入。其中，知识网络特征变量和知识整合机制作为结构输入变量保持不变，则对其中的调节变量——人力投入和资金投入进行敏感度分析，从而分析相应的结果变化。

（二）问题描述与数值模拟

这里以创新开放平台的创新项目为例，拟采用算例分析方法对平台级组织知识整合的创新绩效进行分析。如表 6.8 所示，设置 9 个创新项目的投入—产出指标具体数值。其中，$X=(X_1, X_2,\cdots, X_{12})$，表示创新项目的评价输入指标，$P$ 表示各创新项目的成功概率。

表 6.8　平台级知识整合创新投入及产出指标

创新项目	知识网络特征指标（输入）			知识整合机制灰度评价指标							调节变量		预测输出
	知识相同度 X_1	知识相异度 X_2	知识完备度 X_3	需求度 X_4	速度 X_5	灵活度 X_6	开放协作度 X_7	创新度 X_8	进化度 X_9	冗余度 X_{10}	人力投入 X_{11}	资金投入 X_{12}	成功概率 P
1	0.92	0.54	0.88	0.75	7	2	3	0.89	6	3	186	487	0
2	0.88	0.65	0.74	0.68	9	3	2	0.86	6	3	162	352	0
3	0.72	0.76	0.76	0.89	7	5	1	0.74	4	4	202	552	1
4	0.64	0.84	0.86	0.80	6	2	2	0.87	7	2	185	498	1
5	0.86	0.78	0.94	0.92	4	1	3	0.92	5	5	246	798	1
6	0.86	0.74	0.77	0.78	3	2	3	0.82	3	2	204	524	1
7	0.74	0.73	0.79	0.76	5	5	1	0.74	3	1	198	783	1
8	0.57	0.94	0.84	0.68	8	6	2	0.78	2	3	146	567	0
9	0.83	0.86	0.83	0.88	8	4	2	0.90	4	3	254	798	1

（三）模型的训练及图表分析

基于第二节的指标和模型，利用 MATLAB 软件进行数据输入，将表 6.8 中的样本数据导入到软件。通过不断训练模型来解决隐藏层的权值设定和阈值调节等问题，进而使神经网络更加符合实际问题的需要。根据平台级跨组织知识整合创新绩效评价的实际情况，具体的模型参数选择如下：将 TRAINGDX 作为训练函数；将 MSE 作为性能函数；将 SIM 函数作为预测数据的函数，设定期望误差为 $\varepsilon=0.001$，分析结果如下。

（1）根据程序运行结果可得到误差曲线图，从图 6.3 可以看出，在训练到第

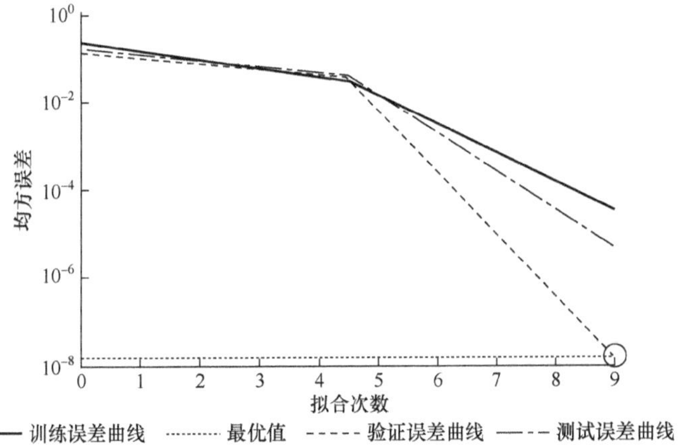

图 6.3　误差曲线图

9 次拟合最优性能值为 1.5299×10^{-8}

5 次时，训练误差、验证误差和测试误差均处于稳定状态，优化性能不明显，当网络训练到第 9 次时，三条曲线均收敛于期望误差甚至接近于最优值，表明此时网络已经训练到设定的基准值，网络模型性能明显。

（2）为验证样本数据训练得出的神经网络模型的精确度，我们随机抽取其中三组样本数据做测试，经过测试得到测试集项目成功概率的期望输出结果，对比结果如表 6.9 所示。

表 6.9 BP 神经网络的精度

样本	期望值	实际值	误差
1	1.0003	1	3.0×10^{-4}
2	−0.0300	0	Inf
3	0.9999	1	1.0×10^{-4}

注：Inf 表示误差无限小

一般评价神经网络模型性能是否良好可从如下两方面进行：一方面，相对误差越小，表示模型的性能越好，构建的模型能够很准确地预测项目的成功概率，相对误差小于等于 5%是满足条件，训练的网络输出误差与标准误差的绝对值控制在 5%以内，由此可以得出模型的预测结果是可行的；另一方面，决定系数 R^2 在[0, 1]范围内，越接近 1，表明模型的性能越好；反之，越趋近 0，表明模型的性能越差，根据模型分析，该网络的决定系数 $R^2=1$，因此模型构建成功。可以利用该 BP 神经网络对实际的创新项目成功概率进行预测分析，分析各输入变量——知识网络特征、知识整合机制和调节变量对创新项目成功概率的影响，以便平台级跨组织知识整合在初期就做出合理的规划，为人才、资金、资源和技术管理部门提供相应的支持，可以使制定的措施和方案更加具有针对性与具体性，促进创新项目的成功。

（3）敏感度分析结果。采用敏感度分析对创新项目成功概率各个影响因素的敏感度进行分析，从而反映各影响因素对创新项目成功概率的影响程度大小。在建立起符合精度要求的神经网络后，在 BP 模型输入变量中，保持知识相同度、知识相异度、知识完备度、需求度、速度、灵活度、开放协作度、创新度、进化度和冗余度作为模型的结构输入变量，分别改变上述案例的人力投入和资金投入的数值，结果如表 6.10 所示。

表 6.10 项目成功概率影响因素敏感度分析结果

项目	知识网络特征指标（输入）	知识整合机制灰度评价指标	调节变量	
变量类型	结构变量	结构变量	人力投入	资金投入
敏感度	—	—	0.821	0.763

从表 6.10 可以看出，在调节变量中，对项目成功概率影响较大的是人力投入，其次是资金投入。根据敏感度分析结果，可以对影响评价项较大的输入参数进行调整，从而使方案更加优化，在创新项目立项的初期，需要保证充足的资金投入，保证对于设备、市场能有一个全面的洞悉；在创新项目攻克关键技术的阶段，加大人才资源的投入，保证能持续不断地为创新项目提供解决方案，推进创新项目的成功。

本书中构建的神经网络模型也有不足之处，由于训练样本容量较小，只有 6 组数据，所以预测精度还有优化的可能。考虑到这些因素，这里得到的预测结果能较好地反映知识整合创新绩效与知识网络特征、知识整合机制和调节变量之间的关系。

（四）基于 DEA 的各创新项目投入产出结果分析

根据以上数据，利用 MATLAB 对上述创新项目的投入—产出数据进行计算，得到各创新项目的效率值，具体分析如表 6.11 所示。

表 6.11　创新项目效率值分析

创新项目	综合效率	纯技术效率	规模效率
1	0.82	0.54	0.74
2	0.67	0.53	0.82
3	0.48	0.31	0.92
4	0.51	0.53	0.96
5	1	1	1
6	0.52	0.47	0.72
7	0.42	0.39	0.69
8	0.58	0.65	0.90
9	0.84	0.89	0.98

第一，平台级知识整合创新综合效率为 1 的是创新项目 5，其次综合效率较高的是创新项目 9 和创新项目 1，由此可见，平台介入下知识整合创新过程中知识的完备度对于创新项目的综合效率有重大影响。在企业发展与创业的过程中，知识、能力、资源缺乏成为制约企业长期快速发展的主要瓶颈之一，平台的介入能够使得参与创新的知识主体、知识网络及创新资源等得到极大的丰富，同时引入了新的创新要素和知识整合机制，而且增加了新的协作关系，使得不同知识主体之间知识资源匹配更加柔性化，加速组织进行有效的知识吸收和知识创造，实现知识整合范围的扩大和整合效率的提升，整合效率高意味着能将知识投入很好地转化为创新知识成果的产出，从而促进创新项目成功。

第二，知识整合机制中灵活度和开放协作度是衡量知识整合过程中的环境适应能力、自我调整能力和共享意愿的两个机制指标。在动态的竞争环境中，企业确立竞争优势的一个途径就是持续地改进和创新，平台介入的知识整合创新过程中，引入新的创新要素和知识整合机制，势必会导致知识传递时间冗长、市场响应速度慢等，很有可能由响应不及时、知识更新速度较慢和共享程度较低导致项目失败（魏江和王铜安，2008）。由表 6.8 得知，灵活度在 4 周以上的有创新项目 3、创新项目 7、创新项目 8 和创新项目 9，其中创新项目 3 和创新项目 7 共享程度为 1，创新项目 8 和创新项目 9 共享程度为 2。从知识发展的视角来看，任何一个企业的知识更新和发展都具有一定的延续性，知识创新必须在旧知识的基础上通过整合新的知识或者对原有的知识进行重构来实现，而且随着环境和目标的变化而动态地适应、保持和调整知识整合的水平，同时共享程度较高的创新项目更能加速上述的过程，因此对于项目的成功和失败有重要影响。

第三，知识相同度和知识相异度决定知识整合的深度，知识完备度决定知识整合的宽度，人力投入和资金投入则保证了在知识整合过程中是否能有充足的投入。通过分析创新项目 1、创新项目 3 和创新项目 6，人力和资金的投入并不是越多越好，相反过多的人力和资金投入还会导致创新项目的失败，因为过多的人力投入会使得知识主体之间的协作关系变得复杂，知识交流和传递时间过于冗长，知识整合弹性受到极大的影响，而且过多的人力和资金投入也会难以协调项目创新成功之后的收益分配，因此平台介入的知识整合创新，需要建立较为灵活的产品迭代团队，确保核心知识进行快速更新、共享和传递，促进创新项目的成功。

平台的介入能够加速组织进行有效的知识吸收和知识创造，平台级的知识整合创新主要研究服务供应方、服务需求方与平台之间的知识整合创新，平台既可以作为知识输入的一部分，也可以作为技术工具的一部分参与其中，平台不仅能够发挥服务集成商整合资源的作用，而且能以连接和聚合的方式降低各参与方的成本并创造价值，此外平台通过吸收各服务供应方的新知及满足各服务需求方的要求进行自身改造，把握市场方向，不断迭代升级，提高其服务质量。因此，为了能够更有效地进行知识整合创新活动，企业应该积极向平台化靠拢，明确自身定位，参与到知识共享活动中，努力创造协作共赢的局面。

第七章　跨组织联盟知识整合创新收益分配模型

以知识整合创新为目的的跨组织联盟必然面临创新收益分配问题，创新收益分配公平与否直接影响联盟的积极性、有效性和稳定性。因此，要想保证联盟组织知识整合创新的顺利进行，以及联盟组织的长期可持续发展，有必要对跨组织联盟层级的知识整合创新收益分配问题进行探究。

第一节　跨组织联盟收益来源与分配原则

一、收益来源

跨组织知识整合创新的产出可能包括新产品、新工艺、技术服务或知识产权等，产品销售、新工艺节约的成本、技术服务或产权许可给联盟带来的收益是其直接收益。另外，创新带来的溢出效应、顾客忠诚度、品牌形象和经验是其间接收益。

（一）直接收益

直接收益是可直接得到的，并能直接计量的经济收益。直接收益主要指销售产品、技术转让或服务带来的收益。联盟组织通过知识整合创新创造新产品、新技术、新服务，联盟成员通过销售产品、技术转让或提供服务能够获取一定的经济收益，这些收益部分来源于联盟组织知识整合创新的贡献。

（二）间接收益

间接收益是项目本身没有获得收益，而给予社会、其他企业的经济效益。联盟组织创新收益可能会给各成员企业带来并不均等的间接收益。间接收益主要源于知识溢出、技术溢出等溢出效应，用户满意度和忠诚度提升等品牌形象效应，成员企业间的相互交流学习和获取相关经验带来的学习效应。经验知识、良好的顾客忠诚度和品牌形象能提高企业产品的市场占有率和销售额，进而为成员企业带来丰厚的经济收益，并提高社会效益。

二、收益分配原则

作为理性经济体，合作企业均追求自身的利润最大化。企业之所以加入联盟，是因为加入联盟后所获得的收益比该企业独自经营所得的收益要多得多，可实现双赢或多赢的目的。但由于企业都存在有限理性和机会主义行为，且都从自身收益最大化角度考虑问题，合作过程中常常会发生收益冲突和矛盾，从而影响联盟的稳定性。为了提高联盟的稳定性，就要合理分配、处理联盟创新收益，一般要在联盟合作建构前设定一些可操作的收益分配原则。

（1）整体收益最大化原则。联盟首先重点强调整体收益，简单说就是做大“蛋糕”，只有提高了联盟的整体收益，才能谈下一步的收益分配问题，跨组织联盟的目的是使成员企业加入联盟后的创新收益大于企业单独创新时的收益，因此，需要科学计算整体收益。

（2）多赢原则。利益是联盟建构的动力。因此，要想保持联盟持续运作并吸引优秀的成员加入，一方面要使联盟知识整合总收益大于各企业加入联盟前的创新收益总和；另一方面，要使各个企业加入联盟后的收益大于加入前的收益，也就是实现多赢。

（3）投资与收益对等原则。根据投资主体的投资份额进行收益分配。企业进行收益分配应当体现谁投资谁受益、收益大小与投资比例相对等的原则。这是正确处理投资者利益关系的关键。

（4）公平与公开原则。企业在向投资者分配收益时，应本着平等一致的原则，按照投资者投资额的比例进行分配，不允许任何一方随意多分、多占，从根本上实现收益分配中的公开、公平和公正，保护各参与方的合理利益。收益分配方案应该对成员企业公开披露。未公开披露的收益分配方案容易导致误会和矛盾，从而产生冲突。为了保证收益分配的公正、公平，各成员企业有权共同参与制订收益分配方案。

第二节 平等型联盟知识整合创新收益分配模型

本书按照合作企业地位的不同将联盟分为平等型联盟、核心企业主导型联盟和平台型联盟。由于联盟的组织结构及运行环境不同，对联盟各成员的收益分配也将不同，下面首先探讨平等型知识创新联盟的收益分配问题。

一、问题描述与模型假设

平等型联盟是指联盟成员企业之间实力相当，联盟成员拥有的技术或者资源相互依赖性强，联盟合作可以达到单个企业独立经营所无法达到的效率和优势。

下面对平等型知识创新联盟知识整合创新收益分配问题进行描述。

本节将采用适用于联盟企业地位平等的产出分享模式，对平等型知识创新联盟的收益分配问题进行建模分析。模型中影响联盟利益分配的因素很多，如前所述，平等型联盟利益分配影响因素主要包括创新能力、努力水平、贡献程度、投入成本和风险等。结合前文所描述的跨组织联盟知识整合创新 ITO 模型可知，联盟收益分配模型中的投入成本包括知识投入、资金投入和人力投入等，对应组织联盟的输入（I）；努力水平对应 ITO 模型中的研发强度；而贡献程度、创新能力和风险则是影响联盟的输出（O），即联盟收益的重要因素。

假设某知识创新联盟由两个处于平等地位的企业组成，这里参照汤少梁和肖增敏（2007）提出的合作收益模型，在此基础上进行模型改进，设联盟的创新总收益为π，两企业的知识贡献对收益的影响表示为 k_1 和 k_2，I_1 和 I_2 分别表示两企业的综合投入强度，联盟的创新总收益与两企业的知识贡献努力水平正相关，且边际收益递减，即 $\frac{\partial \pi}{\partial k_i} > 0, \frac{\partial^2 \pi}{\partial k_i^2} < 0$。$S$ 是收益极值，是理论上能达到的最大值。假设忽略随机影响，则联盟的总收益整合函数可表示为

$$\pi = S - I_1^{-k_1} I_2^{-k_2} \tag{7.1}$$

设联盟的总利润表示为 π_0，企业知识整合创新成本分别为 C_1 和 C_2，描述了企业为知识整合付出努力而产生的成本，包括人员及管理上的投入、风险成本等。

二、模型构建与求解

为了便于分析，假设成本投入与努力呈线性正相关，则联盟总利润为

$$\pi_0 = S - I_1^{-k_1} I_2^{-k_2} - C_1 k_1 - C_2 k_2 \tag{7.2}$$

联盟成员企业利润分别为 π_1 和 π_2，设收益分配比例为 p 和 $1-p$，则两企业的利润分别为

$$\pi_1 = p\pi - C_1 I_1 = p(S - I_1^{-k_1} I_2^{-k_2}) - C_1 k_1 \tag{7.3}$$

$$\pi_2 = (1-p)\pi - C_2 k_2 = (1-p)(S - I_1^{-k_1} I_2^{-k_2}) - C_2 k_2 \tag{7.4}$$

在联盟组织知识整合创新过程中，成员企业间为了共同的利益努力。但在创新过程中，成员企业有可能以追求自身收益最大化为目标而选择不进行合作创新（非合作策略），或者以追求联盟收益最大化为目标进行合作创新（合作策略），不同的合作策略下的利益分配机制有所不同，因此以下分别对两种情形下的利益分配机制进行分析。

（一）非合作策略下的利益分配机制——Nash 均衡

在非合作策略下，联盟组织知识整合创新收益分配过程通常为：处于平等地位下的联盟成员企业共同协商确定分配比例，各企业在随后的合作过程中采取非合作策略追求各自利润的最大化。面对成员企业的自利行为，要实现联盟总收益最大化必须确定最优的收益分配比例。

首先，分析在一定的分配比例下，两企业将按自身投入强度来追求各自收益最大化，此时针对综合投入强度 I_1, I_2，将式（7.3）、式（7.4）分别对 I_1, I_2 求偏导得

$$\frac{\partial \pi_1}{\partial I_1} = pk_1 I_1^{-(k_1+1)} I_2^{-k_2} = 0 \tag{7.5}$$

$$\frac{\partial \pi_2}{\partial I_2} = (1-p)k_2 I_1^{-k_1} I_2^{-(k_2+1)} = 0 \tag{7.6}$$

联立式（7.5）和式（7.6），解得 I_1^* 和 I_2^*：

$$I_1^* = [p^{(k_2+1)}(1-p)^{-k_2} k_1^{(k_2+1)} k_2^{-k_2} C_1^{-(k_2+1)} C_2^{k_2}]^{\frac{1}{k_1+k_2+1}} \tag{7.7}$$

$$I_2^* = [p^{-k_1}(1-p)^{(k_1+1)} k_1^{-(k_1+1)} k_2^{(k_1+1)} C_1^{k_1} C_2^{-(k_1+1)}]^{\frac{1}{k_1+k_2+1}} \tag{7.8}$$

其次，分析联盟总收益的最优化问题。将 I_1^*, I_2^* 代入式（7.2），并对 p 求导，得最优分配比例 p^*。

$$p^* = \begin{cases} \dfrac{k_1(1+k_2) - [k_1 k_2 (1+k_1)(1+k_2)]^{\frac{1}{2}}}{k_1 - k_2} (k_1 \neq k_2) \\ \dfrac{1}{2} (k_1 = k_2) \end{cases} \tag{7.9}$$

（二）合作策略下的利益分配机制——Pareto 改进

企业寻求合作的目的显然是追求更高的收益，这里要达到合作的稳定需要满足两个条件：①合作获得的收益不小于不合作获得的收益，这是参与约束条件；②成员企业认为分配机制公平，对收益分配感到满意，这是激励约束条件（汤少梁和肖增敏，2007）。用经济学术语来说即是 Pareto 改进。

Pareto 改进是个博弈过程，具体如下。

首先是把“蛋糕”做大，通过合作实现联盟收益最大化。为了使联盟总收益最大化，式（7.2）分别对 I_1, I_2 求偏导，得到：

$$\begin{cases} \dfrac{\partial \pi_0}{\partial I_1} = k_1 I_1^{-(k_1+1)} I_2^{-k_2} - C_1 = 0 \\ \dfrac{\partial \pi_0}{\partial I_2} = k_2 I_1^{-k_1} I_2^{-(k_2+1)} - C_2 = 0 \end{cases} \tag{7.10}$$

解式（7.10）得到 I_1^{t*} 和 I_2^{t*}：

$$I_1^{t*}=[k_1^{(k_2+1)}k_2^{-k_2}C_1^{-(k_2+1)}C_2^{k_2}]^{\frac{1}{k_1+k_2+1}} \tag{7.11}$$

$$I_2^{t*}=[k_1^{-k_1}k_2^{(k_1+1)}C_1^{k_1}C_2^{-(k_1+1)}]^{\frac{1}{k_1+k_2+1}} \tag{7.12}$$

比较式（7.7）与式（7.11），式（7.8）与式（7.12），可以分析出 $I_1^{t*}>I_1^*, I_2^{t*}>I_2^*$，当以联盟总收益最大化为目标时，企业各自最优的努力水平都会增加，克服了非合作策略中的败德行为。

其次是分“蛋糕”，即进行联盟收益的分配，关键是如何保证成员企业的分配公平，让成员满意。

令 ΔI_i 与 $\Delta\pi_i$ 分别表示第 i 个企业的投入增值和收益增值，$\Delta I_i=I_i^{t*}-I_i^*, \Delta\pi_i=\pi_i(I_i^{t*})-\pi_i(I_i^*)$，考虑相对公平关切，成员企业满意度应该满足：

$$\begin{cases}\dfrac{\Delta\pi_1}{\pi_1(I_1^*)}\dfrac{I_1^*}{\Delta I_1}=\dfrac{\Delta\pi_2}{\pi_2(I_2^*)}\dfrac{I_2^*}{\Delta I_2}\\ \text{s.t.}\quad \Delta\pi_i\geqslant 0, i=1,2\end{cases} \tag{7.13}$$

解式（7.13），可得到最优分配比例 p^{t*}。

三、数值模拟与分析

为了比较合作策略与非合作策略两种情形下的分配机制，这里用模拟数据来对上述模型运算结果进行分析。假设由两个实力相当的企业 A、B 所组成的创新联盟，各自都拥有不同的技术知识或资源，因而在联盟中处于平等地位。在知识整合创新过程中，A、B 的知识整合创新系数分别为 $k_1=1, k_2=2$，该联盟知识整合创新成功获得的收益极值为 S=100，两个企业的创新成本分别为 $C_1=2, C_2=4$，将各参数代入上述博弈模型，得到博弈均衡结果分析表，如表 7.1 所示。

表 7.1 两种机制下知识整合创新收益博弈均衡结果分析

机制	最优分配比例	企业 1 努力水平	企业 2 努力水平	企业 1 收益值	企业 2 收益值	联盟总收益
Nash 均衡	0.4641	0.6459	0.7458	43.83	50.61	94.43
Pareto 改进	0.4654	0.8409	0.8412	44.15	50.71	94.86

分析表 7.1 可得到以下结论：在知识整合创新中，两个企业的合作策略相对于非合作策略结果更好一些，基本满足了参与约束和激励约束，但两者数据较接近，优势还不是很明显。结果表明，合作策略虽然基本达到了 Pareto 改进，但

稳定性不一定很好。因此，这里还需要进一步进行变量或参数的敏感性分析，以确定合作联盟获得稳定性的关键影响因素。

第三节　核心企业主导型联盟知识整合创新收益分配模型

一、问题描述与模型假设

2017 年岁末，日本铃木、斯巴鲁、丰田公司和日野汽车有限公司 4 家公司，决定加入由丰田公司主导的电动汽车研发新公司，与原有的丰田公司、马自达和电装成立 7 公司联盟，分享知识产权，加速构建电动汽车基础技术。这是一种核心企业主导型联盟。这种联盟一般是由行业或领域内某个核心企业主导的联盟，其特点是主导企业具有较强实力，成员企业对联盟依存度不同，即在联盟中不是平等关系，这种关系会影响最终的收益分配。与前者平等型联盟不一样，这里将采用混合模式对核心企业主导型联盟成员企业间的收益分配问题进行建模分析。为了简化和明晰问题，这里首先做如下假设。

（1）假设这是一个主导企业+n 个成员的联盟，主导企业寻求并整合成员企业的核心资源与企业知识，且有更多的决策能力，成员企业会对该核心企业的决策做出反应，这是一种主从决策结构。

（2）假设联盟的总收益取决于每个成员企业的投入水平和努力水平，投入水平和努力水平越高，联盟收益就越多。假定主导企业的投入水平和努力水平分别为 I，w，而成员企业的投入水平和努力水平分别为 $I_1,I_2,\cdots,I_n$；$w_1,w_2,\cdots,w_n$。为了方便，定义联盟总收益函数为 $\pi = f(I_1,I_2,\cdots,I_n;w_1,w_2,\cdots,w_n)$。

（3）假定主导企业创新成本为 $c=\frac{1}{2}kw^2$，而成员企业的创新成本为 $c_i=\frac{1}{2}k_iw_i^2$（$i=1,2,\cdots,n$），其中 k 和 k_i 均为知识投入的成本系数。

（4）假设合作成果由所有成员共享，收益分配比例中主导企业的分配比率为 p，成员企业 i 的分配比率为 p_i，且有 $p+\sum_{i=1}^{n}p_i=1$，各成员企业的收益分别为 $\pi_1,\pi_2,\dots,\pi_n$，那么成员企业 i 的成本为 $C_i=I_i+\frac{1}{2}k_iw_i^2$（$i=1,2,\cdots,n$）。

二、模型构建与求解

按收益成本计算可得成员企业 i 的净收益为

$$\pi_i = p_i(Iw + I_1w_1 + \cdots + I_nw_n) - (I_i + \frac{1}{2}k_iw_i^2)(i = 1,2,\cdots,n) \tag{7.14}$$

而主导企业的净收益为

$$\pi_c = (1 - \sum p_i)(Iw + I_1w_1 + \cdots + I_nw_n) - (I + \frac{1}{2}kw^2)(i = 1,2,\cdots,n) \tag{7.15}$$

则联盟收益为

$$\pi' = (Iw + I_1w_1 + \cdots + I_nw_n) - \sum\left(I_i + \frac{1}{2}k_iw_i^2\right) - \left(I + \frac{1}{2}kw^2\right) \tag{7.16}$$

先按各企业收益最大化要求，固定分配比例 p_i，分析成员企业的努力水平。令式（7.14）中 w_i 的一阶导为零，$\frac{\partial \pi_i}{\partial w_i} = p_iI_i - k_iw_i = 0(i = 1,2,\cdots,n)$。得到最优努力水平：

$$w_i^* = \frac{p_iI_i}{k_i}(i = 1,2,\cdots,n)$$

$$\begin{aligned}\pi_c = {} & (1 - p_1 - p_2)\left[(1 - p_1 - p_2)\frac{I^2}{k} + \frac{p_1I_1^2}{k_1} + \frac{p_2I_2^2}{k_2}\right] \\ & - \left\{I + \frac{1}{2}k\left[(1 - p_1 - p_2)\frac{I}{k}\right]^2\right\}(i = 1,2,\cdots,n)\end{aligned} \tag{7.17}$$

同理，对式（7.15）中的 w 求导，得主导企业的努力水平，即 $w^* = \left(1 - \sum p_i\right)\frac{I}{k}$。将每个企业的最优努力水平代入式（7.15）中，再对 p_i 求导，即

$$\frac{\partial \pi_c}{\partial p_i} = \frac{\partial \pi_c}{\partial w_i}\cdot\frac{\partial w_i}{\partial p_i} = 0\,(i = 1,2,\cdots,n)。$$

求解得各成员企业的最优收益分配率，表示为

$$p_1^* = \frac{I^4k_1k_2 - I_1^2I^2kk_2 - I_1^2I_2^2k^2}{-2I_2^2I^2kk_1 - I_1^2I_2^2k^2 + 3I^4k_1k_2 - 4I_1^2I^2kk_2 + \dfrac{I^4k^2k_2}{k_1}} \tag{7.18}$$

$$p_2^* = \frac{3I^2k_1k_2 - I_1^2kk_2}{I_2^2kk_1}p_1^* - \frac{I^2k_2}{I_2^2k}$$

得主导企业的收益分配率为

$$p^* = 1 - \sum_{i=1}^{n}p_i\,(i = 1,2,\cdots,n)$$

按照上述分配率就可以使得每个成员在其最优的努力水平下实现联盟总收益的最大化，此时的分配率也是最优分配系数。

三、数值模拟与分析

为了验证上述结论的有效性，此部分对模型中的相关参数进行赋值模拟。设A、B、C三个企业构成一个知识创新联盟，A为主导企业，而B和C是两家配套企业，现在三家企业打算合作开发一款新产品。三个企业的资源投入分别为150万元、80万元和20万元，并商定在收益分配时，将根据各企业在知识整合创新中的资源投入成本、努力水平进行分配。三个企业知识投入的成本系数分别为k=0.8, k_1=0.4, k_2=0.2。

根据上述构建的模型，企业B和企业C的最优努力水平为

$$w_1^* = \frac{p_1 I_1}{k_1} = \frac{80}{0.4} p_1$$

$$w_2^* = \frac{p_2 I_2}{k_2} = \frac{20}{0.2} p_2$$

则核心企业的最优努力水平为

$$w^* = (1 - \sum p_i)\frac{\mathrm{I}}{k}$$

从表7.2可以看到，主导企业的投入水平、分配比例、努力水平都很高，而企业B和企业C努力水平和投入水平都不是很高，分配比例也不高，基本上没有很好地被激励。

表7.2　各参数赋值及计算结果

参数	I	k	p	w
A企业	150	0.8	0.863	161.81
B企业	80	0.4	0.086	17.2
C企业	20	0.2	0.051	5.1

第四节　平台型跨组织联盟知识整合创新收益分配模型

互联网的迅速发展使网络平台成了合作创新、知识整合创新的基础环境。平

台可打破交易双方间地理空间的限制，降低了知识搜寻成本，可用快速、智能的方式解决知识资源供需精准匹配问题，平台是实现知识的创造、增值、转换与价值的核心驱动力量（Syam et al. 2005）。近年来，越来越多的平台成了多主体协同知识创新的使能器。例如，欧盟的科技创新中介网络平台每年平均要促成百万件以上的技术合作谈判，取得了巨大的经济和社会的双重效益，成为欧洲最重要的创新科技中介网络平台。国内知名的众包网站猪八戒网注册用户超过了 1900 万户，而且每年递增规模达数百万级，目前中外雇主为 600 万户，平台上汇集了超过 1300 万名专业人才，年交易额千万元以上。海尔借助其 HOPE 平台成功开发出 Haier 天樽空调，开发过程中吸引了来自全球 67 万的用户参与，实现了用户价值的最大化，还吸引了全球多家顶尖的研发团队，参与实现了创新资源利益的最大化。平台介入协同创新，一方面，可以为协同创新引入新的创新要素，创建新的协作关系，从而极大地提高了平台及各参与者的数据丰度，平台不仅具备了数据驱动创新能力，而且具备了对其他参与方的创新赋能作用；另一方面，平台介入有助于快速建立协同创新虚拟组织，提升协同创新网络的进化步伐，对协同创新网络的稳定性、知识流动性及创新绩效产生了重大影响，其意义得到了业界广泛认可，也引起了学界的关注和研究。

本节进一步对比分析有无平台介入两种情形下供应链企业整合创新的利润分配，并通过算例分析探究平台的服务水平、单位信息服务费和加盟费等各因素对供应链利润的影响，最后给出平台介入下企业整合创新利润分配的调整策略，并基于分析结果提出供应链企业整合创新管理的建议。

一、问题描述与模型假设

一个由供给方（企业 1）、需求方（企业 2）及供应链服务平台所组成的合作创新知识联盟如图 7.1 所示，本书只考虑供应链企业合作中单个平台介入下的利润分配情况。

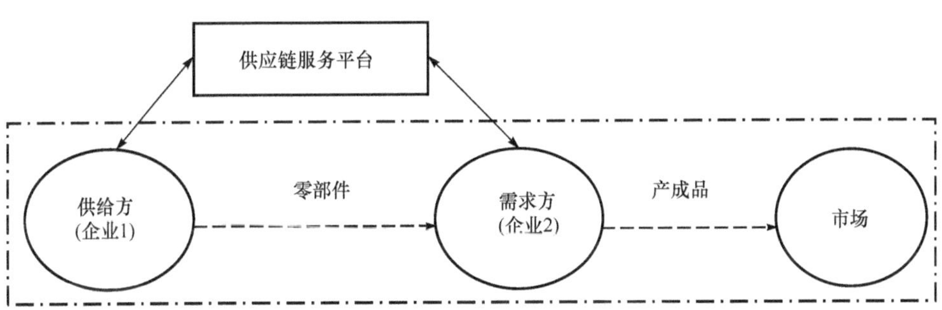

图 7.1　平台介入供应链时企业整合创新示意图

平台向供给方和需求方收取信息服务费与平台加盟费，平台通过信息为需求方匹配适合的供给方，双方成功匹配即为达成合作。为了建构模型，这里提出如下假设。

（1）假定企业 1 为企业 2 提供一个单位的零部件，双方追求自身利润最大化。设企业 2 产品的市场需求函数为 $D(p)=a-bp$，p 表示企业 2 的产品价格；a 表示该产品的原始市场规模；b 表示产品的市场需求对价格产生变动时的敏感程度，b 越大表明价格的变化对需求的影响程度越大，a,b 均大于 0。

（2）令单位零部件的批发价为 ω，企业 1 生产一个单位零部件所需成本用 c_1 表示，企业 2 加工一个单位零部件所需成本用 c_2 表示。企业 i 可以通过创新研发投入使得单位生产成本下降 x_1，其中企业研发投入 y_i 与企业可降低的单位生产成本 x_i 之间满足形如 $y_i=dx_i^2/2^5$ 的函数关系，d 为技术创新效率因子。若企业 1 投入 M_1 的创新成本，则企业 1 能够实现单位成本下降 $\sqrt{2M_1/d}$，生产零部件的单位成本降为 $c_1-\sqrt{2M_1/d}$；若企业 2 投入 M_2 的创新成本，则企业 2 能够实现单位成本下降 $\sqrt{2M_2/d}$，零部件的加工成本降为 $c_2-\sqrt{2M_2/d}$。

（3）假设合作创新过程中合作双方将共享各自拥有的知识。知识利用率受企业间的技术相似性、企业的学习效率等因素影响，因此各企业对合作企业共享知识的利用率 $\theta_i\left(0\leqslant\theta_i\leqslant1\right)$ 也不同，即企业并不一定能完全利用合作企业共享的知识。各企业从合作企业共享的知识中获得的收益将随 θ_i 的增大而增多，即当 $\theta_i=0$ 时，企业不能从合作企业共享的知识中获益；当 θ_i=1 时，企业能够完全利用合作企业共享的知识，此时合作收益最大。那么在企业 1 与企业 2 进行知识共享合作创新时，企业 1 生产单位零部件的成本将降为 $c_1-\sqrt{2M_1/d}-\theta_1\sqrt{2M_2/d}$，企业 2 加工单位产品的成本将降为 $c_2-\sqrt{2M_2/d}-\theta_2\sqrt{2M_1/d}$。

（4）在没有平台介入时，供应链企业合作创新的运转周期记为 T，平台介入后，设产品的运转周期为 t。平台的存在提高了供应链运作效率，因此 $t<T$，设 k 为平台服务水平，且 $k=T/t(k>1)$。

（5）当供需双方企业在平台匹配成功后，供给方支付单位信息服务费 KI，而需求方则向平台支付一次性平台加盟费 A，平台通过对供需双方的收费来维持运转和提升平台的服务水平。

这里涉及的变量如表 7.3 所示。

表 7.3　变量描述

变量	描述
D（p）	产品的实际市场需求
p	产品出售到市场的价格
a	产品的原始市场规模

续表

变量	描述
b	产品的需求对价格的敏感系数
ω	企业 1 将零部件出售给企业 2 的批发价
c_1	企业 1 生产零部件的原始单位成本
c_2	企业 2 生产产品的原始单位成本
x_i	企业 i 通过创新研发使零部件单位成本下降的幅度
y_i	企业 i 愿意为创新研发支付的创新研发投入
M_1	企业 1 的创新研发投入
M_2	企业 2 的创新研发投入
d	技术创新效率因子
θ_i	企业 i 的知识利用率
T	无平台介入下供应链企业合作的运转周期
t	平台介入下供应链企业合作的运转周期
k	平台服务水平
kI	供给方向供应链服务平台支付的单位信息服务费
A	需求方向供应链服务平台支付的平台加盟费
π_1	无平台介入下企业 1 的利润
π_2	无平台介入下企业 2 的利润
π_1^{sp}	平台介入下企业 1 的利润
π_2^{sp}	平台介入下企业 2 的利润
μ_1^{sp}	企业 1 的创新合作贡献率
μ_2^{sp}	企业 2 的创新合作贡献率
$\Delta\pi^{sp}$	平台介入前后的供应链总利润间的差值

二、模型构建与求解

（一）没有平台介入情形

1. 合作主体 1——供给方利润计算

在没有平台介入下的供应链企业合作创新中，只有供给方和需求方两个合作主体，企业 1 通过增加创新研发投入 M_1，以及与企业 2 进行合作创新来降低单

位生产成本 c_1，因此，依据前面的问题描述和研究假设，无平台介入下企业 1 的利润 π_1 为

$$\pi_1=\left[\omega-\left(c_1-\sqrt{\frac{2M_1}{d}}-\theta_1\sqrt{\frac{2M_2}{d}}\right)\right](a-bp)-M_1 \tag{7.19}$$

2. 合作主体 2——需求方利润计算

在没有平台介入下的供应链企业合作创新中，企业 2 通过增加创新研发投入 M_2，以及与企业 1 进行合作创新来降低单位生产成本 c_2。企业 2 除了支付加工成本之外，还需支付从企业 1 处获得零部件的成本 ω，因此无平台介入下企业 2 的利润 π_2 为

$$\pi_2=\left[p-\omega-\left(c_2-\sqrt{\frac{2M_2}{d}}-\theta_2\sqrt{\frac{2M_1}{d}}\right)\right](a-bp)-M_2 \tag{7.20}$$

3. 合作创新双方的企业定价与利润均衡解

供应链上下游企业间的合作创新利润分配实质上是一个博弈问题。首先，由上游企业 1 确定零部件的批发价 ω；其次，由企业 2 确定产品的价格。此处使用逆向归纳法对供应链利润分配模型进行求解：首先，将零部件批发价 ω 视为定值，利用企业 2 的利润函数对市场价格 p 求一阶偏导并令其等于零，获得最优市场定价 p 的表达式；其次，将此时的市场定价 p 代入企业 1 的利润函数，通过对价格 ω 求一阶偏导并令其等于零，就可以求解出最优批发价 ω，使得企业 1 的利润最大化；最后，将最优批发价 ω 代入产品价格 p 的表达式中，求出产品的最优定价企业的最优利润。

求解无平台介入的供应链双方合作创新的企业定价与利润均衡解，利用式（7.20）对市场定价 p 求一阶偏导并令其等于零，即

$$\frac{\partial\pi_2}{\partial p}=a-2bp+b\omega+b\left(c_2-\sqrt{\frac{2M_2}{d}}-\theta_2\sqrt{\frac{2M_1}{d}}\right)=0$$

从而解得价格 p 为

$$p=\frac{1}{2b}\left[a+b\omega+b\left(c_2-\sqrt{\frac{2M_2}{d}}-\theta_2\sqrt{\frac{2M_1}{d}}\right)\right]$$

将 p 的表达式代入式（7.19），对批发价 ω 求偏导，有

$$\frac{\partial\pi_1}{\partial\omega}=\frac{1}{2}\left[a-2b\omega-b\left(c_2-\sqrt{\frac{2M_2}{d}}-\theta_2\sqrt{\frac{2M_1}{d}}\right)+b\left(c_1-\sqrt{\frac{2M_1}{d}}-\theta_1\sqrt{\frac{2M_2}{d}}\right)\right]$$

令 $\frac{\partial\pi_1}{\partial\omega}=0$，解得产品零部件的批发价 ω^* 为

$$\omega^*=\frac{1}{2b}\left\{a-b\left[\left(c_2-\sqrt{\frac{2M_2}{d}}-\theta_2\sqrt{\frac{2M_1}{d}}\right)-\left(c_1-\sqrt{\frac{2M_1}{d}}-\theta_1\sqrt{\frac{2M_2}{d}}\right)\right]\right\} \quad (7.21)$$

将 ω^* 的结果代入 p 表达式中，得到产品的市场定价 p^* 为

$$p^*=\frac{1}{4}\left[\frac{3a}{b}+\left(c_1-\sqrt{\frac{2M_1}{d}}-\theta_1\sqrt{\frac{2M_2}{d}}\right)+\left(c_2-\sqrt{\frac{2M_2}{d}}-\theta_2\sqrt{\frac{2M_1}{d}}\right)\right] \quad (7.22)$$

将求解出来的 ω^* 和 p^* 代入式（7.19）和式（7.20），得出无平台介入情况下供给方和需求方的均衡利润 π_1^*、π_2^* 分别为

$$\pi_1^*=\frac{1}{8b}\left\{a-b\left[\left(c_1-\sqrt{\frac{2M_1}{d}}-\theta_1\sqrt{\frac{2M_2}{d}}\right)+\left(c_2-\sqrt{\frac{2M_2}{d}}-\theta_2\sqrt{\frac{2M_1}{d}}\right)\right]^2\right\}-M_1$$

（7.23）

$$\pi_2^*=\frac{1}{16b}\left\{a-b\left[\left(c_1-\sqrt{\frac{2M_1}{d}}-\theta_1\sqrt{\frac{2M_2}{d}}\right)+\left(c_2-\sqrt{\frac{2M_2}{d}}-\theta_2\sqrt{\frac{2M_1}{d}}\right)\right]^2\right\}-M_2$$

（7.24）

则无平台介入下的供应链总利润 π^* 为

$$\begin{aligned}\pi^*&=\pi_1^*+\pi_2^*\\&=\frac{3}{16b}\left\{a-b\left[\left(c_1-\sqrt{\frac{2M_1}{d}}-\theta_1\sqrt{\frac{2M_2}{d}}\right)+\left(c_2-\sqrt{\frac{2M_2}{d}}-\theta_2\sqrt{\frac{2M_1}{d}}\right)\right]^2\right\}-M_1-M_2\end{aligned}$$

（7.25）

（二）平台介入情形

1. 合作主体 1——供给方利润计算

当供应链服务平台介入时，供给方与需求方被平台高效匹配，运转效率提高，运转周期缩短，同时供给方需向平台支付单位信息服务费 KI。因此，平台介入下企业 1 的利润 π_1^{sp} 为

$$\pi_1^{sp}=K\left[\omega-\left(c_1-\sqrt{\frac{2M_1}{d}}-\theta_1\sqrt{\frac{2M_2}{d}}\right)\right](a-bp)-KI(a-bp)-M_1 \quad (7.26)$$

2. 合作主体 2——需求方利润计算

当供应链服务平台介入时，供给方与需求方被平台高效匹配，运转效率提高，运转周期缩短，同时需求方要向平台支付一次性平台加盟费A。因此，平台介入下企业 2 的利润 π_2^{sp} 为

$$\pi_2^{sp}=K\left[p-\omega-\left(c_2-\sqrt{\frac{2M_2}{d}}-\theta_2\sqrt{\frac{2M_1}{d}}\right)\right](a-bp)-M_1-A \tag{7.27}$$

3. 合作创新双方的企业定价与利润均衡解

这里使用逆向归纳法对平台介入下的供应链合作创新利润分配模型进行求解，详细运算过程不再赘述。

最终解得平台介入下产品零部件的批发价 ω^{sp} 为

$$\omega^{sp}=\frac{1}{2b}\left\{a-b\left[\left(c_2-\sqrt{\frac{2M_2}{d}}-\theta_2\sqrt{\frac{2M_1}{d}}\right)-\left(c_1-\sqrt{\frac{2M_1}{d}}-\theta_1\sqrt{\frac{2M_2}{d}}+I\right)\right]\right\} \tag{7.28}$$

平台介入下产品市场定价 p^{sp} 为

$$p^{sp}=\frac{1}{4}\left[\frac{3a}{b}+\left(c_1-\sqrt{\frac{2M_1}{d}}-\theta_1\sqrt{\frac{2M_2}{d}}+I\right)+\left(c_2-\sqrt{\frac{2M_2}{d}}-\theta_2\sqrt{\frac{2M_1}{d}}\right)\right] \tag{7.29}$$

将求解结果 ω^{sp} 和 p^{sp} 代入式（7.26）和式（7.27），得到平台介入情况下供给方和需求方的均衡利润 ${\pi_1}^{sp*}$、${\pi_2}^{sp*}$，则平台介入下的供应链总利润 π^{sp*} 为

$$\pi^{sp*}={\pi_1}^{sp*}+{\pi_2}^{sp*} \tag{7.30}$$

4. 平台介入条件分析

前面的分析默认平台已经成功介入市场，然而现实生活中只有当企业使用平台服务所得利润高于不使用平台服务所得利润时企业才会选择使用平台服务，因此平台介入市场时产品的价格需满足以下条件：$\pi_1^{sp}-\pi_1>0$ 及 $\pi_2^{sp}-\pi_2>0$ 。

由式（7.26）减去式（7.19），有

$$\begin{aligned}&\left\{K\left[\omega-\left(c_1-\sqrt{\frac{2M_1}{d}}-\theta_1\sqrt{\frac{2M_2}{d}}\right)\right](a-bp)-KI(a-bp)-M_1\right\}\\&-\left\{\left[\omega-\left(c_1-\sqrt{\frac{2M_1}{d}}-\theta_1\sqrt{\frac{2M_2}{d}}\right)\right](a-bp)-M_1\right\}>0\end{aligned} \tag{7.31}$$

可解得 $I<\dfrac{K-1}{K}\left[\omega-\left(c_1-\sqrt{\dfrac{2M_1}{d}}-\theta_1\sqrt{\dfrac{2M_2}{d}}\right)\right]$

$\omega-\left(c_1-\sqrt{\dfrac{2M_1}{d}}-\theta_1\sqrt{\dfrac{2M_2}{d}}\right)$ 为企业 1 向企业 2 出售零部件得到的单位利润，再将 $K=T/t$ 代入其中，有 $\dfrac{K-1}{K}=\dfrac{T-t}{T}$，表明平台的介入变相地提高了产品的运转效率。

将式（7.27）与式（7.20）相减，得

$$\begin{aligned}&\left\{k\left[p-\omega-\left(c_2-\sqrt{\frac{2M_2}{d}}-\theta_2\sqrt{\frac{2M_1}{d}}\right)\right](a-bp)-M_1-A\right\}\\&-\left\{\left[p-\omega-\left(c_2-\sqrt{\frac{2M_2}{d}}-\theta_2\sqrt{\frac{2M_1}{d}}\right)\right](a-bp)-M_2\right\}>0\end{aligned}\tag{7.32}$$

解得 $A<(K-1)\left[p-\omega-\left(c_2-\sqrt{\dfrac{2M_2}{d}}-\theta_2\sqrt{\dfrac{2M_1}{d}}\right)\right](a-bp)$

不等式右边的 $(K-1)$ 是由平台介入所提高的运转效率，$p-\omega-\left(c_2-\sqrt{\dfrac{2M_2}{d}}-\theta_2\sqrt{\dfrac{2M_1}{d}}\right)$ 为企业 2 的单位产品收益，$(a-bp)$ 为产品的市场需求，从整个式子来看，平台向需求方（企业 2）收取的价格应低于平台因供应链运转效率提高而增加的收益才是正确的决策。

（三）平台介入下供应链企业合作创新利润分配调整策略

平台介入有利于合作创新绩效的提升，但除生产加工成本和创新研发投入外，平台上的企业需要向平台支付信息服务费和平台加盟费，因此只有当企业的付出能够获得公平合理的回报时，企业才有持续付出的动力。提出公平合理且能够激励企业持续投入创新的利润分配调整方案对于充分发挥企业合作创新优势至关重要。

这里将企业付出的创新总投入百分比作为企业的创新合作贡献率，并基于贡献率对企业进行利润分配调整。企业 1 的合作创新总投入包括创新研发投入和平台信息服务费，企业 2 的合作创新总投入包括创新研发投入和平台加盟费。由于企业 1 处于供应链上游，其支付的部分平台信息服务费将会转移至企业 2，设企业 1 承担的单位信息费比率为 ϕ，因此企业 1 的单位信息费总额为 $\phi I(a-bp)$，企业 2 的单位信息费为 $(1-\phi)I(a-bp)$。

那么，企业 1 的创新合作贡献率为

$$\mu_1^{sp}=\frac{\phi I(a-bp)+M_1}{I(a-bp)+M_1+M_2+A} \tag{7.33}$$

企业 2 的创新合作贡献率为

$$\mu_2^{sp}=1-\mu_1^{sp}=\frac{(1-\phi)I(a-bp)+M_2+A}{I(a-bp)+M_1+M_2+A} \tag{7.34}$$

定义 $\Delta\pi^{sp}$ 为有无平台介入的企业合作创新供应链总利润间的差额：

$$\Delta\pi^{sp}=\pi^{sp*}-\pi^{*} \tag{7.35}$$

则调整后的企业 1 利润为

$$\pi_1^{sp*}=\pi_1^{*}+\mu_1^{sp}\Delta\pi^{sp} \tag{7.36}$$

调整后的企业 2 利润为

$$\pi_2^{sp*}=\pi_2^{*}+\mu_2^{sp}\Delta\pi^{sp} \tag{7.37}$$

由式（7.36）和式（7.37）可求出调整后的平台介入下供应链合作企业的利润分配结果。

三、案例及数值模拟

（一）模型参数

假设某一产品的原始规模 $a=12\,000$ 件，其对价格的敏感系数 $b=1.5$，供给方生产单位产品的成本 $c_1=800$ 元，需求方加工单位产品的成本 $c_2=500$ 元，企业技术创新效率 $d=1.8$，企业 1 对企业 2 共享知识的利用率 $\theta_1=0.7$，企业 2 对企业 1 共享知识的利用率 $\theta_2=0.8$，企业 1 的创新研发投入 $M_1=20\,000$ 元，企业 2 的创新研发投入 $M_2=10\,000$ 元，平台服务水平 $k=2$，$I=60$，平台加盟费 A=80 000 元。

（二）平台介入前后企业利润分配的比较

依据上述建立的利润分配模型及设定的模型参数，分别计算出无平台介入和有平台介入下的供应链企业合作创新利润分配结果，如表 7.4 所示。

表 7.4　供应链企业合作创新利润对比表

项目	平台介入下企业合作创新	无平台介入下企业合作创新
最优解	(ω^*=3849.1，p^*=6213.12)	(ω^*=4180.9，p^*=6228.12)
企业 1 最优利润	3.10×10^7	1.88×10^7

续表

项目	平台介入下企业合作创新	无平台介入下企业合作创新
企业 2 最优利润	5.59×10^6	9.32×10^6
总利润	3.66×10^7	2.81×10^7

由表 7.4 可知，在供应链企业合作创新中，在无平台介入时，其最优解为 ω^*=4180.90，p^*=6228.12，最优利润分别为 1.88×10^7，9.32×10^6，2.81×10^7；与无平台介入相比，平台介入下供应链总利润得到了较大提高，此时最优解为 p^*=6213.12，ω^*=3849.1，最优利润分别为 3.10×10^7，5.59×10^6，3.66×10^7，可以看到企业 1 和企业 2 存在增长不均衡，此时需要进行协调，使两者达到 Pareto 最优，才能使合作稳定。

无平台介入下两级供应链企业利润变化见图 7.2，平台介入下两级供应链企业利润变化见图 7.3。

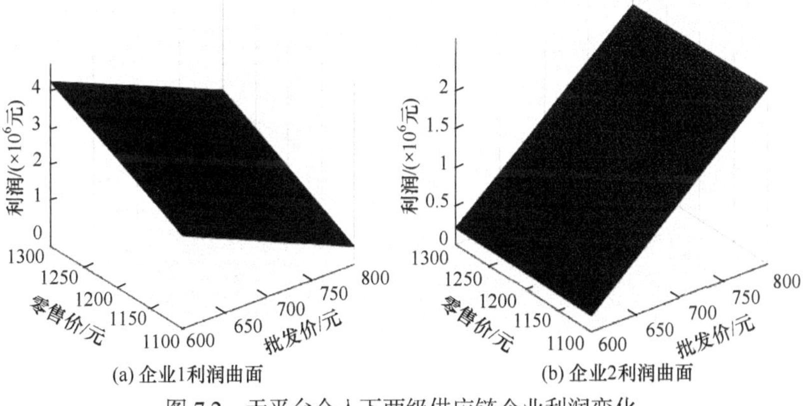

图 7.2　无平台介入下两级供应链企业利润变化

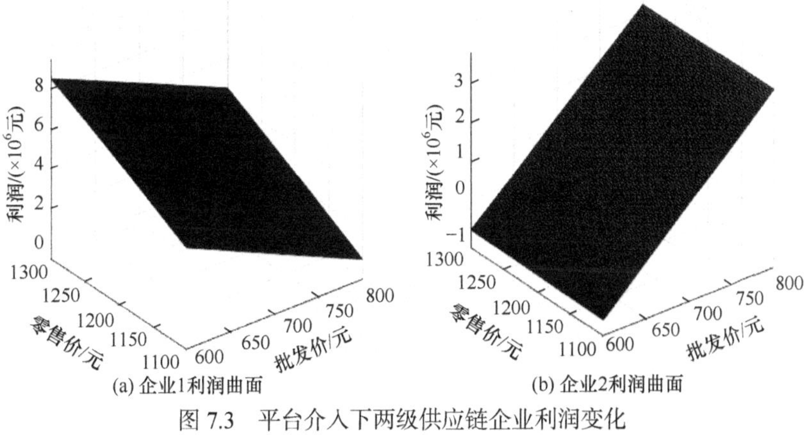

图 7.3　平台介入下两级供应链企业利润变化

（三）平台服务水平对企业合作创新利润分配的影响

平台介入下企业 1、企业 2 及供应链的总利润均随着平台服务水平 k 的增大而增加，特别当平台介入与否供应链的运转周期都相同时，即 $k=1$，平台仍然会向供需双方收取单位信息服务费 kI 及平台加盟费 A。这也就意味着当平台服务水平 $k=1$ 时，无论是企业 1、企业 2 还是供应链的总体利润都会比没有平台介入时的利润小，且当 $k>1$ 时，平台为供应链运转效率的提高所产生的利润必须大于平台收费，否则企业不会选择加入平台并使用其服务。

（四）单位信息服务费对企业合作创新利润分配的影响

平台服务水平 k 为确定值时，平台向企业 1 收取的单位信息服务费 kI 对企业 1、企业 2 及供应链总体利润有何影响呢？

设 k 为 2，并扩大 I 的变化范围以便分析利润的变化情况。在不断提高单位信息服务费 kI 的同时，平台介入下的企业 1、企业 2 及供应链的总利润都会出现下降的趋势，且抵达某一临界值后三者的利润都比无平台介入下的利润低，这有可能是由平台的过度收费造成的。由于企业 1 处于供应链上游，其所需缴纳的单位信息服务费会以零部件批发价的形式部分转移至企业 2，即单位信息服务费 kI 也会对企业 2 的利润产生影响。因此，平台必须依据服务水平 k 正确、合理地向企业收取费用，拒绝胡乱收费，这样企业才会使用平台，推进平台进入市场。

（五）平台加盟费对企业合作创新利润分配的影响

当平台服务水平 k 确定，且平台向企业 2 收取的平台加盟费为 A 时，对企业 1 和企业 2 及供应链总体利润也会产生影响。为了直观地分析平台加盟费 A 的变化对企业及供应链利润的影响，此处将平台加盟费 A 设置较大的取值范围。在平台介入情况下，平台加盟费 A 的不断增加导致企业 2 的利润与供应链的总利润呈减少的趋势，但是企业 1 的利润并没有因为平台加盟费 A 的变化而变化，这是由于企业 2 处于供应链下游，其支付的加盟费不能转移至企业 1 上，因此企业 2 只能独自承担平台的加盟费。此外也发现了当平台加盟费 A 增加到一定程度时，企业 2 的利润会低于无平台介入的情况，这将使企业与平台无法维持良好的合作关系。因此，平台的加盟费必须在一个合理的范围内才能吸引用户。

（六）平台介入下企业合作创新利润分配的调整

假定企业 1 与企业 2 的创新总投入不变，令企业 1 的合作创新贡献率由 0 到 1 变化，由于 $\mu_1^{sp}+\mu_2^{sp}=1$，那么企业 2 的合作创新贡献率将从 1 到 0 变化。

计算平台介入前后供应链的总利润差$\Delta\pi^{sp}$：

$$\Delta\pi^{sp}=27\,426\,000-14\,338\,000=13\,088\,000$$

则调整后企业 1 的利润为

$$\pi_1^{sp}=9\,558\,800+13\,088\,000\mu_1^{sp}$$

调整后企业 2 的利润为

$$\pi_2^{sp}=4\,779\,400+13\,088\,000\mu_2^{sp}$$

此时，企业 1 的合作创新贡献率与其利润呈正相关，其中当企业 1 的合作创新贡献率为 0 时，即企业 2 的合作贡献率为 1，其利润将与无平台介入时的利润相等；而当企业 1 的合作创新贡献率为 1 时，即企业 2 的合作贡献率为 0，其利润会达到最大值。相似地，企业 2 的合作创新贡献率与其利润也呈现出同向变动的情况，在企业 2 的合作创新贡献率为 1 时其利润能够达到最大值，当企业 2 的合作创新贡献率为 0 时，其利润将与不使用平台服务时的利润相等。这种分配调整有利于促进企业在合作中提高贡献率，这不仅保证了合作的稳定性，同时提高了企业的贡献意愿。

综上所述，可以得出以下结论。

（1）在平台介入下的知识整合创新中，企业是否使用平台服务取决于平台的服务水平、平台的收费等。平台收费过高将会失去用户，无法建立合作关系。

（2）当平台的收费是某一固定值时，随着平台服务水平的提高，无论是企业还是供应链的总体利润都会不断增加；而当平台的服务水平取某一固定值时，供应链企业的利润会随着平台向供方收取的单位信息服务费用的增加出现下滑的趋势，这是由供应链企业在上下游的位置决定的，由于供给方处于上游，他将通过批发价的调整将部分平台信息服务费转移到需求方企业，使需求方承担一部分的信息服务费用。

（3）平台向需求方收取的平台加盟费仅影响需求方的利润，显然，这也是由供应链企业所处的上下游位置所决定的。在平台加盟费增加到某一水平时，发现尽管供应链的总体利润较无平台介入情况下要高，但由于需求方是理性的，且自身的利润已经低于无平台介入时的利润，此时企业将不会与平台建立合作关系。

（4）通过引入合作创新贡献率，对参与合作的企业进行利润分配调整，既能保证双方合作的稳定性，又能调动企业贡献投入的积极性。

综上所述，本书就供应链企业在合作创新方面提出如下建议。

（1）供应链企业应充分利用合作创新为其带来的优势，在合作创新中提高自身的创新能力和知识吸收能力，不断提升创新效率，进而提高企业合作创新收益。

（2）对于第三方供应链服务平台的出现，首先，需要合理地判断该平台的服务水平及该平台为企业带来的收益是否值得加入，其次，充分地分析平台的收费是否合理。在收费合理的情况下可以依托平台在信息匹配上的优势进驻平台，有效寻找合作伙伴以达到提高供应链运转效率和降低生产成本的目的。

（3）通过调整平台介入下供应链合作创新的利润分配，使企业的利润与合作创新贡献率挂钩，促进企业在合作创新中持续进行投入，从而有利于企业利润的增加和企业间合作关系的长久稳定。

第八章　仿真研究

前文已经对企业级、联盟级和基于平台等三个层面的知识整合创新机制及绩效评价等内容进行了研究，本章从仿真的角度分析不同层面知识整合创新的影响因素，构建相应的仿真模型，对不同情形下的知识整合创新机制进行模拟并提出相应的建议。

第一节　企业级知识整合创新仿真

一、问题描述

在开放式创新模式下，企业通过与外部其他企业进行合作、交流获取外部知识资源，从而提升自身的创新能力。但在实际中，企业创新能力并没有得到提升，其主要原因在于企业内部没有形成良好、有效的知识整合机制，企业内部组织之间存在交流障碍，导致无法有效吸收、整合、应用这些知识资源。因此，探究影响企业知识整合创新的因素对于实现企业内部跨功能的知识整合具有重要意义。那么企业内部知识整合创新受到什么因素的影响呢?

本节应用系统动力学方法仿真分析企业级跨部门知识整合创新机制。本节在进行仿真的过程中涉及的主要因素有企业内部不同的异质性知识、企业的吸收能力和研发能力、知识整合能力等。通过将这些因素加入仿真模型模拟企业内部知识整合的全过程，探索知识创新的变化情况。结合第一章提出的 ITO 模型，采用 ITO 模型描述企业级知识整合创新过程。输入端主要是企业内部拥有的知识，这里分别用不同部门的知识作为代表，学习能力和研发强度也是输入的一部分，其中学习能力主要表示企业创新过程中对其他部门知识的学习和内化等，研发强度表示企业对于研发资金的投入。工具和技术的使用主要是为了增强企业自身的整合能力，其中工具包括企业管理工具、技术工具及其他工具。企业通过提高自身的知识整合能力，最终进行企业创新。输出端主要是产出绩效，包括新技术专利、新产品、新工艺等。创新作为企业进行知识整合的目的，主要来源于企业内部不同部门之间的异质性知识整合，最后通过创新能力的激活，创造出新知识。

二、模型构建

（一）建模思路

结合 ITO 模型，这里采用科布–道格拉斯的修正形式作为知识整合创新产出的计量模型（张军和许庆瑞，2015）。设知识创新产出的投入要素分别由知识整合能力、研发投入（包括劳动投入和资本投入）、有效知识投入、管理投入组成，分别用 A、I、K、M 表示。其中，知识整合能力对应 ITO 模型中的技术与工具，研发投入对应于研发强度，有效知识投入代表输入端，即不同部门的异质性知识输入，管理投入对应吸收能力。用 Q 表示知识创新产出，则有

$$Q = AI^{\alpha}K^{\beta}M^{1-\alpha-\beta} \tag{8.1}$$

其中，α，β，$1-\alpha-\beta$分别表示研发投入、有效知识投入、管理投入对知识创新产出的弹性系数。另外，考虑到创新的风险性，知识创新产出依概率随机变化，假设技术创新项目成功概率服从威布尔分布（参数 $\beta>1$）。

（二）企业级知识整合创新系统动力学流图建立

企业的知识来源包括企业内部和外部，在企业级的知识整合创新中，主要以内部知识为主，用企业知识存量代表所研究企业的全部知识量，其作为企业创新的基础，需要通过激活才能转化为创新知识，不同部门之间的异质性知识表示企业内部进行共享的知识，即为所建模型的输入端。知识整合能力由不同工具与技术的相互作用形成，目的在于提升企业的知识创新能力，同时知识整合能力又会影响不同部门之间的知识整合量。

企业级知识整合创新的系统流图如图 8.1 所示，根据各变量的实际含义，将 1 个存量、2 个流率变量、12 个辅助变量的定量关系用系统动力学方程式的形式表示，如表 8.1 所示。

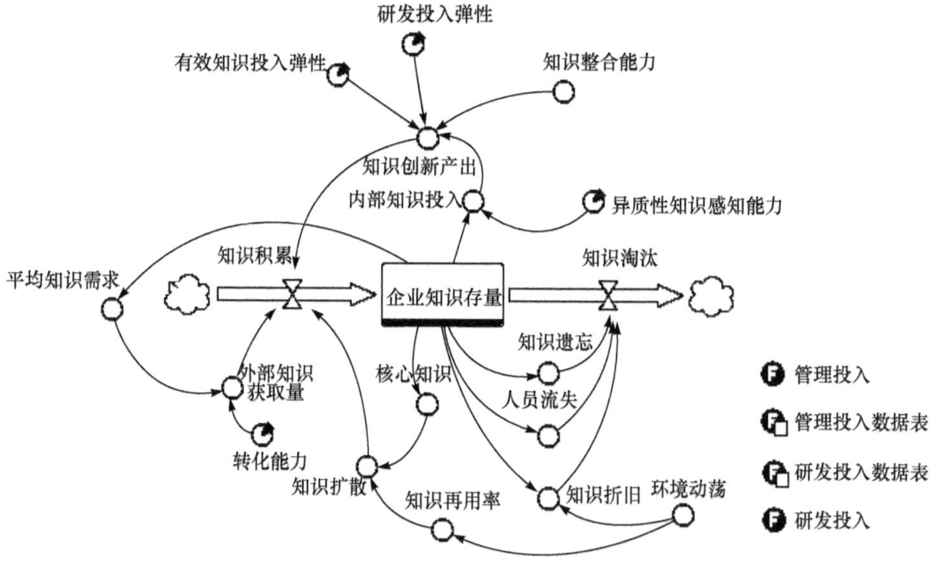

图 8.1　企业级知识整合创新的系统流图

表 8.1　系统流图中各变量方程设计

变量类型	变量名称（ITO 模型对应）	关系式
状态变量	企业知识存量（I）	INTEG（知识积累-知识淘汰，初始值）
流率变量	知识积累	step（外部知识获取量，6）+知识扩散×0.5+知识创新产出×0.6
	知识淘汰	知识遗忘+人员流失+知识折旧
辅助变量	知识创新产出（O）	知识整合能力×pow（smooth（内部知识投入，2），有效知识投入弹性）×pow（研发投入（time（）），研发投入弹性）×pow（管理投入（time（）），1-研发投入弹性-有效知识投入弹性）×weibull（2, 1.2, 0）
	知识整合能力（T）	min（0.1×time（），5）
	内部知识投入（I）	企业知识存量×异质性知识感知能力
	平均知识需求	企业知识存量×0.1
	外部知识获取量	平均知识需求×转化能力
	核心知识	企业知识存量×0.2
	知识扩散	核心知识×知识再用率
	知识再利用	ABS（环境动荡）<0.5? 0.3:0.05
	知识遗忘	企业知识存量×0.05
	人员流失	企业知识存量×0.05
	知识折旧	ABS（环境动荡）>0.5? 企业知识存量×0.05:0
	环境动荡	uniform（−1, 1）

在表 8.1 中，环境动荡是外生变量，具有随机性特征，为便于操作，取值在[−1, 1]，并假设当环境动荡在[−0.5, 0.5]时，环境稳定，当绝对值大于 0.5 时，环境动荡给企业发展带来威胁，但同时孕育新的机会。威胁表现为环境动荡加速知识折旧与能力衰减；机会则表现为环境变化催生新的市场机会，使企业面对新的发展机遇，对核心知识进行重新利用。

企业创新产出的方程主要根据式（8.1）进行设计。内部投入的知识量即为有效知识投入，这一部分知识主要来自企业知识存量。左晶晶和谢晋宇（2013）、Phelps（2010）从社会网络、知识资源等角度探讨了网络异质性对企业创新绩效的影响，发现异质性知识有利于实现技术突破，容易提高探索式创新绩效（张旭锐等，2015）。由于企业知识存量代表了企业所有的知识量，根据 ITO 模型，这里将不同部门的知识用企业知识存量代替，而其中能够作为创新产出投入的有效知识即为不同部门之间的异质性知识。企业知识积累途径包括外源性积累途径与内生性积累途径。外源性知识积累是指企业从外部获取的新知识，如购买专利、与外部企业交流中产生的知识溢出、外部企业的技术授权或许可等。内生性知识积累主要是由企业活动产生的知识，包括基于知识整合与创新产生的新知识，还有基于内部知识加上外部带来的知识扩散形成的增量知识。表 8.1 中的 step 函数表示从外部新知获取到形成知识积累间存在 6 个月的滞延。外部知识的获取主要基于企业的知识缺口获取所需要的知识，为了体现知识的异质性，需要对这一部分知识进行整合筛选，同时不同企业自身的转化能力也会对获取的知识有影响。

知识扩散主要是对于内部核心知识的再利用，当环境变化越大时，核心知识面临闲置的风险就越大，但在一定的环境变化范围内，受到的影响较小。

根据林文宝和吴万益（2005）的研究，知识整合的系统化程度较高时，运作效率也较高；组织内良好的沟通与合作有助于知识整合运作；组织成员拥有共同分享的价值理念可以促使组织凝聚力的提高，进而提高知识整合效率（孔凡柱，2014）。同时，根据本书提出的 ITO 模型，知识整合能力还与企业使用的技术和工具有关。一般情况下，随着时间的推移，企业的知识存量增加也会使知识整合能力提高，这里将知识整合能力设置为随时间变化的量。

企业知识淘汰主要包括三个方面：知识遗忘、人员流失与环境动荡带来的知识折旧或贬值。环境变化越大，知识贬值越迅速，但在一定的环境变革范围内，知识贬值很少（对环境变化不敏感或者贬值很少的知识，更倾向原理性知识），对此，方程中采用条件函数处理知识折旧。

三、结果分析与建议

本模型借助 AnyLogic 仿真软件完成，仿真初始时间设置为 0，结束时间设置为 80，时间单位是月，即仿真的整个周期为 80 个月。企业原有的知识存量设置为 10。模型参数设置如表 8.2 所示，其中参数分别在区间[0, 1]中取值，表示该参数的强弱程度。

表 8.2　企业级知识整合创新模型中不同参数的取值

参数	取值	参数	取值
有效知识投入弹性	0.41	研发投入弹性	0.39
转化能力	0.4	异质性知识感知能力	0.3

（一）模型运行结果分析

系统仿真运行结果如图 8.2、图 8.3 和图 8.4 所示。

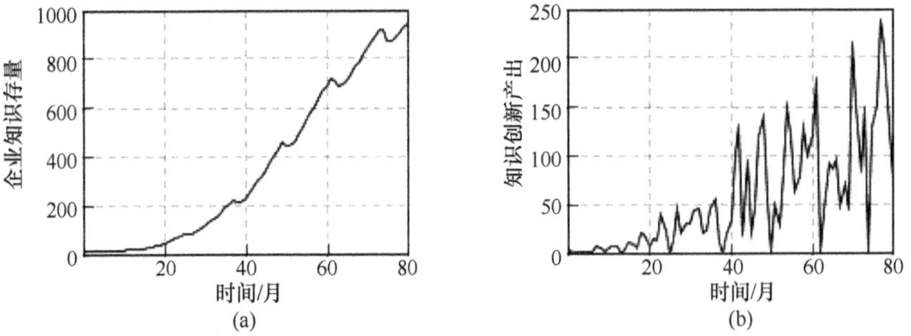

图 8.2　企业知识存量与知识创新产出的变化情况

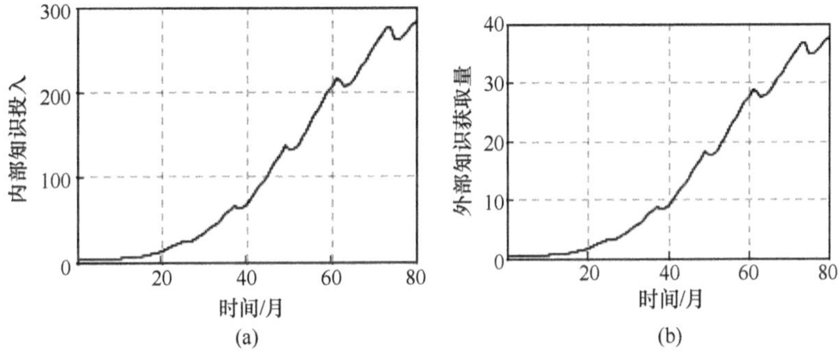

图 8.3　内部知识投入与外部知识获取量的变化情况

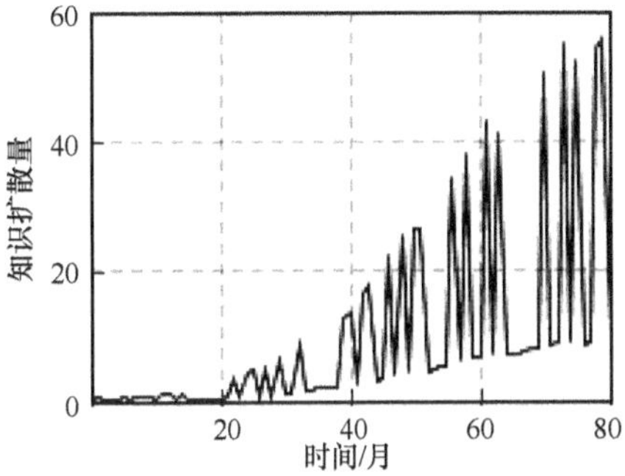

图 8.4　知识扩散量的变化情况

（1）由图 8.2（a）可以看出，随着时间的推移，企业知识存量呈现增长趋势。企业的知识存量主要来自知识创新产出、外部知识获取及内部知识扩散。观察曲线的走势可以发现在第 20 个时间单位之前变化不大，这主要是由于企业的初始知识存量较低，且这一阶段的知识积累量较低，其后开始逐渐增加。对比来看[图 8.2（b）、图 8.3（b）和图 8.4]，知识创新产出对企业知识存量的增长作用最大，其次是知识扩散，外部知识获取带来的增长量相对较小，其主要原因是知识创新产出得到的知识是企业原本没有的新知识，能够直接增加企业的知识存量，而知识扩散是企业自身的知识再利用，存在相同知识的概率较大，从外部获取的知识虽然异质性程度较高，但是需要经过一系列的整合才能嵌入企业的知识体系中。

（2）由图 8.2（b）可以看出，企业知识创新产出在仿真时间内呈现跳跃增长趋势，且增长频率越来越快。企业知识创新产出主要来自企业知识整合能力投入、内部有效知识投入、研发投入及管理投入。随着时间的推移，企业知识存量不断增加，知识整合能力也逐渐提高，这里对企业知识存量设置的上限为 5，主要考虑到能力增长到一定的阶段就达到了上限值，即就算知识量增长，其变化幅度也不会太大。在初始阶段，企业知识创新产出变化的幅度很小，而这个阶段对应的企业知识存量也较低，因此各方面的投入较低。从第 40 个单位开始，知识创新产出跳跃幅度增加，这主要是由于企业知识存量增长，不同部门之间整合的知识越来越多。另外，因为研发投入会随企业整体资金变化而波动，所以知识创造的增长曲线呈现跳跃式。

（3）图 8.3（a）中，内部知识投入呈现增长趋势，内部知识投入是指有效知识投入量，主要作用于知识创新产出，代表企业内部不同部门之间的异质性知识投入。在进行知识创新的过程中，理论上不同部门参与创新的知识投入越多，对应的创新知识转化率越高。在初始阶段，由于企业知识存量较低，相应各部门的知识贡献也较少，但后期逐渐增加。模型在设置过程中做了简化，企业知识存量大部分由不同部门的知识构成，所以将内部知识投入的来源定义为企业知识存量的一部分。

（4）由图 8.3（b）可知，外部知识获取量呈现增长趋势。外部知识获取量主要是根据企业内部知识需求设置的。为了提高企业的市场竞争力，企业需要源源不断地从外部获取新知来更新自身的知识，以适应市场的快速变化，因此外部知识获取量呈递增的趋势。

（5）由图 8.4 可知，知识扩散量呈现震荡增加趋势。在企业正常运行的过程中，一部分知识会被淘汰，也有一部分知识会被再次利用。知识扩散主要是对企业核心知识的再利用，体现为企业知识存量的积累，其受到外部环境的影响较大，当外部环境变化很大的时候，知识扩散量会相对较小，则知识淘汰量较多。市场环境变化不定，所以在模拟的过程中，将环境变量设置为在某一区间的随机数，因此曲线呈现震荡趋势。另外，在初始阶段，由于企业自身的知识存量较低，知识扩散量也很少。

（二）模型灵敏度分析

灵敏度分析通过改变参数值来观察其对模型结果的影响，保持其他参数不变，主要改变影响知识创新产出的几个参数，观察其影响程度。

根据图 8.1 的企业级知识整合创新系统流图，知识创新产出主要受到内部知识投入、研发投入、管理投入等的影响。保存其他参数不变，将异质性知识感知能力分别取值 0.2、0.5 和 0.8，结果如图 8.5 所示。这里主要通过改变异质性知识感知能力的取值来表示内部知识投入的变化，然后观察其对知识创新产出的影响。

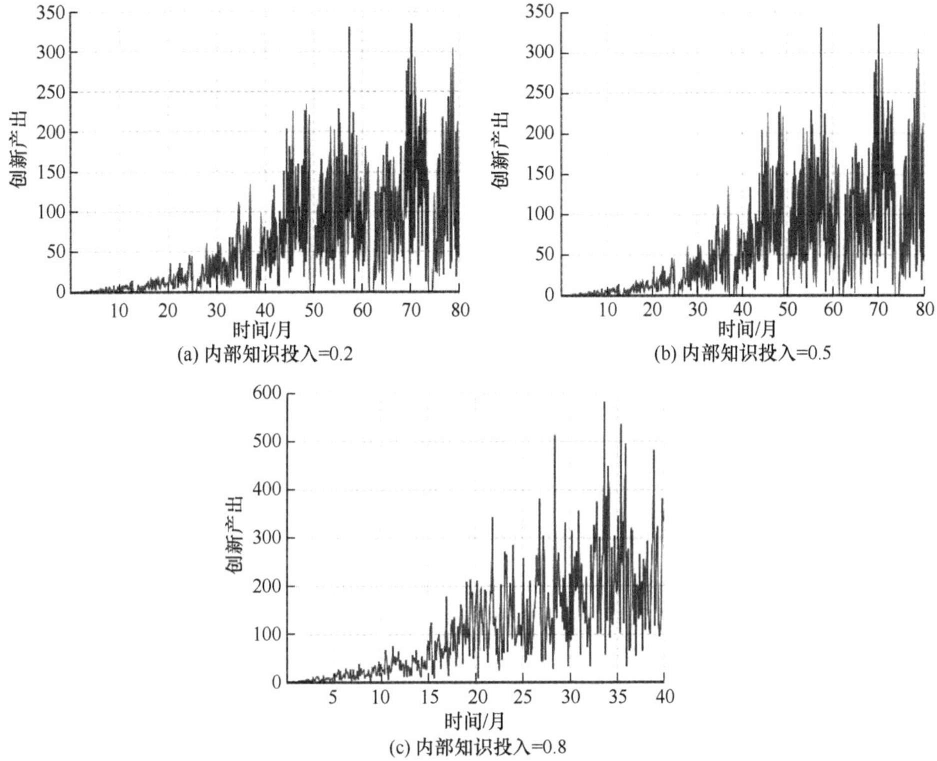

图 8.5　内部知识投入对知识创新产出的影响

从图 8.5 可以看出，参数异质性知识感知能力具有较强的敏感性，且变化呈现一定的规律。内部知识投入作为知识创新的有效知识投入，是知识创新产出的原始知识基。对比不同取值得到的曲线，取值从 0.2 向 0.8 变化时，表示内部投入的知识量增加，发现知识创新产出逐渐增加，表明知识投入是一个重要的影响因素。不同部门之间的异质性知识表示企业内部进行共享的知识，为了提高知识创新的有效知识投入，不同部门之间应该建立起良好的知识共享平台，促进更多异质性知识的交流。同时，知识创新产出又作用于企业知识存量，因此这将有利于提升企业的竞争能力。

（三）建议

本节对企业部门之间的内外部知识共享整合创新机制进行了仿真分析，根据仿真结果的分析给出以下建议：①企业的知识存量大部分来自知识创新产出，企业应该注重知识创新能力的提升及研发资金的投入。②有效的知识投入对知识创新产出影响较大。当企业的规模较小时，企业的知识存量较低，为了提高企业的创新产出，此时应该以内部知识整合为主，着力促进企业内部不同部门之间的知识融合；当企业的知识存量达到一定的水平时，同时应该注重外部知识的获取，此时企业应多关注市场趋势，提高自身的知识吸收能力。③为了提高对外部知识的获取量，企业应该注重知识整合能力的提升，建立完善的激励制度，提高不同部门之间的知识开放程度，从而提高部门之间的合作及信任程度。

第二节　联盟级知识整合创新仿真

一、问题描述

在激烈的市场竞争环境中，市场的快速变化需要企业缩短创新迭代周期，企业仅靠一己之力难以满足高创新效率的需要，因此，通过联盟的形式合作创新就成了众多企业的一种选择。以联盟的形式协同各个企业的知识创新活动，能够充分达到企业间知识共享及优势互补的目的，并为实现可持续创新发展提供便利。虽然企业组成联盟能够为知识创新带来许多优势，但也要注意到联盟内部协同知识创新活动中主体多、涉及面广及关系复杂等特征为知识创新带来了挑战。

本节主要聚焦企业内部的知识整合创新，建立联盟知识整合创新的仿真模型。在仿真的过程中还考虑了不同企业间的知识共享、利益分配等因素。这里联盟包括供应链联盟、产学研联盟和产业技术创新战略联盟，本节主要以产业技术创新战略联盟为例进行研究，产业技术创新战略联盟是一个目标导向的契约型合作组织，具有明确的技术创新目标，其本质上是一个知识联盟，知识整合在技术创新过程中发挥着重要作用。

二、模型建构

（一）建模思路

组织联盟进行知识整合创新不仅可以使联盟中的各个企业充分利用彼此的知识资源进行优势互补，还将协同各个企业创造新知识以此扩充各自企业的知识存储量，以实现联盟整体及联盟中各个企业竞争实力的提高（罗政和李玉纳，2016）。对组织联盟的知识整合创新系统进行研究，需要从联盟内部的知识流向进行切入，分析联盟内部知识是如何通过吸收、整合、共享等活动进行创新的。联盟中的主导企业起主要作用，其余的为协同企业，联盟级 ITO 模型的输入端是联盟中所有成员企业的共享知识及各企业内部的异质性知识，吸收能力和研发强度作为输入的一部分，对于不同的企业来说其强弱不同，其中吸收能力主要表示为企业对管理的投入，包括人才管理等，研发强度表示企业对于研发资金的投入。工具和技术的使用主要是为了增强企业自身的整合能力，其中工具包括企业管理工具、技术工具等其他工具。企业通过提高自身的知识整合能力，将共享的知识与自身已有的知识进行整合，最终进行企业创新，输出端主要是产出绩效，包括新技术专利、新产品、新工艺等，不同企业的产出不同。

在表 8.3 中，存量分别是主导企业知识存量、协同企业 A 知识存量和协同企业 B 知识存量。由于一般联盟的成员企业较多，为了方便演示，这里主要选取三个企业进行模型构建，其中主导企业表示在联盟中占主导地位的企业，主导企业拥有的知识存量较多，且更接近市场，创新能力较强，协同企业 A 和协同企业 B 为联盟中除主导企业之外的企业代表，它们与主导企业之间存在异质性的知识。

表 8.3 联盟知识整合创新机制描述——系统动力学模型各变量方程

变量类型	变量名称（ITO 模型对应）	关系式
状态变量	主导企业知识存量（I）	INTEG（主导企业知识积累量−主导企业知识淘汰量，初始值）
	协同企业 A 知识存量（I）	INTEG（协同企业 A 知识积累量−协同企业 A 知识淘汰量，初始值）
	协同企业 B 知识存量（I）	INTEG（协同企业 B 知识积累量−协同企业 B 知识淘汰量，初始值）
流率变量	主导企业知识积累量	主导企业知识创新产出
	主导企业知识淘汰量	主导企业知识存量×0.04
	协同企业 A 知识积累量	协同企业 A 知识创新产出
	协同企业 A 知识淘汰量	协同企业 A 知识存量×0.025
	协同企业 B 知识积累量	协同企业 B 知识创新产出
	协同企业 B 知识淘汰量	协同企业 B 知识存量×0.02
辅助变量	主导企业知识创新产出（O）	主导企业知识整合能力×pow（smooth（主导企业有效知识投入，2），有效知识投入弹性）×pow（0.4×研发投入（time（）），研发投入弹性）×pow（0.4×管理投入（time（）），1−研发投入弹性−有效知识投入弹性）×weibull（2, 1.2, 0）
	协同企业 A 知识创新产出（O）	协同企业 A 知识整合能力×pow（smooth（协同企业 A 有效知识投入，2），有效知识投入弹性 *A*）×pow（0.3×研发投入（time（）），研发投入弹性 *A′*）×pow（0.3×管理投入（time（）），1−研发投入弹性 *A′*−有效知识投入弹性 *A*）×weibull（2, 1.2, 0）
	协同企业 B 知识创新产出（O）	协同企业 B 知识整合能力×pow（smooth（协同企业 B 有效知识投入，2），有效知识投入弹性 *B*）×pow（0.2×研发投入（time（）），研发投入弹性 *B′*）×pow（0.2×管理投入（time（）），1−研发投入弹性 *B′*−有效知识投入弹性 *B*）×weibull（2, 1.2, 0）
	主导企业有效知识投入（I）	主导企业知识存量×异质性知识感知能力+知识共享量×0.2

续表

变量类型	变量名称（ITO 模型对应）	关系式
辅助变量	协同企业 A 有效知识投入（I）	协同企业 A 知识存量×异质性知识感知能力 *A*+知识共享量×0.3
	协同企业 B 有效知识投入（I）	协同企业 B 知识存量×异质性知识感知能力 *B*+知识共享量×0.4
	知识共享量（I）	delay（((知识共享阈值 *A*′<0.9? 知识势差 *A*:0）+（知识共享阈值 *B*′<0.9? 知识势差 *B*:0）+（知识共享阈值 *A*′*B*′<0.9? 知识势差 *AB*:0））×知识异质性程度×知识共享意愿，2）
	主导企业知识整合能力（T）	min（0.3×time（），6）
	协同企业 A 知识整合能力（T）	min（0.2×time（），5）
	协同企业 B 知识整合能力（T）	min（0.1×time（），4）
	知识共享意愿	企业关系强度×利益分配机制
	知识势差 *A*	主导企业知识存量–协同企业 A 知识存量
	知识共享阈值 *A*′	（协同企业 A 知识存量/主导企业知识存量）<0.9?（协同企业 A 知识存量/主导企业知识存量）:0.9
	知识势差 *B*	主导企业知识存量–协同企业 B 知识存量
	知识共享阈值 *B*′	（协同企业 B 知识存量/主导企业知识存量）<0.9?（协同企业 B 知识存量/主导企业知识存量）:0.9
	知识势差 *AB*	协同企业 A 知识存量–协同企业 B 知识存量
	知识共享阈值 *A*′*B*′	（协同企业 B 知识存量/协同企业 A 知识存量）<0.9?（协同企业 B 知识存量/协同企业 A 知识存量）:0.9

知识存量指的是企业内部所储存的知识总量，包含企业本身拥有的知识储备、企业自身创新获得的知识量，以及企业内化外部共享知识的知识资源（Mundbrod et al.，2013）。模型中知识存量的主要来源是企业知识创新产出，对于共享知识量的吸收，我们还需考虑企业自身与这些知识的异质性。在对应的 ITO 模型中，不同企业共享的知识及企业的内部知识将构成模型中的知识输入。

知识整合能力也可以通过企业对知识的吸收能力进行理解，首先需要对知识整合能力进行分类。知识整合能力可以分为系统化能力、合作化能力和社会化能力，综合提高这三个方面的能力才能达到提升知识整合效果的目的（de Boer et al.，1999）。对于这三个方面能力的具体指代内容，也有相关研究对其进行了补充。系统化能力是指企业生产作业遵循标准化的程度，以及按照工作程序和作业规则使用信息设备的操作能力；合作化能力是指组织内成员与内外部单位、团体和个体通过互动、沟通了解、彼此支持将已有知识整合成新知识的能力；社会化能力主要是指组织文化支持知识整合的程度（谢洪明等，2006）。

知识创新产出指的是企业通过自身知识创新投入，运用知识创新能力而获取的知识创新资源，其增长体现为企业知识存量的提高（Young，2014）。其中，知识投入弹性和研发投入弹性是否有效主要与企业内部因素有关。知识创新产出主要根据表 8.3 进行设置，其中有效知识投入表示企业内部不同部门之间的异质性知识及联盟之间共享的知识的总和。

知识共享阈值体现了知识共享的程度，罗政和李玉纳（2016）提出当知识共享阈值达到 0.9 时，主导企业和协同企业将不再进行知识共享活动。

知识共享量指的是主导企业和协同企业为了达到协同知识创新的目标，而将企业自身的知识存量共享到联盟的知识资源量（罗洪云等，2015）。在实际运作中，企业协同知识创新的活动需要对知识进行筛选、过滤等处理，会存在时间上的延迟，因此需要用一阶延迟函数在知识共享量的公式中进行表示。

知识淘汰量指的是企业为了自身知识能够更好地迎合市场环境而对原有的知识进行更新、淘汰和完善的知识量。

（二）联盟级知识整合创新系统动力学流图建立

在联盟级的知识整合创新中，企业的知识来源包括联盟中共享的知识和内部创新的知识，对于共享的知识，企业需要通过整合才能将其融合为自身的知识，进而推动知识创新。不同企业之间的异质性知识及联盟中共享的知识，即为 ITO 模型中的输入端，其中也包括企业内部的各种异质性知识。影响知识整合能力的因素包含多个方面，如企业管理、技术工具、企业内部合作。

组织联盟知识整合创新的系统流图如图 8.6 所示，其中所包含的 3 个存量、6 个流率变量、17 个辅助变量的定量关系将使用系统动力学方程式进行表示，如表 8.3 所示。

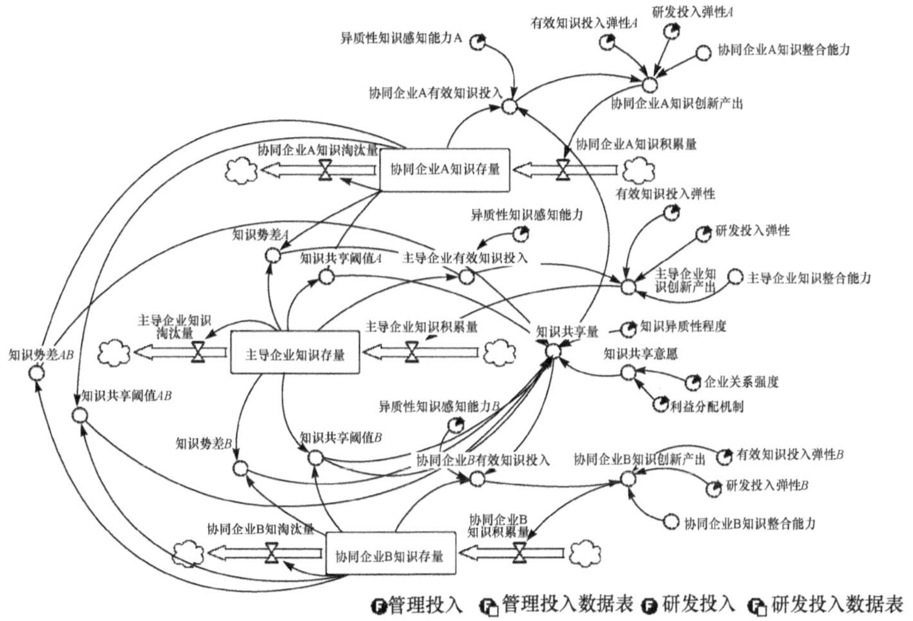

图 8.6 组织联盟知识整合创新的系统流图

三、结果分析与建议

本模型将通过 AnyLogic 软件进行仿真，设定仿真的初始周期值为 40 个月。假设主导企业原有的知识存量设置为 20，协同企业 A 知识存量设置为 10，协同企业 B 知识存量设置为 5。模型参数设置如表 8.4 所示，其中参数将在区间[0, 1]中取值，表示该参数的强弱程度。

表 8.4　模型中参数的赋值

参数	取值	参数	取值
有效知识投入弹性	0.41	研发投入弹性	0.39
有效知识投入弹性 *A*	0.41	异质性知识感知能力	0.4
有效知识投入弹性 *B*	0.41	研发投入弹性 *A*	0.39
知识异质性程度	0.4	异质性知识感知能力 *A*	0.3
利益分配机制	0.6	研发投入弹性 *B*	0.39
企业关系强度	0.5	异质性知识感知能力 *B*	0.2

（一）模型运行结果分析

系统仿真运行结果如图 8.7、图 8.8 和图 8.9 所示。

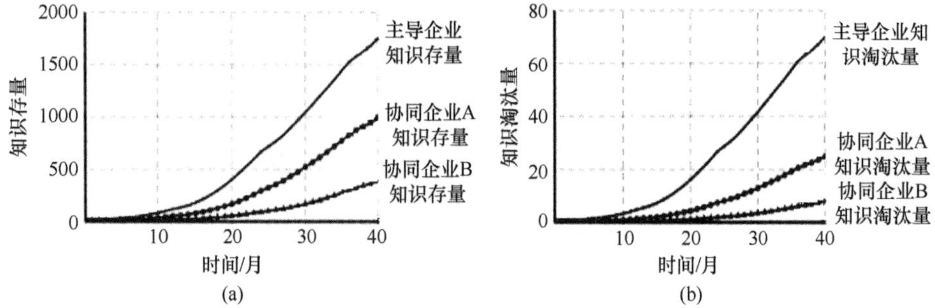

图 8.7　企业知识存量与知识淘汰量的变化情况

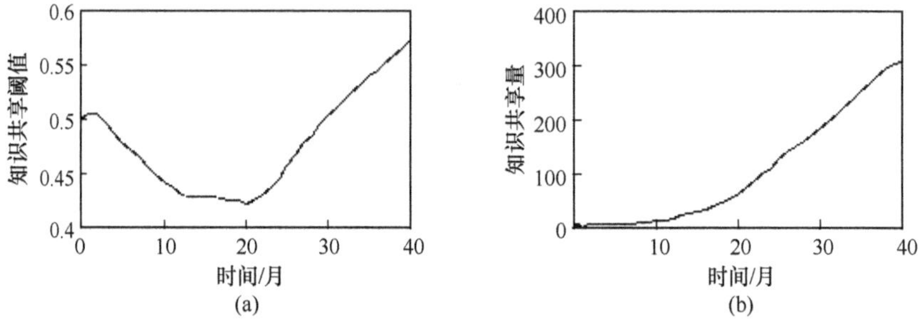

图 8.8　知识共享阈值与知识共享量的变化情况

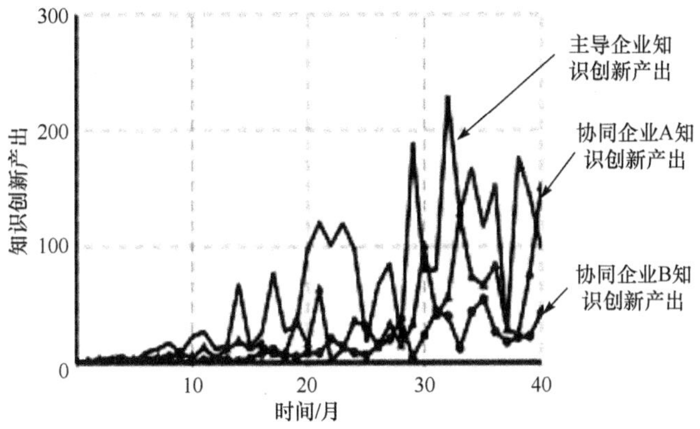

图 8.9 知识创新产出的变化情况

（1）由图 8.7（a）可以看出，随着时间的推移，主导企业和协同企业的知识存量呈现增长趋势。观察曲线的走势可以发现在第 15 个时间单位之前增长变化不大，这主要是由于企业的初始知识存量较低，且这一阶段的知识积累量较低，其后开始逐渐增加，其中主导企业的增速最快。一方面是因为主导企业的初始知识存量最高；另一方面，企业知识存量的主要来源是知识创新产出，而主导企业的知识创新产出高于协同企业。在模拟的过程中，知识存量包含了企业内部不同部门之间的大部分知识，因此知识创新产出中的有效知识投入包含了知识存量的一部分，随着知识存量的增加，有效知识投入增加，由此创新产出增加，反过来又使得知识存量增加，形成了一个正反馈循环。

（2）由图 8.7（b）可以看出，主导企业的知识淘汰量高于协同企业，淘汰的知识主要是外部市场发生变化之后企业的某一部分不再具有使用价值的知识，主导企业作为联盟中的领先企业，具有灵敏的市场嗅觉，更能把握市场的变化方向，因此其知识更新换代的速度高于协同企业。

（3）由图 8.8（a）可以看出，知识共享阈值先增加后减小再增加。从 0 到 20 个时间单位，虽然协同企业知识存量的初始值低于主导企业，但是主导企业的知识淘汰率更高，因此相对而言协同企业知识存量增长更快，知识共享阈值小幅度增加。其后到第 20 个时间单位，知识创新产出开始起作用，主导企业的知识创新产出更多，使得知识共享阈值持续减少。之后，随着知识共享量的增长，协同企业能从共享的知识中获取较多的异质性知识，使其有效知识投入量增加，共享阈值呈现平缓增长趋势。

（4）由图 8.8（b）可以发现，知识共享量呈现增长趋势，因为知识共享量直接作用于有效知识投入量，所以带动了知识创新产出的增加。在企业联盟中，各企业为了达到创新目的，将自身的部分知识共享到联盟知识库，一般情况下，企业可以从该知识库中获取到较多的异质性知识，加速企业的知识创新进程。但同时外部市场处于不断的变化中，企业的知识也会随之更新，因此能够源源不断地贡献出异质性知识，推动知识共享量的持续平缓增长。

（5）如图 8.9 所示，考虑创新的风险性，各企业的创新产出过程服从威布尔分布，因此曲线会出现震荡情况，但总体会呈现增长趋势。主要原因是各个阶段所面临的风险不同，从而对创新成功率产生的影响也带有随机性。对比主导企业和协同企业间的知识创新产出，跳跃频率大致相同，主导企业振幅最大，这主要是因为主导企业的知识存量相对较高。在初始阶段三者均增长缓慢，这时相应的企业知识存量也较低，经过一段时间的知识吸收和存储，内部知识及共享知识的输入开始发生作用，加上企业的资金投入等，后期增长幅度变大。

（二）模型灵敏度分析

灵敏度分析通过改变参数值来观察其对模型结果的影响,保持其他参数不变，主要改变影响知识共享量和知识创新产出的几个参数，观察其影响程度。

1. 利益分配机制对知识共享量的影响

首先，根据图 8.6，知识共享量主要受到知识共享阈值、知识共享意愿及知识异质性程度的影响，其中知识共享意愿又由企业关系强度和利益分配机制决定。这里主要通过改变利益分配机制的取值来影响知识共享意愿的变化，然后观察其对知识共享量的影响。保持其他参数不变，将利益分配机制分别取值 0.2、0.5 和 0.8，结果如图 8.10 所示。

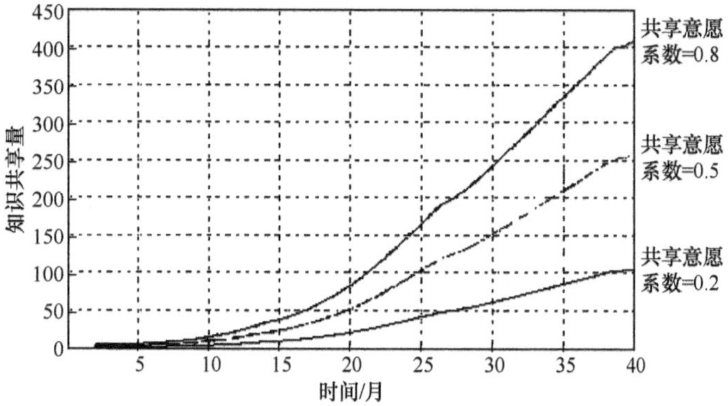

图 8.10　利益分配机制对知识共享量的影响

从图 8.10 可以看出，参数利益分配机制具有较强的敏感性，且变化呈现出一定的规律。随着利益分配机制取值的增加，知识共享量越来越多，且增长速度越来越快，表明利益分配机制对联盟企业的知识共享量影响较大。因此，为了充分调动联盟中各个企业的参与积极性和提高其知识共享意愿，必须加快完善联盟的利益分配制度与建立相应的利益分配机制，从而提高知识共享的整体效率。此外，知识共享量作为企业知识创新产出中有效知识投入的一部分，对增强企业的创新能力具有一定的影响。

2. 主导企业有效知识投入对知识创新产出的影响

首先，根据图 8.6，主导企业知识创新产出主要受到有效知识投入、研发投入、管理投入等的影响。保持其他参数不变，将异质性知识感知能力分别取值 0.2、0.5 和 0.8，结果如图 8.11 所示。这里主要通过改变异质性知识感知能力的取值来观测有效知识投入的变化，然后观察其对知识创新产出的影响。

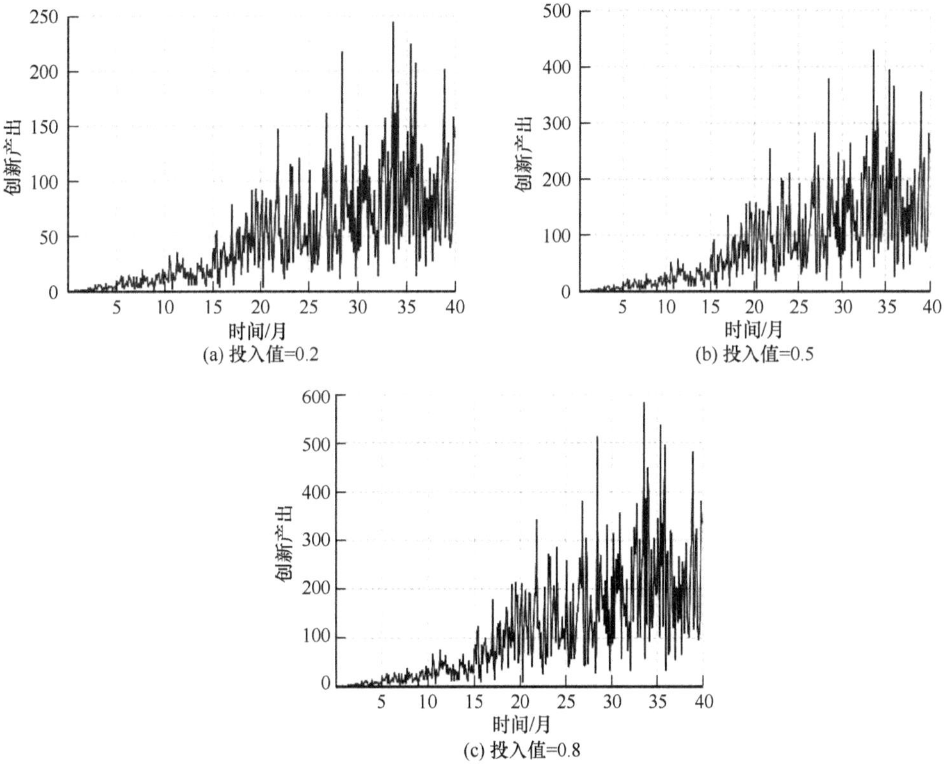

图 8.11 主导企业有效知识投入对知识创新产出的影响

在图 8.11 中，投入值为 0.8 的曲线，其变化幅度最大；投入值为 0.5 的曲线，处于中间；投入值为 0.2 的曲线，其变动幅度最小；可以看出参数异质性知识感知能力具有较强的敏感性，且变化呈现一定的规律。有效知识投入是知识创新产出的原始知识基，对比不同取值所对应的曲线，将取值 0.2 向 0.8 进行调节，表示投入的有效知识量增加，发现知识创新产出逐渐增加，表明知识投入是一个重要的影响因素。主导企业有效知识投入主要由知识共享量和企业内部不同部门之间的异质性知识组成，为了提高知识创新的有效知识投入，应该促进联盟中不同企业之间的知识交流与共享，以及为各部门之间建立有效的知识共享平台，促进更多异质性知识得到交互。同时，知识创新产出也会作用于企业知识存量，为提升企业的竞争能力提供支持。

3. 建议

本节以第五章内容为基础，探究了产业技术创新战略联盟知识整合创新的机制，以联盟中的主导企业及两个协同企业为研究对象，对联盟过程中的知识共享与知识创新行为进行了仿真模拟，基于对仿真结果的分析给出以下建议：①对于主导企业来说，虽然拥有相对前沿的知识，但从其他企业吸收的知识也能够作为创新中有效知识输入的一部分，因此知识共享也十分重要。当企业知识存量较低时，应该以知识共享为主，当企业知识存量达到一定的水平之后，应该以企业创新为主。②对于协同企业来说，当自身知识存量较低的时候，应该多参与知识共享活动，因为协同企业不同于主导企业能时刻把握市场动向，因此应该尽量从主导企业吸收异质性知识，并用其进行知识创新。③利益分配机制对知识共享量有较大的影响，企业联盟应该建立合理的利益分配机制，提高企业价值链中各成员间的关系强度，从而增加联盟中的知识共享量。④主导企业有效知识投入对知识创新产出有着较大影响，可以通过提高知识创新产出促进企业知识存量的增加。为了提高企业的竞争能力，企业除了要加强内部各部门间的异质性知识交互，建立良好的知识共享平台之外，还要推动联盟中各企业之间的知识交流与共享。

第三节　平台级知识整合创新仿真

一、问题描述

组织知识是通过组合、内化、社会化和外化的循环创造出来的，这些循环将知识转化为隐性模式和显性模式（Nonaka，1994）。那么平台的介入又会对知识产生什么影响呢？Styhre 和 Gluch（2010）认为平台作为边界对象的一种表现形式，具有整合技术、经验和其他资源的功能，从而被用作知识管理的模式。冯华和陈亚琦（2016）以物流服务平台为研究对象，提出平台共享资源池的概念，企业通过构建平台或者合作的形式汇集大量的基础资源，从而保证各参与主体能够持续得到稳定、高效及低成本的物流服务。石岿然和浦珏（2017）通过研究供应链服务平台介入下的物流服务供应链的四种合作模式，表明物流供应链服务平台的介入使得整条供应链为了获得高利润而主动提升服务水平。Bresnen 等（2005）从社会资本的角度出发，指出平台是一种能够在知识的存量和流量之间架起桥梁的机制。余东华和芮明杰（2007）指出网络平台的组织特性对知识的流动和整合具有促进作用。

由此可见，平台的介入能够加速组织进行有效的知识吸收和知识创造，然而，在以往关于知识整合的研究中，较少考虑到平台的作用。但是随着互联网平台经济的盛行，平台不仅能够发挥服务集成商整合资源的作用，而且能以连接和聚合的方式降低各参与方的成本并创造价值（李文莲和夏健明，2013）。王海花等（2013）提出一个共享渠道的概念，表明知识供给方和知识需求方在充分交流的过程中，平台充当桥梁和中介的角色。那么，在平台介入下，组织的知识整合创新是如何变化的？又会受到什么因素的影响？

本节在第二节的基础上，考虑平台介入下的知识整合创新。结合第六章的内容，以众包平台为例，运用系统动力学建立了“服务供给方—平台—服务需求方”之间进行知识共享与整合创新的过程模型，并通过模型仿真和灵敏度分析，为平台介入下知识整合创新的研究提供支持。

二、模型建构

（一）建模思路

平台介入下的知识整合创新指的是平台连接的服务供给方和服务需求方在平台的主导下，充分共享彼此的知识资源并进行优势互补，增加各自的知识存量，并最终提高服务水平与核心竞争力。在平台级知识整合创新的 ITO 模型中，平台起主导作用，模型的输入端是所有服务供给方提供的知识、服务需求方的知识、平台拥有的知识及企业内部不同部门之间的异质性知识，这些知识需要各方进行知识整合才能转化为可吸收利用的知识。技术和工具根据各方的具体情况有所不同，其中平台技术就是其中的一种，主要包括平台提供的各种网络技术。输出端主要是产出绩效，包括新技术专利、新产品、新服务等。

（二）平台级知识整合创新系统动力学流图建立

平台级知识整合创新模型主要包括三方：提供服务的一方称为服务供给方（S）；接收服务的一方称为服务需求方（R）；平台（P）作为提供信息流、资金流、服务流和知识流的资源池，通过与各方进行知识共享从而提高整体的服务水平。在建模的时候供给方和需求方以其中之一为代表。三者的行为主要包括两方面：一是链上服务供给方、平台及服务需求方之间进行的知识共享活动，该过程主要与共享意愿、知识特性、组织文化等有关（倪国栋等，2015）；二是服务供给方与平台通过融合各方知识资源进行知识整合与知识创造，该过程主要与知识整合能力、资金投入、创新欲望等有关（罗政和李玉纳，2016）。

服务供给方和平台的知识存量均由外部整合知识量、内部创新知识量和淘汰知识量共同决定，服务需求方的知识存量由外部获取知识量决定。根据研究思路，构建其系统流图如图 8.12 所示。通过分析每个变量的实际含义，构造系统动力学方程来反映 2 个状态变量、4 个流率变量和 25 个辅助变量的定量关系，如表 8.5 所示。

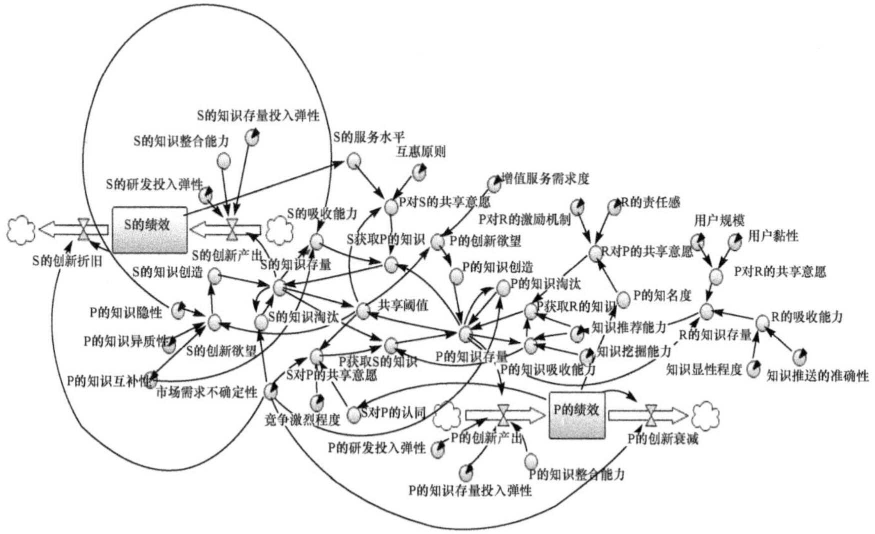

图 8.12　基于平台知识整合创新的系统流图

表 8.5　平台级系统流图中各变量方程设计

变量类型	变量名称（ITO 模型对应）	关系式
状态变量	S 的绩效	INTEG（S 的创新产出-S 的创新折旧，初始值）
	P 的绩效	INTEG（P 的创新产出-P 的创新衰减，初始值）
流率变量	S 的创新产出（O）	S 的知识整合能力×pow（smooth（S 的知识存量×0.5, 5, 50），S 的知识存量投入弹性）×pow（S 的研发投入（time（)），S 的研发投入弹性）×weibull（1, 0.8）
	P 的创新产出（O）	P 的知识整合能力×pow（smooth（P 的知识存量×0.6, 2），P 的知识存量投入弹性）×pow（P 的研发投入（time（)），P 的研发投入弹性）×pow（P 的管理投入（time（)），1–P 的研发投入弹性–P 的知识存量投入弹性）×weibull（2, 1.2, 0）
	S 的创新折旧	市场需求不确定性>0.5? smooth（S 的绩效×0.08, 5, 0）:0
	P 的创新衰减	市场需求不确定性>0.5? smooth（P 的绩效×0.1, 5, 0）:0

续表

变量类型	变量名称（ITO 模型对应）	关系式
	S 的知识存量（I）	S 获取 P 的知识+S 的知识创造−S 的知识淘汰+初始值
	P 的知识存量（I）	P 获取 S 的知识+P 的知识创造+P 获取 R 的知识−P 的知识淘汰+初始值
	S 的知识整合能力（T）	min（0.1×time（），4）
	P 的知识整合能力（T）	min（0.1×time（），6）
	S 的知识创造	S 的创新欲望×smooth（S 的知识整合投入（time（）），延迟时间）
	S 获取 P 的知识	smooth（P 对 S 的共享意愿×P 的知识存量×S 的吸收能力，延迟时间）
	S 的知识淘汰	市场需求不确定性>0.5?smooth（S 的知识存量×0.1，延迟时间）:0
	S 的创新欲望	P 的知识互补性×P 的知识隐性×P 的知识异质性/共享阈值
	S 的服务水平	smooth（min（0.01×S 的绩效，1），延迟时间）
	S 的吸收能力	P 的知识互补性/P 的知识隐性×smooth（min（S 的知识存量×权重，1），延迟时间）
	S 对 P 的共享意愿	共享阈值>0.1?（共享阈值<0.8?min（市场需求不确定性×竞争激烈程度×S 对 P 的认同，1）:0）:0
辅助变量	S 对 P 的认同	smooth（min（权重×P 的绩效，1），延迟时间）
	P 获取 S 的知识	smooth（S 的知识存量×S 对 P 的共享意愿×P 的整合能力，延迟时间）
	P 获取 R 的知识	smooth（R 的知识存量×R 对 P 的共享意愿×P 的整合能力，延迟时间）
	P 的知识创造	P 的创新欲望×smooth（P 的知识整合投入（time（）），延迟时间）
	P 的知识淘汰	市场需求不确定性>0.5? smooth（P 的知识存量×0.1，延迟时间）:0
	P 的创新欲望	增值服务需求度/共享阈值
	P 的知识吸收能力	min（知识挖掘能力×知识推荐能力×P 的知识存量×权重，2）
	P 对 S 的共享意愿	共享阈值>0.1?（共享阈值<0.8?min（S 的服务水平×互惠原则，1）:0）:0
	P 对 R 的共享意愿	用户黏性×用户规模
	共享阈值	S 的知识存量/P 的知识存量
	R 的知识存量	P 对 R 的共享意愿×P 的知识存量×R 的吸收能力+初始值
	R 的吸收能力	知识推送的准确性×知识显性程度
	R 对 P 的共享意愿	P 对 R 的激励机制×R 的责任感×P 的知名度
	P 的知名度	smooth（min（权重×P 的绩效，1），初始值）

市场导向是最直接获取用户需求及企业外部知识的途径。Slater 和 Narver

（1995）研究了外部企业应对市场需求变化的过程，提出企业需要主动地了解市场变化获得新信息，才能更好地对市场做出预测。知识整合的灵感和信息来源于市场的变化，在充分了解市场、用户和竞争者等信息的基础上，企业整合内外部知识会影响企业的竞争力，而且企业知识整合能力的强弱也会对市场导向战略的推进造成影响（蒋天颖等，2013）。

根据 ITO 模型，各方的知识创新产出主要受到有效知识输入、研发投入、管理投入等影响。其中，有效知识输入对应模型中的输入端，在系统仿真中主要用知识存量表示，主要因为知识存量既包含了企业内部不同部门之间的部分异质性知识，也包含了从其他地方获取的知识。知识整合能力由管理工具、技术工具等组成，对应模型中的 T。吸收能力主要用管理投入代表。

知识淘汰与市场需求的不确定性有关。市场需求的不清晰性和不确定性会影响知识淘汰，当市场需求不清晰或不确定时，企业进行产品更新或知识创新会变得困难，会跟不上市场需求的变化，因此会有一部分知识无法与市场需求相匹配，从而被淘汰。供给方和平台对于自身内部知识创新的淘汰率设置为 0.1，对于外部整合知识的淘汰量用 step 函数表示，从第 5 个单位时间之后开始淘汰从外部整合的知识。当市场需求不确定性高于 0.5 时，才进行知识淘汰。

平台和供给方在进行外部知识获取的过程中，各类知识要素需要经过复杂的整理、集成、融合等过程（Grant，1996），考虑到该过程存在延迟现象，故采用 smooth 函数进行模拟，延迟 5 个单位时间，且初始值设为 0。

共享阈值对共享知识量具有重大的影响。共享阈值的确定既体现了自身对于外界共享的意愿和程度，也反映了对自身核心知识的保护（王欣和孙冰，2012），当共享的企业知识相近时，能够共享的知识量会偏少，则此时企业的共享意愿就会降低，当共享阈值达到 0.8 时，供给方与平台之间不再进行知识共享活动，共享阈值主要影响的是双方的共享意愿。

知识特性包括知识显性、知识嵌入性和知识互补性。知识显性是指具有可分离性和可传递性，能够从知识持有者身上提取并与他人共享的知识；知识通常存在于载体中，知识嵌入载体的程度越深，转移的难度越大；当知识互补性程度较高时，平台和供给方之间通过知识协作能够带来更多的知识创新，其系统流图如图 8.12 所示。

三、结果分析与建议

本模型借助 AnyLogic 仿真软件完成，仿真初始时间设置为 0，结束时间设置为 40，时间单位是月，即仿真的整个周期为 40 个月。服务供给方和平台的知识存量为外部知识整合量、创新知识量和淘汰知识量的积累。根据模型假设，由于平台连接的供给方和需求方众多，故初始值设置最高，设置为 100，服务供给方作为单一的企业，初始值设置为 50；而需求方知识存量仅为从平台获取的知识的累积，初始值设置为 10。模型参数设置如表 8.6 所示，其中参数分别在区间[0, 1]中取值，表示该参数的强弱程度。

表 8.6 平台型知识整合模型中不同参数的取值

参数	取值	参数	取值
S 的知识存量投入弹性	0.3	S 的研发投入弹性	0.5
P 的知识存量投入弹性	0.4	P 的研发投入弹性	0.4
P 的知识异质性	0.3	P 的知识互补性	0.6
市场需求的不确定性	0.6	P 的知识隐性	0.5
互惠原则	0.6	竞争激烈程度	0.6
P 对 R 的激励制度	0.6	增值服务需求度	0.6
知识推理能力	0.6	R 的责任感	0.4
用户规模	0.6	知识挖掘能力	0.5
知识显性程度	0.5	用户黏性	0.6
知识推送的准确性	0.6		

（一）模型运行结果分析

系统仿真结果如图 8.13、图 8.14 和图 8.15 所示。

（1）由图 8.13（a）可以看出，在系统仿真设定的模拟周期内，平台和服务供给方的绩效产值都在不断地增长，但是初期增长较为缓慢，中后期都呈现较快的增长。出现这种现象的主要原因是不同的参与主体持续地进行知识共享行为，各知识主体的知识存量都不断地上升，知识创新的总量投入越来越多，要形成具体的创新产品或创新生产力，则研发资金、管理投入和基础投入等均应提高。因此，在知识共享行为的初期，知识布局相对不成熟，创新活力和创新机会均比后期少，所以曲线呈现出先增长缓慢，但后期增长较快的趋势。

（2）由图 8.13（b）可以看出，结合两方的风险性，平台和供给方知识创新产出的曲线表现出震荡上升的特点。首先，知识创新成功具有随机性和不确定性的特点，同时每个时期承担的风险也不同，因此两条曲线呈现震荡上升的特点，与实际中创新过程成功的不确定性相符合。其次，平台由于具有中心性的特点，可以广泛地整合周边创新知识，具有更多的知识投入，所以平台创新率相对较高。

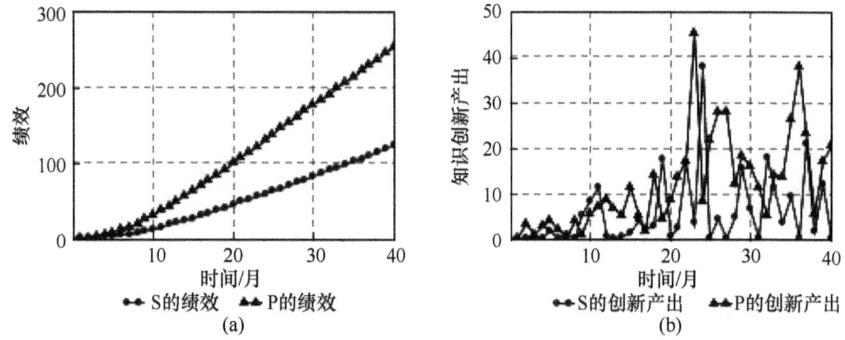

图 8.13　绩效与知识创新产出的变化情况

（3）由图 8.14（a）可以看出，平台的知识存量表现出先局部减少后逐步增加的特点。由于市场会淘汰失败的创新产品或服务，部分知识由于无法适应市场从而失去价值被淘汰。在整合初期，平台聚集创新知识的速度跟不上市场需求变化的速度，所以前期平台会不断地调整、更新知识存量以适应市场的变化，因此前期平台的知识存量会逐渐降低。当平台能够快速地对市场变化做出反应后，知识创新工作能够慢慢适应市场需求变化，平台会开始逐步总结、存储知识，因此平台知识总量慢慢上升并不断递增。

（4）同样，由图 8.14（b）可以看出，服务供给方的知识存量也表现出先局部减少后逐步增加的特点。这是因为在系统仿真初期，企业和平台都适应市场需求的变化，部分知识失去价值从而被淘汰，但企业加入平台是一个双赢的过程，在将自身的知识共享给平台时，也从平台积极地获取知识，平台和企业在发展过程中，会逐渐适应市场变化的需求并及时地做出调整，因此企业的知识存量会慢慢上升。

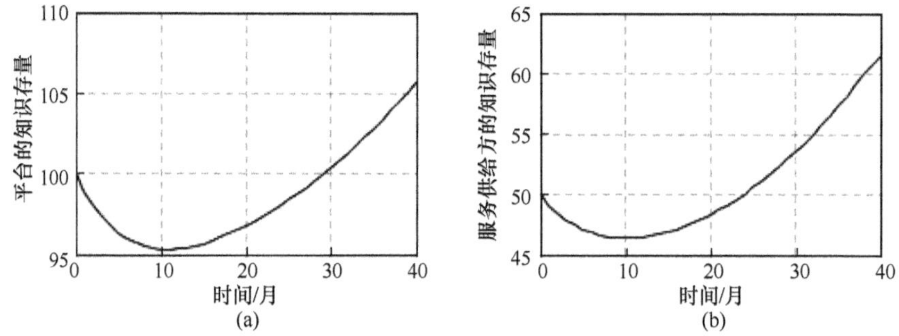

图 8.14　知识存量的变化情况

（5）由图 8.15（a）可以看出，平台对服务供给方的共享意愿大致保持匀速增长，但是服务供给方对于平台的共享意愿则增长缓慢。主要是因为双方所处的地位不一样，平台处于知识中心，会将平台上的知识积极共享给服务供给方获得更多其他价值，但是服务供给方则需要保持自己的核心竞争力，当双方知识差距较小时，服务供给方则采取保守的态度，避免由于将自身的核心知识共享从而失去竞争力。

（6）由图 8.15（b）可以看出，共享阈值呈现先下降后上升的特点。主要是因为平台的知识整合能力远胜于服务供给方，知识量也高于服务供给方，所以共享阈值对于双方来说是不对称的，于是有一个共享差。但随着时间的推移，服务供给方积极地从外界吸收知识进行整合，平台和服务供给方知识量的差距会在一定程度下缩小。

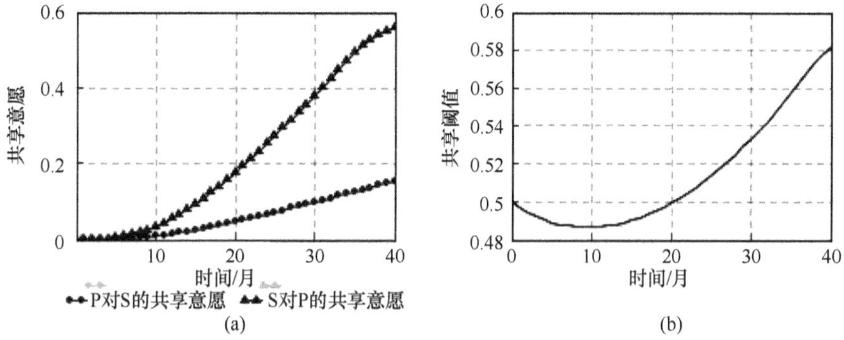

图 8.15 知识共享意愿与共享阈值的变化情况

（二）模型灵敏度分析

灵敏度分析通过改变参数值来观察其对模型结果的影响,保持其他参数不变，主要改变影响知识共享量和知识创新量的几个参数，观察其对知识整合和知识创新效率的影响程度。

1. 市场需求不确定性对共享阈值的影响

市场需求的不确定性会引发企业参与或者进行知识共享，因此探究共享阈值的变化，就是分析平台和服务供给方知识量的变化情况，而且市场需求的不确定会影响服务供给方的共享意愿、平台和服务供给方的知识淘汰速率。因此，保持其他参数不变，收集共享阈值的数据集，分别设定市场需求不确定性为 0.3、0.6 和 0.9，对仿真系统进行敏感性分析实验，如图 8.16 所示。

分析图 8.16 中曲线可得，共享阈值对市场需求的不确定性参数变化很敏感，而且表现出规律性。当市场需求不确定性比较稳定且小于 0.5 时，知识折旧的过程没有出现，表明知识能适应市场的变化。共享阈值逐渐增加并开始趋于平缓。当需求不确定性值为 0.6 时，为满足市场需求的变化促使供方有很大的意愿从外部获取知识，同时催生了新的知识创造机会，主动共享知识给平台，供方也因平台的互惠原则获得平台对供方共享的知识，但由于平台此时市场需求不确定性过高，从而加速了知识折旧和链上成员知识共享与创造的意愿，虽然共享阈值仍在增加但幅度明显低于从 0.3 到 0.6 的过程。

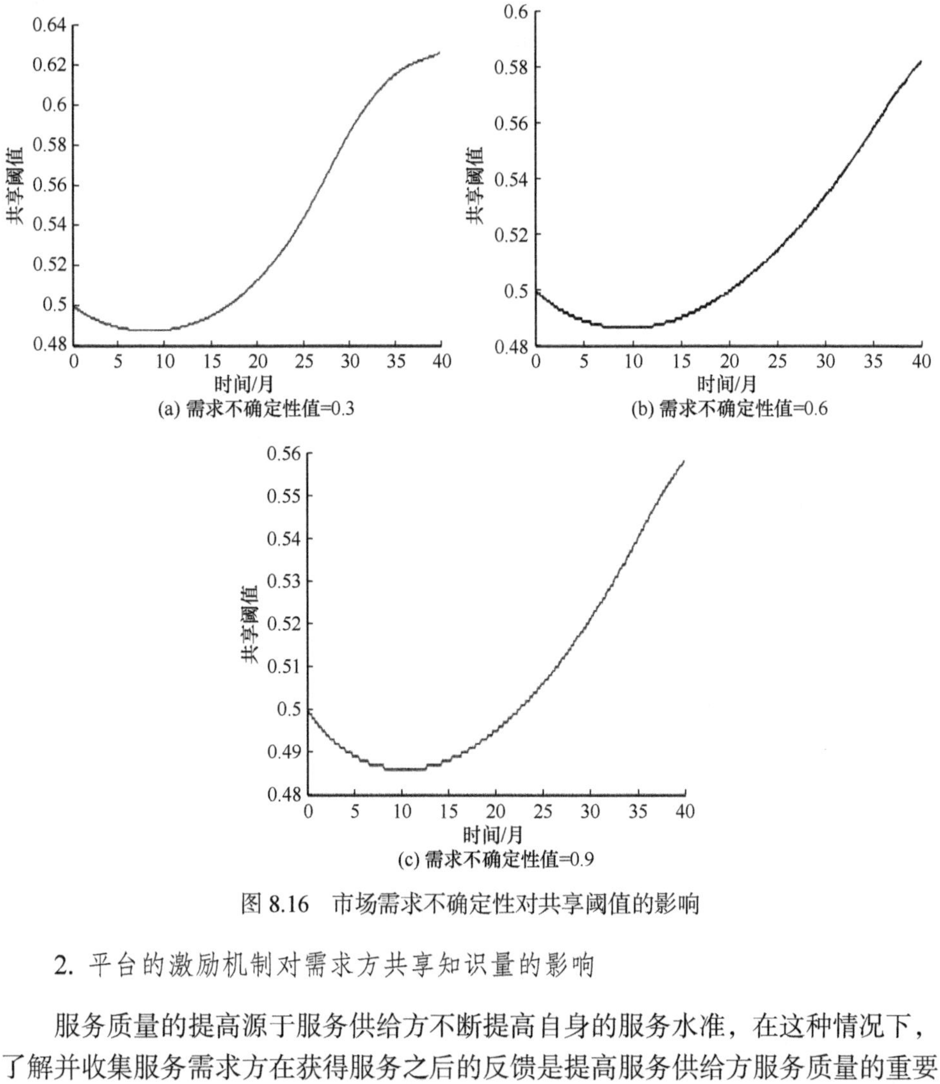

图 8.16　市场需求不确定性对共享阈值的影响

2. 平台的激励机制对需求方共享知识量的影响

服务质量的提高源于服务供给方不断提高自身的服务水准，在这种情况下，了解并收集服务需求方在获得服务之后的反馈是提高服务供给方服务质量的重要方式。但在实际情况中，很多服务需求方（即用户或企业）不总是会发表自己对于服务的评价和建议，因此平台需要建立较为合理的激励机制才能有效地提高用户或企业的服务反馈率，如通过评价加积分、送小礼品、增加信用评分和获得低价折扣等来激发用户对服务做出相应的评价或者提出改进建议，进而提高服务供给方的服务质量。因此，平台的激励、奖励制度或机制也是本书需要重点讨论的参数之一。在分析过程中，将其他参数保持不变，分别设定平台的激励机制参数为 0.3、0.6、0.9，运行仿真模型观察实验结果，得到如图 8.17 所示的结果。

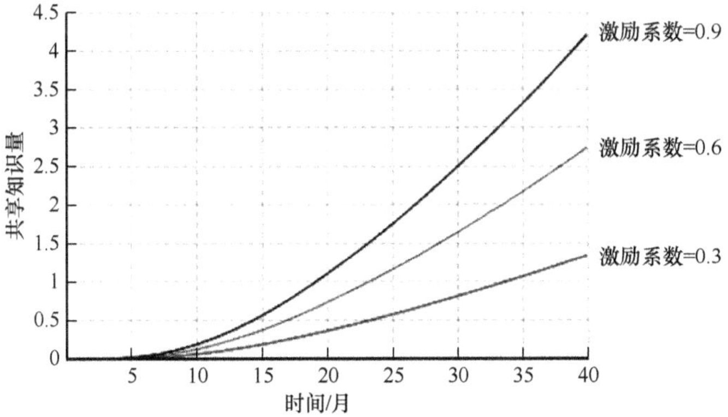

图 8.17 平台的激励机制对需方共享知识量的影响

由图 8.17 可知，用户或者企业共享知识量对平台激励机制参数的变化较为敏感，因为显著的激励能够有效地提高服务供应链上各成员的参与动机，增强知识的共享意愿，而且激励机制参数越大，增长速率越快，用户或者企业贡献自己的知识就越多，表明平台激励对于服务需求方共享自己的知识量具有重要影响。因此，平台需要构建完善的激励机制促进用户或者企业反馈自己的知识，促进服务供给方提高自身的服务质量和服务水准。平台完善的激励机制能够满足不同类型用户的反馈需求，能够促进更多的主体贡献自己的知识，促进知识资源从组织结构属性向知识网络转变,平台和服务供给方才能更好地进行知识资源的整合创新。

3. 增值服务需求度对平台创新的影响

增值服务需求度主要通过影响平台的创新欲望从而影响其创新知识量。保持其他参数不变，增值服务需求度的取值分别设置为 0.3、0.6 和 0.9，仿真结果如图 8.18 所示。可以看出，随着增值服务需求度的增加，平台创新知识量增速加快。因此，平台在保持原有服务质量的同时，还必须进行知识创新，不断挖掘用户需求，以提供更多的增值服务模块来打造自身的核心竞争力。

（三）建议

本节主要探究了平台介入下“服务供给方—平台—服务需求方”之间知识整合创新的主要传导关系与作用机制，并应用系统动力学构建了影响这一过程的相关因素的系统流图，仿真结果表明各参与方的知识存量均呈现增长趋势，且随着

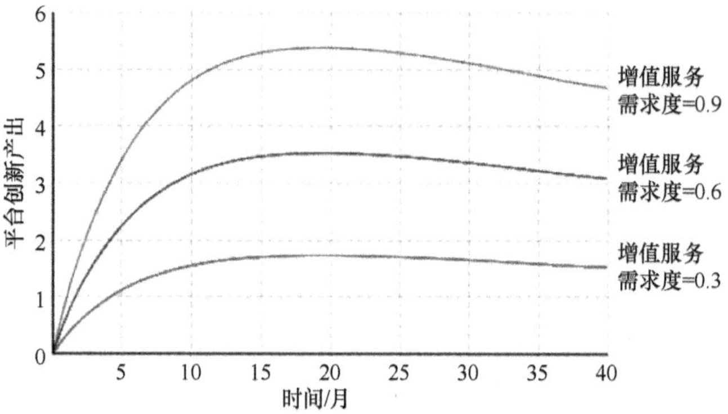

图 8.18　增值服务需求度对平台创新的影响

时间的推移，增长速率加快，其中平台的增速最快；知识创新量与知识整合量也呈现增长趋势；各方的共享意愿先增加后稳定在某一范围。通过灵敏度分析发现市场需求不确定性、激励制度及增值服务等因素对于知识整合创新有明显的正向作用，据此提出以下几点建议。

（1）平台连接的各方拥有的知识分别存储在各自的知识库中，面对市场需求的不确定性，进行知识共享能够更快地更新知识，做出市场预测。因此，平台和服务供给方应仔细梳理自身所拥有的资源，并有效地整合知识资源明确自身定位及运作模式，积极参与到知识共享活动中，努力打造协作共赢的局面，提高用户或者企业的服务满意度。

（2）建立激励机制能够提高各方的知识共享意愿，平台应该建立完善的激励制度，有效地促进各方主体参与到平台知识整合中来，为推动各方主体能够广泛地交流而不断扩大平台开放程度，进而增加整个生态圈的知识共享量。

（3）重视增值服务模块的研发，平台的创新欲望主要受到增值服务需求度的影响，平台在保持原有服务质量的同时，应通过数据挖掘等技术挖掘用户的潜在需求，分析各成员、各类服务、各类需求之间的关联性，通过信息科学技术构建新的服务模块以满足各类用户的潜在需求，不断地打破自身技术、管理壁垒，提高自身的核心竞争力。

本书主要对企业级、联盟级、平台级三种不同类型的知识整合创新进行了系统仿真建模，每一章都根据 ITO 模型的思路展开，其中企业级主要聚焦于企业内部的知识整合创新，参与整合的主要是企业内部不同部门之间的知识，通过对异质性知识的整合吸收，并以此为知识基础进行知识创新。联盟级主要针对不同企业之间的知识整合创新，联盟中的不同企业所拥有的知识具有异质性特点，可以进行知识共享，这部分共享的知识通过不同企业的吸收整合为自身的知识，同时会作为新的知识基础的一部分。平台级主要研究服务供给方、服务需求方与平台之间的知识整合创新，平台既作为知识输入的一部分，也作为技术工具的一部分参与其中。平台通过吸收各服务供给方的新知识及满足各服务需求方的要求进行自身改造，把握市场方向，不断迭代升级，提高其服务质量。

知识的创新会受到多方因素的影响，除了与自身创新能力有关之外，很大程度上还受到创新知识基来源的影响。通过对三种不同层级的创新进行分析得出，企业级的知识创新主要是基于企业内部不同部门之间知识进行的整合创新，同一企业的文化、目标、管理等存在一致性，不同部门之间的知识差别不大，导致企业创新空间较小。联盟级的知识创新既来自内部部门之间，同时吸收了联盟中其他企业的知识，而不同企业之间的知识异质性程度相对较大，因此联盟企业的创新空间相对于企业级有所提升。平台级的知识创新来自所有服务供给方、服务需求方和平台之间的知识共享，平台在其中起到了连接与整合的作用，在获取新知识的同时更新了自身的技术与服务，由此吸引了更多的参与方，同时参与方也能从平台中获取更接近于市场的知识，因此知识创新空间能够得到很大提升。

另外，当市场需求不确定性越大，环境的变化越大时，个人、企业和平台等组织结构的创新能力越难符合市场和环境的需求，创新能力无效的风险就越大。能力本身具有效率维度之外还具备柔性维度，所以，当市场需求不确定性越大时，创新能力的提高在于扩大自身的创新边界，不断加强与外界的联系，获取外界知识、技术和智慧等资源，进行整合创新，防止创新能力因时效性的延迟影响企业的发展。在三个层级中，平台作为目前发展的趋势，整合了众多企业的优势，相比于主导企业更能把握市场的动向，而且平台拥有更加先进的技术，能够根据变化及时做出相应的调整。因此，为了能够更有效地进行知识整合创新活动，企业应该积极向平台化靠拢，明确自身定位，参与到知识共享活动中，努力打造协作共赢的局面。

参考文献

曹洲涛, 杨佳颖. 2015. 知识异质性促进知识创新的协同路径研究. 科技进步与对策, (17): 134-138.

陈劲, 阳银娟. 2012. 协同创新的理论基础与内涵. 科学学研究, 30(2): 161-164.

陈劲, 尹西明, 梅亮. 2017. 整合式创新: 基于东方智慧的新兴创新范式. 技术经济, 36(12): 1-10, 29.

陈萍, 田双亮. 2009. 基于概念格的组织内部知识分布的综合评价. 西北民族大学学报(自然科学版), 30(3): 9-13.

陈威如, 徐玮伶. 2014. 平台组织: 迎接全员创新的时代. 清华管理评论, (7): 46-54.

陈雪龙, 镇培. 2014. 知识网络的知识完备性测度方法研究. 情报学报, 33(5): 465-480.

陈友玲, 左丽丹, 牛禹霏, 等. 2019. 基于知识相似度的产品开发任务分配方法. 计算机应用, 39(2): 323-329.

丁宝军. 2013. 跨职能整合、知识获取与新产品开发效率关系研究. 广州: 华南理工大学.

丁宝军, 朱桂龙. 2008. 基于知识结构的 R&D 投入与技术创新绩效关系的实证分析. 科学学与科学技术管理, (9): 29-34.

丁怡. 2014. 基于网络视角下的隐性知识传播研究. 大连: 大连海事大学.

冯华, 陈亚琦. 2016. 平台商业模式创新研究——基于互联网环境下的时空契合分析. 中国工业经济, (3): 99-113.

冯涛, 邓俊荣. 2010. 从劳动分工到知识分工的组织间合作关系演进. 学术月刊, 42(8): 92-98.

冯霄霞. 2017-02-27. 工业互联网时代中国企业将快速崛起. 中国信息化周报, (015).

高巍, 田也壮, 姜振寰. 2005. 基于供应链联盟的知识整合研究. 管理工程学报, (3): 6-9.

郭冬乐, 夏先良. 2000. 特许经营的经济理性与极限. 财贸经济, (3): 69-72.

郭磊磊, 刘平. 2010. CKM 中交互客户知识的获取研究. 现代情报, 30(6): 164-166.

哈耶克 F A. 2003. 个人主义与经济秩序. 邓正来, 译. 上海: 生活・读书・新知三联书店.

贺军. 2010. 项目知识管理研究综述. 图书情报工作, 54(14): 45-49, 70.

贺亚伟. 2014. 知识工程在 Z 公司研发管理中的应用. 长沙: 中南大学.

胡婉丽. 2008. 知识整合的流程及机制. 价值工程, (5): 41-44.

胡婉丽, 汤书昆. 2004. 基于研发过程的知识创造和知识转移. 科学学与科学技术管理, (1): 20-23.

黄卫东, 于瑞强. 2011. 共享学习模式下知识服务云平台的构建研究. 电信科学, 27(12): 6-11.

季成, 朱晓明, 任荣明. 2007. 基于知识整合价值链的企业并购知识整合研究. 研究与发展管理, (6): 78-84.

贾帆帆, 上官明愫. 2017. 知识链节点企业知识缺口弥补与互动学习路径选择. 科技资讯, 15(2): 188, 189.

贾宪洲, 谢冬梅. 2017. 增强国家技术创新能力的路径研究——基于知识互补性的视角. 技术经济与管理研究, (2): 34-38.

江积海, 于耀淇. 2011. 基于知识增长的知识网络中知识生产函数研究. 情报杂志, 30(5): 114-

118, 139.
蒋天颖, 孙伟, 白志欣. 2013. 基于市场导向的中小微企业竞争优势形成机理——以知识整合和组织创新为中介. 科研管理, 34(6): 17-24, 67.
科学技术部. 2009-02-21. 关于推动产业技术创新战略联盟的指导意见. http: //www. most. gov. cn/yw/ 200902/t20090220_67551. htm[2018-06-28].
孔凡柱. 2014. 知识整合能力与运作特性对组织创新绩效的交互效应研究. 软科学, 28(12): 10-14.
孔凡柱, 罗瑾琏. 2012. 企业自主创新跨组织知识整合模型及实现机制. 中国流通经济,(6): 76-81.
孔建寿, 张友良, 汪惠芬. 2004. 面向网络化制造的产品协同开发过程管理技术研究. 机械科学与技术, (3): 347-350, 364.
孔昕源, 于桂兰. 2010. 汽车制造行业工人知识互补性测量研究.人力资源管理, (12): 76-79.
乐承毅, 代风, 吉祥, 等. 2010. 基于流程驱动的领域知识主动推送研究. 计算机集成制造系统, 16(12): 2720-2727.
李博彦. 2009. 基于供应链的效益背反问题研究. 天津: 天津科技大学.
李长玲.2006.知识管理绩效的模糊评价.情报科学,24(2):185-188.
李纲, 刘先红. 2015. 知识缺口视域下科研团队成员选择研究. 科技进步与对策, 32(12): 139-143.
李建标, 武立东. 2003-06-24. 现代供应链联盟问题研究. http: //www. ancc. org. cn/news/article. aspx?id=477[2018-06-28].
李江, 万映红, 李怀祖. 2004. 客户关系管理中客户需求知识建模研究. 管理工程学报, (4): 6-11.
李雷, 赵先德, 简兆权. 2015. 以开放式网络平台为依托的新服务开发模式——基于中国移动应用商场的案例研究. 研究与发展管理, 27(1): 69-83.
李文莲, 夏健明. 2013. 基于"大数据"的商业模式创新. 中国工业经济, (5): 83-95.
李显鹏. 2013. 面向模具生产制造过程的知识需求模型. 机电工程技术, 42(10): 1-5.
李雪, 李菁华. 2008. 产学研联合的深化: 产业技术创新战略联盟研究. 科学管理研究, (1): 45-48.
李烨. 2013. 数据挖掘技术在卡车制造商的客户价值分析应用研究. 柳州: 广西科技大学.
李忆, 姜丹丹, 王付雪. 2013. 众包式知识交易模式与运行机制匹配研究. 科技进步与对策, 30(13): 127-130.
李颖. 2011. 基于知识溢出效应的知识联盟利益分配研究. 西安: 西安电子科技大学.
梁家莉. 2018. 知识共享下供应链合作创新利润分配研究. 长沙: 湖南大学.
廖晓, 李志宏, 席运江. 2016. 基于加权知识网络的企业社区用户创新知识建模及分析方法. 系统工程理论与实践, 36(1): 94-105.
廖志江, 高敏, 廉立军. 2013. 基于知识势差的产业技术创新战略联盟知识流动研究. 图书馆学研究, (1): 78-83.
林文宝, 吴万益. 2005. 以组织学习观点探讨知识整合及运作特性对核心能力影响之研究. 台大管理论丛, 15(2): 165-197.
刘江. 2005. 谈知识网络构建. 情报杂志, (11): 40-42.
刘希宋, 邓立治, 桂雪玲. 2004. 企业运用知识管理的评价模型及对策分析. 商业研究, (1): 1, 2.
卢艳. 2006. 技术知识与产品创新的辩证互动. 科技与管理, (3): 130-132.

陆长明, 蒋建东, 胥芳, 等. 2007. 基于接口的小型农业作业机模块划分方法. 农业机械学报, (6): 57-61.
罗洪云, 林向义, 王磊, 等. 2015. 产学研协同知识创新体系创新绩效评价研究. 现代情报, 35(2): 8-11.
罗炜, 童秉枢, 田凌. 2004. 协同知识管理中利用共享本体建立产品状态模型. 计算机辅助设计与图形学学报, (2): 191-196.
罗政, 李玉纳. 2016. 企业价值链协同知识创新影响因素的系统动力学建模与仿真. 现代图书情报技术, (5): 80-90.
孟凡静. 2014. 图书馆联盟绩效的知识视角评价. 情报科学, 32(11): 96-101.
孟健. 2013. 企业客户知识的获取路径与流程管理. 企业改革与管理, (11): 30-32.
孟潇. 2018. 大企业开放创新平台的特征和模式研究. "2018 年北京科学技术情报学会学术年会——智慧科技发展情报服务先行" 论坛论文集: 158-164.
倪国栋, 黄付帅, 张天宇, 等. 2015. 组织内部知识共享影响因素之主体因素研究综述. 图书馆理论与实践, (5): 21-25.
宁东玲. 2013. 企业信息化过程中知识整合机制与知识吸收能力关系研究. 现代情报, 33(7): 130-133.
潘文安. 2012. 关系强度、知识整合能力与供应链知识效率转移研究. 科研管理, 33(1): 147-153, 160.
裴小兵, 刘芳. 2014. 基于知识重构的企业创新过程模型研究. 商业研究, (3): 101-106.
钱龙霞, 张韧, 王红瑞, 等. 2016. 基于 Logistic 回归和 DEA 的水资源供需月风险评价模型及其应用. 自然资源学报, 31(1): 177-186.
乔俊飞, 鞠岩, 韩红桂. 2016. 基于自组织随机权神经网络的 BOD 软测量. 北京工业大学学报, 42(10): 1451-1460.
邱静, 劳曼尼 M. 2015. 开放式创新: 借助"外脑"提高创新效率. 中国工业评论, (8): 22-28.
裘江南, 武美君, 念闯玲. 2013. 组织知识缺口识别方法研究. 科研管理, 34(12): 85-93.
曲朝阳, 程晓岩, 丛鹏. 2013. 电网管控任务需求-知识适配通用模型. 电测与仪表, 50(4): 90-95.
芮明杰, 刘明宇. 2006. 网络状产业链的知识整合研究. 中国工业技术经济, (1): 49-55.
上海格尔. 2006. 注重集成产品开发理念. 信息安全与通信保密, (7): 53, 54.
邵伟. 2017. 产业技术创新战略联盟运行绩效评价研究. 南昌: 江西师范大学.
圣吉 P. 1998. 第五项修炼. 郭进隆, 译. 上海: 上海三联书店.
石岿然, 浦珏. 2017. 平台介入的多物流服务提供商合作模式研究. 中国管理科学, 25(4): 78-85.
苏加福. 2017. 协同产品创新知识网络模型及若干关键问题研究. 重庆: 重庆大学.
孙东光. 2001. 价值链驱动的协同产品商务关键问题研究. 北京: 北京航空航天大学.
汤少梁, 肖增敏. 2007. 平等地位下知识创新联盟收益分配问题研究. 科学学与科学技术管理, (10): 98-102, 114.
唐文献, 李莉敏, 管瑞良. 2005. 知识驱动协同创新的产品开发模型. 计算机集成制造系统, (6): 757-761.
汪丁丁. 1997. 知识沿时间和空间的互补性以及相关的经济学. 经济研究, (6): 70-77.
汪国平, 杜群贵. 2006. 产品配置管理技术. 机床与液压, (5): 34-36, 40.
汪忠, 黄瑞华. 2006. 合作创新企业间技术知识转移中知识破损问题研究. 科研管理, (2): 95-101.

王春晓. 2009. 知识搜索引擎比较分析. 图书馆学研究, (1): 47-49.
王海花, 蒋旭灿, 谢富纪. 2013. 开放式创新模式下组织间知识共享影响因素的实证研究. 科学学与科学技术管理, 34(6): 83-90.
王琼辉, 刘杰. 2009. 上海研发公共服务平台绩效的 AHP 评价指标体系研究. 上海商学院学报, (1): 87-89.
王欣, 孙冰. 2012. 企业内知识转移的系统动力学建模与仿真. 情报科学, 30(2): 173-177, 195.
王铮, 马翠芳, 王露, 等. 2001. 知识网络动态与政策控制(Ⅰ)——模型的建立. 科研管理, 22(3): 126-133.
魏江, 王铜安. 2008. 知识整合的分析框架: 评价、途径与要素. 西安电子科技大学学报(社会科学版), (2): 8-14.
魏江, 徐蕾. 2014. 知识网络双重嵌入、知识整合与集群企业创新能力. 管理科学学报, 17(2): 34-47.
魏玲, 郭新朋. 2018. 基于云平台的云计算产业联盟知识服务模式研究. 科技进步与对策, 35(22): 117-122.
吴成颂, 吕娟, 范恒冬. 2012. 研发公共服务平台绩效评价体系. 技术经济, 31(3): 38-42.
吴士健, 孙专专, 刘新民. 2017. 知识治理模式、组织学习方式及平衡策略对组织创造力的影响. 科技进步与对策, 34(16): 132-139.
吴增源, 谌依然, 伍蓓. 2015. 跨界搜索的内涵、边界与模式研究述评及展望. 科技进步与对策, 32(19): 153-160.
伍忠贤, 王建彬. 2003. 知识管理策略与实务. 北京: 中国纺织出版社: 172.
夏先良. 2000. 知识论: 知识产权、知识贸易与经济发展. 北京: 对外经济贸易大学出版社.
谢洪明, 王成, 吴隆增. 2006. 知识整合、组织创新与组织绩效: 华南地区企业的实证研究. 管理学报, 3(5): 600-606, 621.
谢蓬. 2009. 互联网企业商业模式价值评估研究. 成都: 西南财经大学.
谢秋, 杨育, 易树平, 等. 2006. 协同产品开发效率分析的 PDS 参考模型. 工业工程与管理, (4): 87-93, 96.
谢悦. 2018. 平台介入下服务供应链知识整合创新绩效模型研究. 长沙: 湖南大学.
熊胜绪, 栾卓珅. 2014. 企业技术创新视角下的互补知识整合机制研究. 山东社会科学, (10): 145-149.
徐小三, 赵顺龙. 2010. 知识基础互补性对技术联盟的形成和伙伴选择的影响. 科学学与科学技术管理, 31(3): 101-106.
薛亮. 2017-04-13. 开放式创新的定义和变迁. http: //www. istis. sh. cn/list/list. aspx?id=10533 [2018-06-28].
杨波, 黄克正, 孙红卫. 2002. 面向并行工程的任务分配与规划. 计算机集成制造系统-CIMS, (7): 542-545, 560.
杨钢, 薛惠锋. 2009. 高校团队内知识转移的系统动力学建模与仿真. 科学学与科学技术管理, 30(6): 87-92.
杨小凯, 黄有光. 1999. 专业化与经济组织. 张玉纲, 译. 北京: 经济科学出版社.
杨园芳. 2012. 产学研合作创新知识整合研究. 哈尔滨: 哈尔滨工程大学.
叶范波, 唐任仲. 2008. 基于知识地图的产品设计过程的知识匹配方法. 浙江大学学报(工学版),

(6): 927-932.
野中郁次郎，竹内弘高. 1995. 知识创造公司. 牛津：牛津大学出版社.
易星. 2013. 知识整合理论研究评价. 图书馆学研究, (6): 21-25.
于桂兰, 王弘钰. 2008. 工人人力资本的测量维度与经济价值研究. 社会科学战线, (8): 221-228.
余东华, 芮明杰. 2007. 基于模块化网络组织的知识流动研究. 南开管理评论, (4): 11-16, 28.
余维新, 顾新, 万君. 2016. 开放式创新模式下知识分工协同机制研究: 知识流动视角. 中国科技论坛, (6): 24-30.
岳兴录, 吕铁生, 超波. 1995. 企业创新策划程序——创新策划学知识讲座. 发明与革新, (7): 11.
曾德明, 成春平, 禹献云. 2012. 产业技术创新战略联盟的知识整合模式研究. 情报理论与实践, 35(4): 29-33.
曾越. 2017. 行业竞争差异下研发投入对企业绩效的影响分析. 南昌: 华东交通大学.
瞿孙平, 石宏伟, 俞林. 2018. 创新视角下知识搜索的研究回顾与展望. 情报杂志, 37(8): 195-201.
张国旺. 2008. 基于创新的企业知识分类及其特征探析. 天津商业大学学报, (1): 62-67.
张军, 许庆瑞. 2015. 企业知识积累与创新能力演化间动态关系研究——基于系统动力学仿真方法. 科学学与科学技术管理, 36(1): 128-138.
张庆普, 单伟. 2004. 企业知识转化过程中的知识整合. 经济理论与经济管理, (6): 47-51.
张铁, 洪景东, 李秋奋, 等. 2019. 基于 BP 神经网络的机器人波动摩擦力矩修正方法. 工程科学学报, 41(8): 1085-1091.
张文红, 赵亚普. 2013. 转型经济下跨界搜索战略与产品创新. 科研管理, 34(9): 54-63.
张文修, 魏玲, 祁建军. 2005. 概念格的属性约简理论与方法. 中国科学 E 辑: 信息科学, 35(6): 628-639.
张喜征, 靳大山, 杜焕珍. 2009. 企业协同产品开发过程中的知识整合模型研究.科技进步与对策, 26(2): 124-126.
张喜征, 邹伟娟, 曾庆龙. 2013. 价值分析视角下协同产品开发中的知识配置研究. 科技进步与对策, 30(4): 139-142.
张小宁. 2014. 平台战略研究评述及展望. 经济管理, 36(3): 190-199.
张欣. 2011. 企业知识管理研究综述. 中国科技论坛, (3): 121-126, 132.
张旭锐, 张颖颖, 李勃. 2015. 网络异质性、外部知识整合与探索式创新绩效——基于陕西省孵化企业的实证分析. 科学决策, (11): 51-65.
赵蓉英, 张洋, 邱均平. 2007. 知识网络研究(Ⅲ)——知识网络的特性探析. 情报学报, 26(4): 583-587.
赵修卫. 2003. 组织学习与知识整合. 科研管理, (3): 52-57.
镇培. 2014. 知识元网络的知识完备性测度方法研究. 大连: 大连理工大学.
郑景丽, 司有和. 2003. 企业知识管理水平评价指标体系研究. 经济体制改革, (5): 162-165.
郑文军, 张旭梅, 刘飞, 等. 2000. 虚拟企业合作伙伴评价体系及优化决策. 计算机集成制造系统–CIMS, (5): 63-67.
朱芳芳. 2018. 平台商业模式研究前沿及展望. 中国流通经济, 32(5): 108-117.
朱启红, 张钢. 2003. 基于人工神经网络的企业知识管理评价模型. 科学学与科学技术管理, (8): 32-34.

邹波. 2014. 创业板装备制造企业研发投入与企业成长绩效关系研究. 成都: 西南财经大学.

左晶晶, 谢晋宇. 2013. 社会网络结构与创业绩效——基于270名科技型大学生创业者的问卷调查. 研究与发展管理, 25(3): 64-73.

Argote L, Ingram P. 2000. Knowledge transfer: a basis for competitive advantage in firms. Organizational Behavior & Human Decision Processes, 82(1): 150-169.

Borch O J, Madsen E L. 2007. Dynamic capabilities facilitating innovative strategies in SMEs. International Journal of Technoentrepreneurship, 1(1): 109.

Boudreau K J. 2010. Open platform strategies and innovation: granting access vs. devolving control. Management Science, 56(10): 1849-1872.

Bresnen M, Edelman L F, Newell S, et al. 2005. Exploring social capital in the construction firm. Building Research & Information, 33(3): 235-244.

Brouthers K D, Brouthers L E, Wilkinson T J, et al. 1995. Strategic alliances: choose your partners. Long Range Planning, 28(3): 2-25.

Buckley P J , Carter M J . 2016.Managing cross-border complementary knowledge. International Studies of Management & Organization, 29(1):80-104.

Buckley P J, Glaister K W, Klijn E, et al. 2009. Knowledge accession and knowledge acquisition in strategic alliances: the impact of supplementary and complementary dimensions. British Journal of Management, 20(4): 598-609.

Carley K M. 2002. Computational organization science: a new frontier. Proceedings of the National Academy of Sciences of the United States of America, 99: 7257-7262.

Cassiman B , Veugelers R .2006. In search of complementarity in innovation strategy: internal R&D and external knowledge acquisition. Management Science, 52(1):68-82.

Ceccagnoli M, Graham S J H, Higgins M J, et al. 2010. Productivity and the role of complementary assets in firms' demand for technology innovations. Industrial and Corporate Change, 19(3): 839-869.

Chowdhury M S, Song C M, Gao W . 2014. Shape sensitivity analysis of stress intensity factors by the scaled boundary finite element method. Engineering Fracture Mechanics, 116: 13-30.

Ciborra C U. 1996. The platform organization: recombining strategies, structures, and surprises. Organization Science, 7(2): 103-118.

Cook S D N, Brown J S. 2016. Bridging epistemologies: the generative dance between organizational knowledge and organizational knowing. Organization Science, 10: 381-400.

Davenport T H, Prusa K L. 1998. Working Knowledge. Boston: Harvard Business School Press.

De Boer M, van den Bosch F, Volberda H W. 1999. Managing organizational knowledge integration in the emerging multimedia complex. Journal of Management Studies, 36(3): 379-398.

De Luca L M, Atuahene-Gima K. 2007. Market knowledge dimensions and cross-functional collaboration: examining the different routes to production innovation performance . Journal of Marketing, 71(1): 95-112.

Dierickx I, Cool K. 1989. Asset stock accumulation and sustainability of competitive advantage. Management Science, 35(12): 1504-1511.

Drucker P F. 1994. Post-Capitalist Society. New York: Harper Collins Publishers.

Eisenhardt K M, Furr N, Bingham C B . 2010. CROSSROADS—Microfoundations of performance: balancing efficiency and flexibility in dynamic environments. Organization Science, 21(6): 1263-1273.

Grant R M. 1996. Prospering in dinamically-competitive environments: organizational capability as knowledge integration. Organization Science, 7(4): 375-387.

Huysman M, Wulf V. 2006. IT to support knowledge sharing in communities, towards a social capital analysis. Journal of Information Technology, 21: 40-51.

Jiang X, Li Y. 2009. An empirical investigation of knowledge management and innovation performance: the case of alliances. Research Policy, 38(2): 358-368.

Leenders M A A M, Wierenga B. 2002. The effectiveness of different mechanisms for integrating marketing and R&D. Journal of Product Innovation Management, 19(4): 305-317.

Malik M H, Arif A F M, Al-Sulaiman F A, et al. 2013. Impact resistance of composite laminate flat plates–a parametric sensitivity analysis approach. Composite Structures, 102: 138-147.

Mundbrod N, Kolb J, Reichert M . 2013. Towards a system support of collaborative knowledge work. International Conference on Business Process Management. Berlin: Springer Berlin Heidelberg.

Nonaka I. 1994. A dynamic theory of organizational knowledge creation. Organization Science, 5(1): 14-37.

Ozman M. 2006. Knowledge integration and network formation. Technological Forecasting and Social Change, 73(9): 1121-1143.

Phelps C C . 2010. A longitudinal study of the influence of alliance network structure and composition on firm exploratory innovation. Academy of Management Journal, 53(4): 890-913.

Saltelli A, Ratto M, Tarantola S, et al. 2006. Sensitivity analysis practices: strategies for model-based inference. Reliability Engineering & System Safety, 91(10): 1109-1125.

Slater S F, Narver J C. 1995. Market orientation and the learning organization. Journal of Marketing, 59(3): 63-74.

Styhre A, Gluch P . 2010. Managing knowledge in platforms: boundary objects and stocks and flows of knowledge. Construction Management and Economics, 28(6): 589-599.

Syam N B, Ruan R, Hess J D. 2005. Customized products: a competitive analysis. Marketing Science, 24(4): 569-584.

West J, Boers M. 2014. Leveraging external sources of Innovation: a review of research on open innovation. Journal of Product in Novation Management, 31(4): 814-831.

Young A L. 2014. Understanding & advancing collaborative scientific knowledge creation. Marylank U S A: Proceedings of the Companion Publication of the 17th ACM Conference on Computer Supported Cooperative Work & Social Computing.